AF259274

DU

GOUVERNEMENT

REPRÉSENTATIF.

LYON, IMPRIMERIE DE RUSAND.

DU

GOUVERNEMENT

REPRÉSENTATIF.

à **Lyon,**

Chez Rusand, Imprimeur-Libraire.

à **Paris,**

Chez Poufsielgue-Rusand, Libraire,
Rue Haute-Feuille, n. 9.

1834.

INTRODUCTION.

La leçon du malheur aurait dû ramener les nations aux anciennes croyances religieuses et politiques sur lesquelles repose toute société, et les dégoûter à jamais de ces déplorables révolutions, dont elles sont, depuis près d'un demi-siècle, les dupes et les victimes. Et cependant le charme de l'erreur n'est pas encore rompu; les sujets continuent de s'appeler souverains; la jeunesse prétend gouverner les états; des armées délibèrent; des rois tombent de leur trône; partout un esprit de révolte fermente au sein de notre Europe monarchique; on y respire un air enflammé, on y entend des bruits souterrains, funestes présages de nouvelles commotions politiques. Mille fois plus formidables que les tremblemens de terre, ces violentes secousses de l'ordre social ne renversent pas seulement quelques hameaux, quelques villes ; elles arrachent de leurs antiques fondemens de vastes empires, et les jettent avec fracas dans l'abîme de l'anarchie.

Tout ce qui porte le caractère de l'antiquité, déplaît à notre siècle superbe ; on veut du nouveau en religion, en politique, comme dans les arts et dans la littérature. Les hommes ne semblent occupés qu'à démolir ; et s'ils bâtissent quelque chose sur les débris de notre vieux monde, on dirait que c'est pour se procurer le plaisir de le détruire, tant leurs fragiles ouvrages s'écroulent promptement au premier choc de la tempête. Quand ils ont fait d'un état monarchique un monceau de ruines, ils se présentent au peuple sur le sol ravagé de la patrie, tenant une constitution à la main, et ils lui annoncent gravement qu'ils vont fonder un nouvel édifice social, plus parfait que l'ancien. Mais combien sont pitoyables toutes ces constitutions modernes, fruits malheureux de leur raison en délire ! Elles devaient assurer aux états une gloire, un bonheur de plusieurs siècles ; et voilà qu'après quelques instans de durée, elles s'évanouissent comme des ombres ! Au moment où leurs auteurs, dominés par un ridicule orgueil, les décorent du nom de chefs-d'œuvre immortels, le volcan des passions humaines les emporte pour toujours dans le fleuve de l'oubli.

Quelle est donc la maladie morale qui tourmente les peuples et mine les états? C'est un amour effréné de l'indépendance, qui produit et porte jusqu'au fanatisme la haine de toute autorité divine et humaine. Telle est la source de ces révolutions qui, depuis plus de quarante ans, changent la face de notre continent. Or, pour expliquer l'origine de cette maladie morale, si terrible dans ses effets, il faut se rappeler l'histoire de la secte philosophique.

Dans le cours du dernier siècle, toutes les vérités ont été combattues par elle, tous les devoirs méconnus, tous les principes de justice livrés au mépris; elle a nié Dieu, la loi naturelle, l'existence des esprits, l'immortalité de l'âme, toutes les doctrines conservatrices de l'ordre religieux, moral et politique. Jamais l'homme n'avait porté l'orgueil si loin; jamais, dans son délire, il n'avait poussé l'indépendance de l'esprit jusqu'à dire à tous les peuples des âges écoulés : « Vous avez été constamment les jouets de l'erreur, dans les doctrines que vous avez professées; il n'en est pas une seule qui soit vraie. Plus sage que tous vos sages, plus éclairé que tous vos sublimes génies, plus raisonnable que le genre humain durant sa longue vie de six mille ans, je n'aperçois que mensonges dans vos symboles. Peuples aveugles, vous vous êtes nourris d'illusions! moi seul j'ai vu la lumière, moi seul j'ai trouvé la vérité, en déchirant vos professions de foi, en niant tout ce que vous avez affirmé comme incontestable! » Ainsi, le caractère particulier de la philosophie moderne, c'est de repousser toute autorité en fait de croyances religieuses, morales et politiques; c'est de placer la raison individuelle au-dessus du sens commun, de ne vouloir ajouter foi qu'à soi-même, à ses propres lumières; méprisant également et l'autorité de Dieu parlant aux hommes, et la voix de l'Eglise enseignant les hommes au nom de Dieu, et la raison des hommes de tous les temps. Voilà l'indépendance de l'esprit, portée jusqu'au plus grand excès. On peut défier l'homme, cet être faible et superbe, d'aller plus loin en ce genre de révolte et de folie.

Or, celui qui ne reconnaît d'autre autorité pour régler ses jugemens que sa raison individuelle, ne doit admettre d'autre autorité pour régler sa conduite, que sa volonté individuelle. Et en effet, pourquoi se croirait-il obligé d'obéir à la volonté de Dieu, le philosophe orgueilleux qui ne se croit point obligé de soumettre sa raison à la raison de Dieu? Pourquoi captiverait-il ses sens , enchaînerait-il ses passions , dans la vue d'observer les lois humaines , celui qui compte pour rien la raison de tous les hommes, quand il s'agit de fixer ses croyances ? Si personne n'a le droit de commander à son esprit , pourquoi son cœur serait-il esclave? L'homme qui s'indigne lorsque Dieu lui dit : « Crois sur ma parole les vérités que tu ne peux comprendre », s'indigne et se révolte bien davantage, quand une voix sévère lui fait entendre ces dures paroles : « Sacrifie tes penchans chéris; fais ce qui révolte tes passions. » Aussi, y a-t-il plus de chrétiens croyans que de chrétiens pratiquans. En poussant leur siècle vers l'indépendance absolue de la raison , nos philosophes modernes le précipitèrent donc en même temps vers cette indépendance sans bornes en matière de conduite publique ou privée, religieuse ou politique, qui ne respecte ni règles , ni lois , ni conseils , ni autorité ; alors l'homme s'attribuant une prérogative qui n'appartient qu'à Dieu seul, a dit : Je suis le maître, je ne dépends que de moi : *Ego Dominus*. Et, mû par cette pensée d'orgueil, il a secoué le joug de tout pouvoir au ciel et sur la terre , afin de vivre au gré de ses passions : ne reconnaissant aucun être au-dessus de lui, l'amour de l'or, la haine des classes supérieures, le désir de la nouveauté, l'insurrection contre les puissances devinrent à ses yeux des vertus; il ne vit plus que lui seul dans l'univers, et il sacrifia tout à son intérêt personnel. Après avoir détrôné Dieu dans son esprit et dans son cœur, il ne respecta plus aucun de ses chefs dans l'ordre politique. D'ailleurs, ses docteurs le poussèrent à la guerre contre les rois, comme à la révolte contre la Divinité; ils les désignèrent à sa haine sous le nom de despotes et de tyrans, en même temps qu'ils versaient le mépris sur les prêtres, appelés par eux superstitieux et fanatiques. Le monde devait être refait à neuf par les esprits forts, depuis sa base jusqu'à son sommet; et Dieu étant sans doute trop ancien, trop incommode à la philosophie moderne, mérita d'être banni du nouvel édifice social. On eût dit qu'il n'avait pas su créer l'univers, ni poser sagement les bases des sociétés humaines; il fut décidé qu'on gouvernerait le monde sans lui.

Dieu les laissa faire, pour les convaincre de folie. Il leur dit : «Vous voulez gouverner le monde sans moi, je vous suis un être inutile et importun ; eh bien ! je me retire avec ma sagesse éternelle, gouvernez ! » Privés de l'assistance de celui qui est la vie des sociétés , les hommes des nouvelles lumières se mirent à l'œuvre, comme des insensés. Ils eurent la puissance de détruire ; ils n'eurent pas la puissance d'édifier. Avec Dieu , l'esprit de conseil s'éloigna d'eux. Semblables à ces peuples sortis du sein obscur des forêts, qui se précipitèrent sur la grande Rome, ils ne surent que ravager, exterminer, élever des tas de ruines inondées de sang. Ils allèrent même plus loin que ces barbares , en fait de désordres et de fléaux : leur férocité réunit tous les caractères d'une impiété dégoûtante, à tous les traits d'une impitoyable cruauté ; et leur nouvelle société ne produisant que la confusion de l'enfer , ils s'exterminèrent les uns les autres, comme des animaux farouches ; ils périrent, en poussant des cris de rage, sous les instrumens de destruction dont ils s'étaient armés contre Dieu et contre les rois.

Voyez comme la Providence s'est jouée de leur fausse sagesse ; voyez comme du haut du ciel, alors qu'elle semblait être bannie de dessus la la terre, elle y dirigeait les événemens politiques, de telle sorte que toutes leurs pensées restèrent confondues.

Ils prétendaient effacer en France jusqu'à la dernière trace du Christianisme; et cependant la France est demeurée catholique en dépit de leurs lois de sang, de leurs échafauds, de leurs massacres, de tous les moyens odieux qu'ils employèrent pour anéantir le règne de Dieu sur la terre. Lorsque le vénérable Pie VI, arraché des murs de sa capitale, expira dans leurs mains, ils dirent en blasphémant, que le dernier Pape était mort, et qu'avec lui Rome chrétienne avait cessé d'exister; et voilà qu'au moment même où l'air retentissait de leurs bravades impies, un peuple séparé de l'Eglise romaine accourt du nord, pour chasser d'Italie les armées de la révolution, et préparer les voies au conclave qui donne à Pie VI un successeur; et sa mission remplie, ce peuple n'éprouve que des revers, et retourne dans ses régions glacées. Plus tard, ils se réjouirent en voyant le nouveau Pape dans les chaînes, humilié sous le joug du conquérant qui faisait trembler l'Europe; et bientôt ce maître du monde abdiqua la couronne, dans ce même palais où il avait retenu captif le Vicaire de J. C. Et tandis que Pie VII, revenu triomphant dans la capitale de ses états, y gouvernait l'Eglise, son persécuteur allait mourir de remords et d'ennuis dans une île lointaine, au milieu de l'Océan.

Dans leurs entreprises politiques, nos réformateurs ne furent pas plus heureux que dans leurs tentatives d'irréligion. Au seul nom d'un roi, ils frémissaient d'indignation et de rage. Poussés par un amour effréné d'indépendance, ils appelaient tous les peuples à la révolte; enivrés par des succès inespérés, ils annoncèrent que bientôt le dernier trône serait abattu, et que partout surgiraient des républiques. Quel fut le résultat de leurs efforts et de leurs victoires? la chute des plus célèbres républiques d'Europe : Venise, Gênes et la Hollande; et l'érection de sept nouveaux royaumes : la Bavière, le Wurtemberg, la Saxe, la Hollande, le Hanovre, les états Lombardo-Vénitiens et la Pologne. Voilà comment furent déjoués dans leurs folles entreprises ces fiers républicains qui se vantaient de faire tomber, sous la hache de la révolution, les trônes de toutes les monarchies et la tête de tous les rois. Ils ne réussirent, durant quelques années, que dans le triste rôle de démolisseurs et de bourreaux : aucun de leurs édifices ne resta debout; le Dieu qu'ils outrageaient réduisit en poussière, d'un seul souffle de sa bouche, les tours de Babel, que leur orgueil avait élevées contre le Ciel. Le contraire de ce qu'ils voulaient opérer, s'est constamment accompli.

Lorsqu'après la chute de Bonaparte les Bourbons remontèrent sur le trône de saint Louis, les hommes de la révolution demeurèrent immobiles de stupeur ; ils désespérèrent un moment de pouvoir jamais reprendre les rènes du monde. Mais leur désespoir ne fut pas long : Louis XVIII ranima leurs espérances par la charte dont il fit à la France le funeste présent.

En 89, ce prince avait déjà montré de l'inclination pour les institutions anglaises. Depuis long-temps Montesquieu leur avait fait dans notre patrie des admirateurs enthousiastes et de zélés partisans ; et lorsque le torrent de la démocratie menaçait de ruiner la monarchie de fond en comble, les modérés, parmi les royalistes, proposèrent l'établissement de deux chambres législatives. Par cette large concession faite à l'esprit du temps, ils espéraient calmer les passions; mais la révolution brisa tous les ressorts de la monarchie, renversa dans le sang le monarque et le trône ; et lorsqu'au mois de juillet 1795, Louis XVIII annonça par une solennelle déclaration qu'il était roi de France, il se montra pleinement désabusé des idées anglaises ; ce n'était plus un gouvernement représentatif qu'il voulait fonder ; il prétendait relever l'ancienne constitution du royaume et la faire revivre dans toute sa pureté, dans toute sa vigueur.

Après avoir signalé l'irréligion et la révolte, comme les deux causes des malheurs de la France, ce prince s'exprimait en ces termes : « Il « faut revenir à cette Religion sainte qui avait « attiré sur la France les bénédictions du Ciel ; « nous voulons relever les autels ; en comman- « dant la justice aux souverains, et aux sujets la « fidélité, elle maintient le bon ordre, elle assure « le triomphe des lois, elle produit la félicité « des empires.

« Il faut rétablir ce gouvernement qui fut « pendant quatorze siècles la gloire de la France « et les délices des Français, et qui avait fait de « notre patrie le plus florissant des états, et de « vous-mêmes le plus heureux des peuples. Nous « voulons vous le rendre ; tant de révolutions qui « vous déchirent depuis qu'il est renversé, ne « vous ont-elles pas convaincus qu'il est le seul « qui vous convienne ?

« Et ne croyez pas ces hommes avides et « ambitieux qui, pour envahir à la fois vos

« fortunes et la toute-puissance , vous ont dit que
« la France *n'avait point de constitution* , ou que
« sa constitution du moins vous livrait au des-
« potisme : elle existe aussi ancienne que la mo-
« narchie des Francs; elle est le fruit du génie,
« le chef-d'œuvre de la sagesse et le résultat de
« l'expérience.

« En composant de trois ordres distincts le
« corps du peuple français, elle a gradué sur une
« exacte mesure l'échelle de la subordination ,
« sans laquelle l'état social ne peut se maintenir ;
« mais elle n'attribue à aucun des ordres, aucun
« droit politique qui ne soit commun à tous ;
« elle laisse l'entrée de tous les emplois ouverte
« aux Français de toutes les classes ; elle accorde
« également la protection publique à toutes les
« personnes et à tous les biens. C'est ainsi qu'elle
« fait disparaître, aux yeux des lois et dans le
« temple de la justice, toutes les inégalités
« que l'ordre civil introduit nécessairement dans
« le rang et la fortune des habitans du même
« empire.

« Elle soumet les lois à des formes qu'elle a
« consacrées , et le souverain lui-même à l'ob-
« servation des lois, afin de prémunir la sagesse
« du législateur contre les piéges de la séduction ,

« et de défendre la liberté des sujets contre les
« abus de l'autorité ; elle prescrit des condi-
« tions à l'établissement des impôts , afin d'as-
« surer le peuple que les tributs qu'il paie sont
« nécessaires pour le salut de l'état ; elle confie
« aux premiers corps de magistrature le dépôt
« des lois , afin qu'ils veillent à leur exécution ,
« et qu'ils éclairent la religion du monarque ,
« si elle était trompée.

« Elle met les lois fondamentales sous la
« sauve-garde du roi et des trois ordres , afin
« de prévenir les révolutions , la plus grande
« des calamités qui puissent affliger les peuples;
« elle a multiplié les précautions pour vous faire
« jouir des avantages du gouvernement monar-
« chique, et vous garantir de ses dangers. Vos
« malheurs inouïs, autant que la vénérable anti-
« quité de cette constitution , ne rendent-ils pas
« témoignage à sa sagesse ? Vos pères éprou-
« vèrent-ils jamais les fléaux qui vous ravagent ,
« depuis que des novateurs ignorans et pervers
« l'ont détruite ? Elle était l'appui commun de la
« cabane du pauvre et du palais du riche , de
« la liberté individuelle et de la sûreté publique,
« des droits du trône et de la propriété de l'état.
« Aussitôt qu'elle a été renversée , propriété ,

**

« sûreté, liberté, tout a disparu avec elle ; vos
« biens sont devenus la pâture des brigands, à
« l'instant où le trône est devenu la proie des
« usurpateurs ; la servitude et la tyrannie vous
« ont opprimés, dès que l'autorité royale a cessé
« de vous couvrir de son égide.

« Cette antique et sage constitution dont la
« chute a entraîné votre perte, nous voulons
« lui rendre toute sa pureté que le temps avait
« corrompue, toute sa vigueur que le temps
« avait affaiblie. Mais elle nous a mis elle-même
« dans l'heureuse impuissance de la changer :
« elle est pour nous l'arche sainte ; il nous est
« défendu d'y porter une main téméraire ; votre
« bonheur et votre gloire, le vœu des Français
« et les lumières que nous avons acquises à
« l'école de l'infortune, tout nous fait mieux
« sentir la nécessité de la rétablir intacte.

« C'est parce que la France nous est chère,
« que nous voulons la remettre sous la pro-
« tection d'un gouvernement éprouvé par une
« prospérité si longue ; c'est parce qu'il est de
« notre devoir d'étouffer cet esprit de système,
« cette manie de nouveautés qui vous a perdus,
« que nous voulons renouveler, raffermir des
« lois salutaires, qui seules sont capables de

« rallier tous les esprits , de fixer toutes les
« opinions, et d'opposer une digue insurmon-
« table à la fureur révolutionnaire , que tout
« projet de changement dans la constitution de
« notre royaume déchaînerait encore... »

Telles étaient, en 1795, les pensées politiques
de Louis XVIII. En 1814, elles furent bien différentes ; cependant il dépendait de ce prince de
replacer la monarchie française sur ses anciennes
bases. Alors on était las de constitutions , de
révolutions , d'essais dangereux en politique.
Après le règne de la terreur et l'empire militaire
de Bonaparte, la nation épuisée ne demandait
que du repos ; elle soupirait ardemment vers un
gouvernement doux et paternel ; la bonté des
princes du sang de saint Louis lui était connue ;
de leurs mains elle eût accepté , non-seulement
sans répugnance, mais avec une confiance entière,
les principales institutions de l'ancienne monarchie, purifiées de quelques abus introduits par
le temps. Louis XVIII pouvait donc facilement
terrasser la révolution. Disons mieux , Bonaparte l'avait presque anéantie ; il ne s'agissait
que de la laisser dormir dans son sépulcre. Par
la charte de 1814, Louis XVIII l'exhuma, et
rendit la vie à ses ossemens arides. Bientôt ,

pleine de force et d'audace, elle releva son front humilié dans la poussière ; elle ne cessa de combattre la royauté avec les armes que lui fournissaient les maximes et les institutions du gouvernement représentatif ; et à peine fut-elle victorieuse, que nous la vîmes reprendre sur le champ de bataille ses anciennes couleurs, son drapeau de sang, et entonner ses chants de mort. Assise sur les débris du trône de Charles X, elle remue maintenant l'Europe dans ses fondemens, épouvante les princes et leurs conseils, rend leurs armées immobiles en sa présence, et regarde Louis – Philippe qu'elle a couronné, avec des yeux d'indignation et de rage ; insatiable de désastres, elle veut la ruine de son propre ouvrage ; elle rêve de nouveaux bouleversemens. Le prince inquiet, saisi de terreur, tantôt caresse le monstre pour l'adoucir, tantôt le repousse et se voit contraint de se mesurer corps à corps avec lui. A la vue du péril qui les menace, les hommes riches et timides qui craignent le pillage, se pressent autour de sa personne, pour prévenir sa chute : il chancelle toujours, il n'est plus soutenu que par cette peur de la révolution ; car son gouvernement a violé tous les principes en vertu desquels il existe ; et il ne peut s'appuyer

ni sur l'estime , ni sur l'amour , ni sur la confiance de la nation : or , le courage de la peur
ne luttera pas long-temps avec succès, contre le
courage qui naît de la rage et du désespoir des
révolutionnaires trompés dans leurs espérances.
Leurs forces s'accroissent chaque jour , par les
secours qu'ils reçoivent des ambitieux et des mécontens qui passent dans leurs rangs ; et l'avenir
recèle dans son sein une tempête plus formidable que celle de 1830. Le monstre est déchaîné ;
sa force est redoutable , sa colère terrible , et il
ne dort jamais. Avide de carnage , il dévore ses
propres enfans ; il frappe , il immole de préférence ceux qu'il paraît chérir davantage , en les
élevant au pouvoir suprême : il lui faut de grandes
victimes.

Cet état de choses est la conséquence immédiate de la charte de 1814. En établissant un gouvernement qui, loin de contenir les passions, les
enflamme , qui fournit des armes aux factieux
pour produire l'anarchie , au lieu d'en revêtir
le chef de l'état pour maintenir l'ordre public ,
Louis XVIII a fait tout ce que nous voyons maintenant, tout ce que nous verrons plus tard de
désordres et de calamités : il n'a point restauré

la monarchie de saint Louis ; son règne n'est que la restauration de la révolution.

Soit que son long séjour en Angleterre eût ramené ses pensées vers les institutions de cette île célèbre ; soit qu'il ait été séduit par les conseils de publicistes aveugles ou perfides ; soit que les suggestions d'une politique étrangère et fausse aient dominé son jugement et sa volonté, il parut avoir oublié, en 1815, la résolution qu'il avait solennellement manifestée en 1795, de rétablir dans toute sa pureté, dans toute sa vigueur l'ancienne constitution du royaume de France. Dans l'espoir de rapprocher les esprits par des concessions faites aux idées du temps, la royauté se priva d'une partie essentielle de ses prérogatives ; et dès ce moment les artisans de troubles et de malheurs, que le retour des Bourbons avait consternés, reprirent des physionomies riantes, s'armèrent pour le combat, et se promirent des succès plus complets que les premiers.

Le Ciel voulait encore punir la terre de ses folies et de ses crimes. Le bandeau de l'erreur couvrit les yeux des souverains ; ils ne virent pas qu'en suivant l'exemple de la France, ils plaçaient la mine sous les fondemens de leurs trônes. Au congrès de Vienne , les plénipotentiaires des grandes puissances n'omirent rien pour multiplier , en Italie et en Allemagne , les institutions du gouvernement représentatif ; on eût désiré que le Pape lui-même devînt roi constitutionnel. Cependant les princes d'Italie maintinrent les lois fondamentales consacrées par l'expérience ; et quant à ceux d'Allemagne , ils recueillent aujourd'hui les fruits amers des innovations politiques , introduites dans leurs états.

Malheureusement l'esprit de révolte ne fermente pas seulement dans les monarchies constitutionnelles. De ces foyers d'insurrection et d'anarchie , il se propage dans les monarchies absolues : l'Europe chancelle ; une secousse formidable se prépare ; et c'est en France que l'impulsion sera donnée.

Dans les états soumis au régime des chartes , l'esprit révolutionnaire s'accroît à un degré tel que, pour sauver le trône et la nation , le prince s'élève au-dessus de la constitution ou des lois ; il se voit forcé de les suspendre ou de se dépouiller successivement des prérogatives de sa couronne , par des concessions ruineuses. S'il fortifie le pouvoir populaire aux dépens de la majesté royale , il finira par n'être plus qu'un roi de nom , et la révolution le bannira comme un être inutile et onéreux à l'état , pourvu toutefois qu'elle consente à lui faire grâce de la vie. Pour dompter les factieux qui s'agitent jusqu'au sein des assemblées législatives , suspend-il la constitution du pays par des coups d'état ? aussitôt mille voix crient à l'arbitraire , à la tyrannie. La charte , disent les tribuns populaires , est un contrat du souverain avec le peuple : si le souverain le viole , le peuple ne lui doit plus rien ; il est délié du serment de fidélité. Tel a été le prétexte de la déchéance prononcée contre Charles X ; tel est le sort qu'on prépare aux autres rois constitutionnels.

Dans les états monarchiques , le but principal des factieux est d'amener les princes à donner une constitution à leurs peuples : en demandant crûment une république , ils craindraient d'effaroucher les esprits ; ils se bornent donc à solliciter la fondation d'un gouvernement représentatif ; mais ils connaissent tous les principes d'anarchie que renferme ce gouvernement ; ils savent qu'avec la liberté de la presse , les maximes d'égalité politique , les assemblées législatives et les autres moyens d'affaiblir les couronnes , ils

parviendront à les briser. L'esprit révolutionnaire, c'est-à-dire cet esprit d'indépendance
absolue, ennemi de toute autorité divine et humaine, qui vit d'insurrections et de révoltes
armées, qui se plaît dans la confusion des états,
parce qu'il y trouve de l'or et du pouvoir ; cet
esprit turbulent pour qui rien n'est sacré que
l'intérêt personnel, et qui se joue, avec un cœur
de tigre, du sang et du malheur des nations, s'est
donc réfugié dans le gouvernement représentatif.
C'est là son camp retranché, d'où il fait de continuelles excursions sur le sol monarchique ; c'est
de là que ses batteries lancent la foudre sur tous
les trônes. En deux mots, les révolutionnaires
veulent établir partout des gouvernemens représentatifs, afin de renverser partout les monarchies, et de fonder partout des républiques ; et
ils veulent la république comme un moyen de
s'enrichir et de s'élever, mais en décimant les
nations avec le fer du bourreau.

Le gouvernement représentatif est donc aujour-
d'hui une des plus grandes plaies de l'Europe ;
et nous avons pensé qu'il serait important d'examiner à fond sa nature, d'en révéler les vices et
les dangers. Après avoir discuté la question de
l'origine et du fondement des sociétés civiles ;

après avoir donné les notions nécessaires sur les différentes espèces de gouvernement de ces sociétés, et sur les institutions du gouvernement représentatif, nous exposons les principes de dissolution et d'anarchie qu'il renferme ; nous prouvons que les moyens de conservation dont il avait été pourvu par la charte de 1814, sont nuls pour paralyser l'action terrible de ces principes de mort ; et comparant les monarchies absolues, mais tempérées, aux monarchies constitutionnelles qui reposent sur ce gouvernement informe, nous établissons que non - seulement les premiers sont plus solidement constitués que les seconds, mais que le pays y est mieux administré, que les libertés publiques y sont plus respectées, les lettres et les sciences plus florissantes, et les peuples plus heureux. Enfin nous annonçons qu'il n'y aura de salut pour la France, qu'à l'époque où, embrassant de nouveau les saines doctrines en religion et en politique, elle se reposera de ses fureurs populaires à l'ombre d'une monarchie absolue, mais tempérée ; et qu'alors seulement, l'Europe, dont les destinées sont étroitement liées à celles de la France, pourra triompher de l'esprit révolutionnaire qui menace tous les trônes.

Fera-t-on un crime à l'auteur de cet Ouvrage, de médire du gouvernement représentatif établi par la charte de 1814? Mais quels sont les hommes qui pourraient lui adresser sur cet objet de justes reproches? Seraient-ce les républicains? Ils ne veulent plus ni de la charte, ni du gouvernement représentatif qu'elle consacrait; et si pendant un temps ils se sont montrés admirateurs passionnés de la monarchie constitutionnelle, c'est parce qu'ils trouvaient dans ses maximes et dans ses institutions des moyens puissans de briser le trône de France, et de bâtir une république sur ses débris. Ils ont fait eux-mêmes, dans leurs journaux, l'étonnante confession de cette honteuse hypocrisie.

Seraient-ce les doctrinaires? En 1830, unis aux républicains, ils ont déchiré la charte de 1814, lorsqu'ils déclarèrent déchu du trône Charles X, dont la personne était proclamée par cette même charte inviolable et sacrée, et prononcèrent ensuite contre ce prince et sa famille une sentence de bannissement; et en 1832, n'ont-ils pas foulé aux pieds *leur charte-vérité de* 1830, lorsque, emportés par la haine de la légitimité, la frayeur de la république et l'amour de l'usurpation, ils remplacèrent les tribunaux ordinaires par des commissions militaires ?

Seraient-ce les légitimistes ? La révolution de juillet a dessillé les yeux au plus grand nombre sur les vices inhérens au gouvernement représentatif, fondé par Louis XVIII. Et quant à ceux qui conservent encore de l'estime et de l'affection pour les institutions politiques que ce prince crut devoir octroyer à la France, ils ne peuvent nous imposer l'obligation d'adopter une opinion qui chaque jour s'affaiblit, à mesure que le flambeau de l'expérience répand de nouvelles lumières dans la société.

Nous blâmera-t-on de faire l'éloge de la monarchie absolue ? Ce serait à tort : la France n'a-t-elle pas été plus heureuse sous le règne durable de son ancienne constitution, que sous le régime variable des gouvernemens révolutionnaires qui se sont succédés si rapidement, et dont les uns ne laisseront d'autres traces de leur passage, que des ruines et des tombeaux, tandis que les autres ont engendré des guerres désastreuses, produit des crises violentes, qui rendent le présent triste et compromettent l'avenir ?

D'ailleurs, la monarchie absolue dont nous

parlons est une monarchie tempérée , où le pouvoir royal trouve un contre-poids assez fort pour le contenir dans les bornes de la justice et des lois , sans l'affaiblir au point de livrer l'état à la cruauté des tyrans populaires. Nous prouverons que sous ce gouvernement solidement constitué , il existe pour les citoyens plus de liberté véritable que dans les monarchies constitutionnelles. Il n'y a donc que le mot qui puisse effrayer les esprits , et il est utile d'en expliquer le sens à ceux qui ne le comprennent pas. Depuis long-temps nous sommes les dupes de l'hypocrisie de ces révolutionnaires qui , pour déprécier les hommes les plus vertueux et les meilleures institutions, attachent un sens odieux aux expressions consacrées pour en rappeler le souvenir. Séduits , opprimés par leur artificieux langage , nous rougissons d'abord de prononcer le mot ; et bientôt nous abandonnons la chose elle-même. N'est-ce pas rendre un service à la société, que de lui dévoiler les piéges que ses infatigables ennemis tendent sous ses pas ?

Je dirai donc la vérité sans déguisement et sans art. Le siècle est trop malade pour qu'il soit permis de l'endormir sur le mal qui le tourmente , par des paroles équivoques et mensongères. Flatter ses préjugés, caresser son orgueil, serait un crime ; il faut lui découvrir toute la profondeur de ses plaies, il faut le disposer à recevoir le remède qui seul possède la vertu de le guérir. La société, telle que l'ont faite en France les doctrines philosophiques, la révolution de 92, la charte de 1814 et la révolution de 1830, ne peut long-temps subsister. Tous les hommes éclairés que les passions n'abusent pas, aperçoivent en elle les symptômes alarmans d'une terrible dissolution. Or, puisqu'il est écrit que la France doit être encore une fois lavée dans son sang, puisque de nouvelles ruines ajoutées aux anciennes porteront la tristesse et le deuil sur son sol, si souvent profané, déchiré par le crime, il est donc urgent de lui préparer un consolant avenir. Et quel autre moyen nous reste-t-il de prendre part à sa régénération, sinon de lui faire entendre des vérités importantes, mais salutaires ? Fécondées par le malheur, ces vérités germeront dans les esprits et concourront puissamment à redonner la vie à la société.

DU
GOUVERNEMENT
REPRÉSENTATIF.

CHAPITRE PREMIER.

De l'origine et du fondement des Sociétés civiles.

On distingue trois sortes de sociétés : la société domestique, la société religieuse et la société civile. La société domestique se compose, à son origine, de l'homme et de la femme unis par les liens du mariage; et elle s'accroît par la naissance des enfans. La société religieuse se compose d'hommes unis, dans l'ordre spirituel, par les mêmes croyances, par le même culte et par la soumission aux mêmes pasteurs. La société civile se compose d'hommes appartenant à plusieurs familles, et qui sont unis, dans l'ordre temporel, par la soumission au même gouvernement et aux mêmes lois.

La société domestique, ou la famille, est aussi ancienne que la création de l'homme. Aussitôt

1

après avoir créé Adam et Eve, dans le jardin d'Eden, Dieu établit entre eux une union sainte et durable, dont le but était sa gloire, la propagation du genre humain, la bonne éducation des enfans, et le bonheur réciproque des membres de la famille. Telle est l'idée que la Religion nous donne de la société domestique. Il y a, dans ce simple exposé, plus de bon sens et de vérité, que dans tous les systèmes contraires publiés par nos philosophes modernes. Il faut avoir perdu la raison, ou avoir secoué toute pudeur, pour oser dire avec eux, que les premiers hommes vécurent d'abord isolés et vagabonds dans les forêts, et que la société domestique fut formée par un concours fortuit de circonstances imprévues. Dieu met plus de sagesse dans ses œuvres, que ces singuliers réformateurs de la science philosophique n'établissent d'ordre et de suite dans leurs idées. Comment, après avoir créé Adam et Eve, Dieu aurait-il pu les jeter au hasard sur la terre, sans leur donner aucune connaissance de leur destinée et de leurs devoirs? Une telle supposition est un blasphème; en l'admettant, on affirme, ou que Dieu a créé l'homme et la femme sans un but déterminé, ou qu'il a négligé de prendre les moyens d'atteindre ce but, que la sagesse la plus vulgaire aurait indiqués. Agir sans une fin précise, c'est le fait de la légèreté, du caprice, de la folie. Ne point coordonner les moyens avec la fin, c'est un trait d'imprévoyance ou d'insouciance, tout-à-fait inconciliable avec la Sagesse infinie.

La raison, comme la Révélation, nous enseigne donc, qu'après avoir donné la vie aux deux premiers humains destinés à propager leur espèce sur la terre, Dieu leur fit connaître ses desseins sur eux, et qu'il les unit en société par un lien commun. Cette société devant s'agrandir par la naissance des enfans, il était indispensable, pour y maintenir l'ordre, qu'un de ses membres fût revêtu du droit de commander, tandis que les autres seraient tenus d'obéir. La mère reçut, il est vrai, du Créateur, une autorité sur les enfans; mais elle fut elle-même placée dans la dépendance du père. C'est celui-ci qui fut investi du pouvoir suprême dans la famille. Et cet ordre hiérarchique est tellement conforme à la nature, que dans tous les temps, comme chez tous les peuples, il a été constamment observé. Le père est le souverain de la famille; et l'on ne peut nier, sans abjurer le bon sens, que sa souveraineté ne soit de droit divin; car, puisque Dieu a créé la famille, il a créé et proclamé l'autorité suprême, sans laquelle elle ne peut prospérer.

La société religieuse, ainsi que la société domestique, remonte à l'origine du monde. Dieu ne pouvait, sans manquer à sa sagesse, laisser les premiers hommes, doués d'intelligence et de raison, dans une profonde ignorance de ses perfections, de leurs devoirs envers lui, envers eux-mêmes, envers leurs semblables, de la manière dont il voulait être honoré, des châtimens qu'il infligerait aux coupables, des récompenses qu'il accorderait aux fidèles. Le dogme, la morale et le culte furent donc, et les objets d'une Révélation primitive, et les liens de la société religieuse. Dans les premiers temps, la famille était tout à la fois société domestique et société religieuse; et le père, en sa qualité de chef de la famille, devait présider aux cérémonies du culte, et veiller avec soin à la conservation du dépôt sacré de la Révélation. Les familles se multiplièrent, les passions obscurcirent la raison, et altérèrent les traditions par lesquelles se transmettaient les vérités révélées aux générations nouvelles. Dieu vengea son nom et sa loi par le déluge; et Noé, sauvé seul avec sa famille du naufrage universel, se trouva dans la même position qu'Adam, en tout ce qui concernait la société domestique et la société religieuse.

Notre dessein n'est pas de retracer ici les formes diverses qu'a subies la société religieuse, soit chez les païens, hommes dégénérés que la corruption du cœur précipita dans l'erreur et la superstition; soit chez les Juifs à qui fut accordé le secours d'une seconde Révélation, pour conserver purs les enseignemens de la première; soit enfin chez les chrétiens, nés de la troisième Révélation faite au monde par le Fils de Dieu. Un tel développement n'aurait point de rapport à l'objet et au but de cet

Ouvrage. Nous voulons seulement faire observer, 1.° que, dans les temps primitifs, le père de famille reçut immédiatement de Dieu l'autorité qu'il exerçait dans la société religieuse, comme celle dont il était revêtu dans la société domestique ; 2.° qu'à moins d'abjurer le catholicisme, il faut reconnaître que le pouvoir suprême qui régit la société religieuse, est encore une souveraineté de droit divin. Voilà donc deux souverainetés de droit divin, découlant immédiatement de Dieu : celle de la société domestique, et celle de la société religieuse. Il nous a paru important d'en réveiller le souvenir, avant d'examiner si la souveraineté par laquelle sont gouvernées les sociétés civiles, est aussi une souveraineté de droit divin, c'est-à-dire, d'origine divine.

Dans les temps qui précédèrent immédiatement les progrès des doctrines philosophiques, une telle souveraineté, dans l'ordre social, n'effarouchait point les esprits. Alors on n'était point scandalisé d'entendre dire à voix haute, que les rois tiennent leur puissance du Créateur de l'univers ; et personne ne s'avisait de trouver mauvais qu'ils se déclarassent rois par la grâce de Dieu. Mais, depuis que l'esprit de religion s'est affaibli dans le cœur des hommes ; depuis, surtout, que la doctrine de la souveraineté du peuple a été consacrée, par tous les révolutionnaires du monde, comme le dogme fondamental sur lequel repose le pouvoir attribué aux nations de détrôner les princes, la souveraineté de droit divin dans la société civile a été combattue avec acharnement comme un nonsens, comme une absurdité révoltante. Les factieux veulent que les rois règnent par la grâce du peuple; et après avoir propagé cette doctrine, ils se constituent ses représentans et ses mandataires, pour renverser plus facilement l'autorité souveraine, et s'enrichir par le pillage des monarchies.

La théorie de la souveraineté du peuple n'est point nouvelle au sein du christianisme. Longtemps avant la publication du Contrat social de Rousseau, elle avait été soutenue par le ministre protestant Jurieu. Cette doctrine comptait beaucoup de partisans dans les sectes du 16.° siècle ; elle leur fournissait un moyen de justifier les soulèvemens populaires contre les princes catholiques. Bossuet la réfuta victorieusement dans son cinquième Avertissement aux Protestans.

Hobbes professa la théorie du Contrat social ; mais il faisait de ce contrat un instrument de despotisme pour les princes. Selon cet écrivain, leur volonté est toujours l'organe de la volonté nationale, dans laquelle il prétendait trouver la loi suprême qui règle la moralité des actions humaines.

Grotius et Puffendorf admirent aussi l'existence d'un contrat social ; mais ils rejetèrent les conséquences que les anarchistes en déduisent pour avilir et renverser la puissance royale.

A l'époque douloureuse du grand schisme d'Occident, quand on cherchait avec anxiété le remède à la scission qui désolait l'Eglise, plusieurs docteurs catholiques publièrent l'opinion, que le peuple est souverain, et que le droit de détrôner les rois lui appartient. Ils croyaient pouvoir conclure ensuite par analogie, que les prétendans à la papauté, y compris le Pape légitime, sont sujets à la déposition, lorsqu'elle est commandée par l'intérêt de l'unité catholique. C'est surtout dans les temps de troubles et de désordres que cette dangereuse doctrine trouve de nombreux partisans : aux époques d'ordre et de paix, elle tombe en désuétude, parce qu'alors les passions se taisent et le bon sens parle.

Jamais peut-être ces passions tumultueuses qui menacent la société du fléau de l'anarchie, ne firent entendre avec plus de force leur voix menaçante, que dans ces tempêtes politiques où nous vivons depuis quarante ans, battus par tous les vents des volontés humaines. Aussi, jamais on ne fit au droit divin, c'est-à-dire, à la loi divine, principe et source de la souveraineté, une guerre plus vive et plus opiniâtre. Dans ces derniers temps, les royalistes eux-mêmes furent assourdis par les bruyantes clameurs des orateurs libéraux; et on les vit avec douleur, à la chambre des pairs comme à la tribune des députés, abandonner lâchement, sur ce point, le terrain aux adversaires de la royauté. Ceux-ci purent crier, à leur aise, contre

la souveraineté de droit divin, sans trouver d'op-
posans sur leur chemin. Mais c'est surtout depuis
la révolution de juillet, que ces cris redoublèrent.
Après avoir renversé du trône Charles X, pour
mettre à sa place un roi par la grâce du peuple, il
devenait plus nécessaire que jamais de proclamer
hautement la doctrine, que le peuple fait et défait
à son gré les rois, parce qu'ils règnent de par lui
et non de par Dieu, parce qu'il dispose selon sa
volonté, et même selon ses caprices, de la souveraineté dont il est la source. Il fallait répéter
jusqu'à satiété, que le contrat social sur lequel
elle repose, ayant été violé par le monarque
(ce qui est faux, et ce qu'il importait cependant
de dire à la multitude), la couronne de France ne
pouvait être légitimement disputée au roi citoyen.

Des volumes entiers ont été publiés sur cette
question de droit public. Nous ne pouvons consacrer à son examen qu'un petit nombre de pages;
mais nous espérons la discuter avec assez de clarté,
pour guider les esprits droits et sincères dans la
recherche de la vérité.

En remontant à l'origine de la société civile,
nous verrons que le contrat social sur lequel on
prétend fonder la doctrine de la souveraineté du
peuple, n'est qu'une chimère.

En considérant les divers pouvoirs dont se compose la souveraineté, nous prouverons qu'il en est
un, reconnu, exercé dans tous les temps et chez
tous les peuples, qu'il est impossible de faire

dériver d'une cession faite par les sujets au chef de l'état.

Nous montrerons ensuite, que dans la supposition où la souveraineté des rois dériverait originairement d'une cession de droits, faite en leur faveur par les familles qui constituèrent la société civile, le peuple ne pourrait légitimement les détrôner pour des abus d'autorité, et des actes de tyrannie.

Enfin, nous prouverons que la souveraineté est incontestablement de droit divin, en ce sens, que Dieu est la source première de tous les pouvoirs dont elle se compose, et que, sans la sanction divine, toute convention humaine relative à la concession et à l'exercice de la souveraineté serait nulle et de nul effet.

Remontons d'abord à l'origine de la société civile, pour nous convaincre qu'on n'y trouve aucun vestige de ce contrat social sur lequel on prétend fonder la souveraineté du peuple, c'est-à-dire, d'une convention par laquelle les sujets auraient conféré le pouvoir suprême à leur chef, mais en se réservant la faculté de le déposer selon leur bon plaisir, ou en stipulant certaines conditions dont l'inobservance entraînerait la perte de la souveraineté.

Les premiers hommes s'approprièrent les terres voisines de leur demeure, soit pour les cultiver, soit pour y faire paître leurs troupeaux. Dès qu'ils en eurent pris possession, dès qu'ils eurent ma-

nifesté par quelque acte, par quelque signe extérieur, l'intention de les consacrer exclusivement à
leurs usages, ils en devinrent les légitimes propriétaires. Parmi ces habitans de l'ancien monde,
plusieurs se distinguèrent par un grand amour
du travail, par des succès dans l'agriculture, dans
l'éducation et le soin des troupeaux, comme par
un esprit de religion, de sagesse, de bonté, de
justice. Ces qualités estimables leur concilièrent
la vénération et la confiance de leurs semblables ;
et il n'est pas douteux qu'elles déterminèrent à se
placer sous leur autorité paternelle, un certain
nombre d'hommes faibles d'esprit, de corps, ou
peu versés dans les connaissances relatives à l'agriculture et aux autres moyens d'exister. Pour éviter
les inconvéniens de l'isolement, pour se mettre à
l'abri 'de l'inquiétude que causait le défaut d'ap-
titude à se procurer, sans l'assistance d'autrui, les
objets nécessaires à la vie, ils demandèrent d'être
reçus dans la maison de quelque patriarche, riche,
puissant, instruit, honoré. L'histoire de la Ge-
nèse nous apprend que plusieurs entraient comme
serviteurs dans des familles étrangères, et nous
y voyons que dans un temps où la terre était peu
peuplée, où, par conséquent, il était facile à tous
de s'approprier des terrains inoccupés, Abraham
avait des serviteurs dociles à ses ordres. Ceux-ci
renoncèrent à leur indépendance, pour se placer
sous l'autorité de ce vénérable patriarche. Sa famille ne fut plus seulement composée de ses

femmes et de ses enfans. Accrue par les demandes faites à son chef, d'être nourrie et logée sous le toit qui lui servait d'abri, de société domestique elle devint société civile, et Abraham fut non-seulement père, mais prince, mais souverain (1). Ainsi se formèrent, dans les anciens temps, de petites sociétés civiles. Certes, on n'y découvrira pas la moindre trace de ce contrat social, en vertu duquel on prétend conférer au peuple le droit de détrôner le souverain. En recevant, dans sa demeure, des étrangers que sa fortune et sa réputation attiraient, Abraham ne perdit point son indépendance ; et il serait absurde de supposer que les sujets qu'il consentait à recevoir chez lui, pussent le dépouiller de son autorité dans sa maison et sur ses terres.

D'autres causes concoururent à la formation des sociétés civiles. Dans les temps primitifs, comme à tous les âges du monde, il exista, sans aucun doute, des hommes ambitieux et violens

---

(1) Maintenant, une famille servie par des domestiques n'est pas une société civile, parce qu'il existe dans le pays où elle demeure un pouvoir souverain, auquel tous ses membres sont soumis. Mais si cette famille, quittant le lieu de son origine, se fixait dans une île inconnue et par conséquent inoccupée, le père deviendrait le souverain des serviteurs, qui, après l'avoir suivi dans ses courses aventureuses, demanderaient à rester sous son autorité. Il deviendrait, sans aucun contrat social de la nature de celui que nous examinons, le roi de l'île et de ses habitans.

qui cherchaient à s'agrandir par l'oppression de leurs voisins. Que durent faire alors, pour se prémunir contre leurs tentatives injustes, les familles pacifiques qui se virent menacées dans leurs biens et leur existence? elles prirent le seul moyen qu'elles avaient, de vaincre l'agresseur. Or, plus d'une fois, celui-ci se montra redoutable par les forces qu'il rassembla dans le dessein de s'enrichir par la conquête. En demeurant dans l'isolement, les familles attaquées auraient infailliblement succombé. Elles ne pouvaient se défendre avec succès, qu'en réunissant leurs armes pour repousser l'ennemi commun. Dans cette périlleuse situation, elles élurent donc un chef sage, habile, puissant, à qui elles promirent l'obéissance, afin qu'il pût les protéger contre la violence et l'injustice.

Mais si, par suite de cette coalition salutaire, plusieurs agresseurs ambitieux échouèrent dans leurs criminelles entreprises, d'autres les virent couronnées par le succès. Alors, la conquête donna de nouveaux chefs aux familles vaincues. Celles-ci subirent d'abord le joug par nécessité; plus tard, elles consentirent librement à le porter, quand le vainqueur, faisant un usage modéré de la victoire, eut rendu sa domination douce et utile. Ainsi, d'une part, la violence jointe à l'habileté, et de l'autre, la nécessité de repousser d'injustes attaques, contribuèrent à la formation des sociétés civiles.

Après le déluge, les mêmes causes produisirent les mêmes effets; et il est bien remarquable que les premiers peuples n'obéirent qu'à un seul chef. L'histoire profane, comme l'histoire sacrée, ne nous montre que des rois dans les anciens temps, en Palestine, en Egypte, dans l'Orient, et même en Grèce, où plus tard prévalut le gouvernement républicain; et nulle part on n'aperçoit la plus légère trace de ce contrat social que l'on nous présente, avec tant d'assurance, comme la source de la souveraineté, et dont la violation entraîne la perte de la couronne. Les conquérans qui triomphèrent par la violence, n'auraient pas été d'humeur à conclure de pareilles conventions. Ils prétendaient devoir le trône à leur épée, et non au contrat social de Rousseau. Et quant aux familles qui choisirent librement un maître, elles ne limitèrent point sa puissance par des conditions déterminées; elles ne prévirent pas les cas où, pour abus de pouvoir, le roi serait dépouillé de sa couronne. Leur choix se porta sur un homme dont l'habileté, la justice et la sagesse étaient connues. Elles lui confièrent sans réserve leurs destinées. Si l'on veut une preuve de cette assertion, on la trouvera dans les formes monarchiques et absolues des anciens gouvernemens : les familles qui se constituèrent en corps de nation n'eurent d'autre dessein, que de retracer dans la société civile l'image de la société domestique.

La famille est régie par un chef unique. Son gouvernement est monarchique ; or, de même que l'autorité du père était absolue, celle des rois ne connaissait d'autres limites que les règles de la raison et de la justice : et la puissance illimitée dont ils jouissaient, loin de réveiller des idées odieuses, était confondue, dans l'esprit des peuples, avec l'autorité paternelle. Bossuet fait remarquer dans sa *Politique sacrée*, qu'en Palestine, du vivant d'Abraham, le roi se nommait Abeinelech, c'est-à-dire, *mon père roi*. Ajoutons que le droit de succession au trône, de mâle en mâle, par ordre de primogéniture, qu'on retrouve dans l'histoire des anciennes dynasties, ne fut qu'une imitation du droit d'aînesse reconnu dans les familles patriarcales.

Le fils aîné du roi héritait de sa couronne, comme le fils aîné d'un patriarche héritait de sa demeure, de ses terres, de ses troupeaux. La société civile fut basée sur les institutions de la société domestique ; et le contrat social qui met le souverain à la merci du peuple, n'exista pas plus dans l'une que dans l'autre.

Enfin, on peut demander à nos publicistes modernes, quelle est l'antique inscription, quel est le monument échappé aux ravages du temps, qui leur a révélé l'existence de leur contrat social. Il faut encore qu'ils nous expliquent le profond silence des anciens historiens sur ce prétendu contrat. On sait que leurs ouvrages renferment des renseignemens étendus, sur les lois, les mœurs, les coutumes des anciens peuples ; ils nous parlent de leurs festins, de leurs funérailles, et de mille faits de détail, d'un ordre inférieur : conçoit-on qu'ils eussent passé sous silence le titre primordial de la souveraineté, l'acte de naissance de la nation, la loi fondamentale de l'état ?

Lorsque le peuple d'Israel demanda d'être gouverné par un roi, *comme tous les autres peuples du monde*, Samuel leur fit le tableau des abus de pouvoir qu'il commettrait, sans jamais supposer qu'il dût être dépouillé de la couronne, en punition de ses injustices. Ce nouveau chef devait être, *comme les rois des autres peuples du monde*, indépendant, absolu, tout-puissant. Ainsi, le contrat social sur lequel on prétend fonder la doctrine de la souveraineté du peuple, et mettre les rois à sa merci, est non-seulement une fiction dépourvue de tout fondement dans l'antiquité, mais une vaine théorie contraire à tout ce que la raison et l'histoire nous apprennent sur la formation des sociétés civiles.

Nous avons dit, en second lieu, que parmi les pouvoirs de la souveraineté, il en existe un généralement reconnu, exercé dans tous les temps, chez tous les peuples, dont il est impossible de montrer la source dans une cession faite par les sujets au chef de l'état.

Les trois pouvoirs, législatif, judiciaire, exé-

cutif, constituent la souveraineté. Le pouvoir législatif fait et publie les lois; le pouvoir judiciaire rend la justice à la société par la punition
des crimes et des délits qui la troublent, et aux
particuliers, par des sentences solennelles sur les
contestations qui les divisent; le pouvoir exécutif
veille à l'observation des lois, au maintien de
l'ordre, à tout ce qui intéresse la prospérité nationale; il dispose de toutes les forces de l'état,
dans l'intérêt général.

Le pouvoir judiciaire renferme le droit de vie
et de mort; le fait n'est pas contesté. On convient
que la législation criminelle de tous les siècles
suppose, dans le souverain, l'autorité nécessaire
pour décerner la peine de mort contre certains
crimes. Le droit seul serait donc l'objet d'une discussion. Il pourrait être combattu, comme exorbitant, comme contraire aux lois de l'équité. Mais
oserait-on accuser d'injustice la législation criminelle de tous les temps et de tous les peuples?
est-il possible de justifier une législation quel-
conque par une autorité plus imposante que le
consentement universel? Si l'on ne trouvait des
décrets de mort que dans des codes semblables à
celui de Dracon, écrit plutôt *avec du sang
qu'avec de l'encre,* il serait permis d'en signaler
l'injustice et l'atrocité. Mais les législateurs les
plus humains, les rois les plus éclairés et les plus
clémens les ont laissé subsister; et tout ce qu'il a
jamais existé de magistrats intègres depuis l'ori-

gine du monde, n'a point hésité dans l'application de ces décrets à certains crimes (1). Ici les passions n'ont pu séduire et tromper la raison générale ; elles ne sont capables de la précipiter dans l'erreur, en fait de morale, que sur des points de doctrine qui flatteraient les penchans de la nature corrompue : or, ce n'est point l'amour du désordre qui fut le principe de cette législation criminelle ; c'est au contraire l'amour de l'ordre, la haine du crime, la nécessité d'effrayer, par le plus grand de tous les châtimens, les hommes pervers qui se jouent de tous les devoirs et de tous les droits, qui sacrifient à leur intérêt personnel l'intérêt de l'état comme celui des particuliers, sans aucun égard pour les lois les plus respectables et les plus sacrées : c'est donc la raison et le bon sens de tous les siècles qui dictèrent, chez tous les peuples, la législation criminelle de la peine capitale ; et celui-là paraîtrait bien fou aux yeux des hommes sensés, qui prétendrait

---

(1) Il faut cependant excepter Joseph II, empereur d'Allemagne, et Léopold I.er, grand-duc de Toscane, qui, séduits par l'esprit philosophique des temps, abolirent la peine de mort. Mais cette bienveillance pour les coupables parut dangereuse ; l'ancienne législation fut remise en vigueur : et l'on sait que ces deux princes regrettèrent avec amertume de s'être laissé follement entraîner à de funestes innovations. De telles exceptions, et quelques autres encore que l'on pourrait citer, ne nuisent pas au consentement général sur la légitimité de la peine capitale.

mieux connaître que le genre humain, ce que la justice et la sagesse permettent et ordonnent pour la répression des crimes et le maintien de la tranquillité des états.

Maintenant, je demande comment, en remontant à l'origine de la société civile, on fera dériver le pouvoir de vie et de mort, d'une cession faite au chef de l'état par les individus et les familles qui se constituèrent en corps de nation.

Il est important d'observer que parmi les crimes punis de la peine capitale, se trouvent les attentats commis contre la personne du souverain, contre la sûreté de l'état, etc., etc. Des attentats de cette nature n'ont lieu que dans la société civile; avant son existence, ils ne pouvaient souiller le monde. Au moment où il s'agissait de la former, il n'existait donc aucun chef de famille, aucun individu qui fût revêtu du pouvoir de les punir par la peine de mort. Qui donc en fit la·cession au nouveau souverain, à celui dont l'élection constitua cet ordre de choses, dans lequel seul il est possible de commettre ces actes de violence et d'injustice? Personne n'a pu le céder, puisque personne ne le possédait.

Si la discussion portait uniquement sur le pouvoir de punir ces désordres par la prison, le bannissement, la confiscation des biens, ce raisonnement serait peu concluant. On objecterait que les individus déterminés à se constituer en corps de nation, renoncèrent, en faveur du nouveau souverain, à tout droit sur leurs biens et leur liberté, pour les cas où ils se rendraient coupables d'attentats contre sa personne, ou contre la sûreté de l'état; et par cette cession, on expliquerait la faculté légale d'infliger les peines ci-dessus mentionnées. Mais comment expliquer par une cession semblable l'autorité suprême qui décrète la peine de mort? Les biens et la liberté sont des objets dont l'homme dispose à son gré : sa vie est un dépôt qu'il doit conserver; il n'a pas le droit de s'en priver; le suicide est un crime. Le pouvoir, appartenant au souverain, de porter la peine capitale pour certains crimes, ne peut donc pas résulter d'une cession du droit sur la vie, faite en sa faveur par les individus et les familles qui le choisissent pour chef.

Seraient-ce les pères de famille qui auraient conféré ce pouvoir au chef de l'état? Je ne veux pas examiner si dans l'état de nature, quand il n'existait d'autre société que la famille, le père avait le droit de punir de mort un de ses enfans coupable d'un crime énorme; je n'examinerai pas si, par exemple, Adam aurait pu, sans blesser la loi divine, faire subir ce terrible châtiment au fratricide Caïn. Je supposerai, sans aucune discussion, cette puissance formidable dans les pères de famille, à l'époque du premier âge du monde; mais j'affirmerai qu'elle ne servirait point à l'explication du pouvoir de vie et de mort dont nous cherchons l'origine ; elle se rapporterait tout entière au maintien de l'ordre dans la famille, et n'aurait point de relation au maintien de l'ordre dans la société civile. Sa seule destination eût été de détourner les membres de la société domestique des crimes capables d'en troubler la paix et le bonheur. La cession de ce droit paternel, faite au chef de la société civile, expliquerait tout au plus le pouvoir d'infliger la peine capitale aux crimes dont l'effet est de troubler la paix et le bonheur de la famille ; elle ne répandrait aucune lumière sur celui de punir de la même peine les attentats commis contre la personne du monarque et la sûreté de l'état. Avant la formation de la société civile, ni le monarque, ni l'état n'existaient encore : ainsi, les attentats dont ils sont l'objet ne pouvaient avoir lieu : les pères de famille ne possédaient donc aucun pouvoir criminel relatif à ces désordres ; il leur fut donc impossible d'en céder aucun ; et, par conséquent, c'est en vain qu'on recourrait à une cession de cette nature, pour rendre raison du pouvoir de vie et de mort consacré par la législation criminelle de tous les temps et de tous les peuples.

Mais, dira-t-on peut-être, l'état une fois constitué par l'élection de son chef, chaque individu peut punir de mort celui qui prétendrait renverser l'ordre établi ; car, selon la loi naturelle, nous pouvons priver notre semblable de la vie, dans les circonstances où ce meurtre est nécessaire pour la conservation de la nôtre attaquée injustement : or, le factieux qui se rend coupable d'un pareil attentat, met en péril la vie de tous, puisque personne n'est assuré de la conservation de son existence quand l'état tombe dans l'anarchie : le pouvoir d'infliger la peine capitale aux crimes qui tendent au bouleversement de l'ordre social, serait donc encore le résultat de la cession de ce droit, faite au souverain par tous les membres de la société civile, au moment de son élection.

Dans cette objection, on suppose l'état constitué afin d'attribuer à chaque membre de la nouvelle société le droit de punir de mort l'ambitieux qui tenterait de renverser l'ordre établi; et l'on ajoute qu'après cette formation de la société, chacun de ses membres s'est dépouillé de ce droit pour en revêtir exclusivement le chef qui vient d'être élu.

Mais cette hypothèse implique contradiction ; car on veut, d'une part, que l'état soit constitué, et de l'autre, que le souverain n'ait pas encore le pouvoir de vie et de mort. Et, cependant, ce pouvoir est une des attributions essentielles de la souveraineté; sans l'exercice de ce pouvoir, les lois manqueraient de la sanction nécessaire pour réprimer efficacement les attentats contre l'ordre social. L'état serait donc constitué sans autorité souveraine; c'est une absurdité. Mais si l'état n'est pas constitué, il n'y a donc aucun ordre social établi ; si l'ordre social n'existe pas , personne ne peut attenter à son existence ; si un pareil attentat est impossible , le droit de le punir de mort n'est plus qu'une chimère ; et si ce droit n'est qu'une chimère, que devient alors l'explication du pouvoir de vie et de mort , par la cession de ce droit chimérique ?

Malgré ce raisonnement , persisterez – vous à soutenir que l'état est suffisamment constitué pour que la société civile existe ? Alors , je vous demanderai comment il se fait que l'état étant suffisamment constitué pour donner naissance à la société civile, chaque individu demeure un seul instant revêtu du pouvoir de punir de mort les hommes turbulens qui s'efforceraient d'enlever au souverain la couronne et la vie , ou de changer avec violence les formes du gouvernement. Il est absurde de supposer qu'il existe dans l'état autant de juges que de citoyens , ayant le droit de connaître d'un tel crime , de citer le coupable à son tribunal , de le juger, de le condamner, et d'exécuter l'arrêt de mort. Il appartient à l'essence même de tout ordre social , que la justice criminelle, comme la justice civile , soit rendue par le souverain ou par ses délégués. Pour expliquer l'origine du pouvoir de vie et de mort par une cession de droits faite en sa faveur, vous êtes donc contraints d'affirmer que l'état est constitué, quoique son chef ne possède pas encore l'autorité nécessaire pour le maintien de l'ordre social ; que cette autorité réside dans chaque citoyen, jusqu'à ce qu'il lui en ait fait la cession ; et que la justice criminelle, dans son objet le plus grave, peut, jusqu'à ce moment, être exercée par le premier venu, à l'exception du souverain, considéré comme souverain ; ce qui est entasser paradoxes sur paradoxes, absurdités sur absurdités.

Il est donc démontré que parmi les pouvoirs de la souveraineté, il en existe un de la plus haute importance, consacré par la législation criminelle de tous les temps, qu'il est impossible de faire dériver d'une cession faite au chef de l'état par ses sujets. Il faut donc, bon gré mal gré, admettre l'intervention directe ·et immédiate de la Divinité dans la création de la souveraineté, dans la formation et la conservation des sociétés civiles, quelles que soient les formes du gouvernement, ou monarchique, ·ou aristocratique, ou démocratique. Voilà donc un droit divin, c'est-à-dire une loi divine, à laquelle il est nécessaire de recourir pour expliquer l'origine de la souveraineté. Le souverain reçoit donc de Dieu, et non des hommes, la plus formidable de ses attributions, le droit de vie et de mort. Ou vous devez admettre cette doctrine, ou vous devez accuser de meurtres et d'assassinats tous les législateurs, tous les gouvernemens, tous les magistrats de l'univers, depuis l'origine des sociétés civiles, jusqu'au dix-neuvième siècle.

Nous avons dit, en troisième lieu, que dans la supposition où la souveraineté des rois dériverait originairement d'une cession de droits faite en leur faveur par les familles qui constituèrent la société civile, le peuple ne pourrait légitimement les détrôner pour des abus d'autorité, et des actes de tyrannie.

Il est absurde d'attribuer au peuple un droit qu'il lui est impossible d'exercer sagement dans l'intérêt de la société : or tel serait le droit de détrôner le souverain. En effet, qu'est-ce qu'un peuple? sinon une multitude immense d'hommes ignorans dans la science de la politique, et hors d'état de gouverner un empire.

Jetez les yeux sur les élémens qui le composent, et vous verrez des femmes créées pour les soins domestiques, qu'on exclut de tout gouvernement, et qui sont cependant la moitié de la nation ; des enfans qui, n'ayant pas atteint l'âge de raison, ne sont capables d'aucune délibération ; des adolescens qui, jusqu'à l'âge de vingt ans, et plus, ne jouissent d'aucun droit politique ; des malades que leur douloureuse situation éloigne des assemblées et des affaires ; des imbéciles et des fous en dehors du mouvement de la société ; des criminels placés, par une sentence des tribunaux, loin de toute carrière civile et politique ; des cultivateurs, classe laborieuse, mais sans instruction, faite pour labourer le sol, et non pour gouverner l'état ; des artisans qui savent façonner et polir la matière, mais à qui la science des lois et de l'administration est inconnue : voilà ce qui forme la masse de la nation. Combien est exigu le nombre des gens éclairés, en comparaison de cette foule ignorante ! Et dans cette classe de la société, pour laquelle brille le flambeau de l'instruction, en trouverez – vous beaucoup qui aient fait une étude approfondie des institutions, des lois, des règles de la politique intérieure et extérieure, du caractère et des besoins véritables de la nation ? Le nombre des savans publicistes et des hommes d'état est assurément très-petit, même dans les pays les plus civilisés. Il importe, au reste, fort peu de les compter, puisqu'il est avéré que la masse des individus, qui est proprement la nation, ne possède, en matière politique, que l'ignorance la plus profonde, l'incapacité la plus absolue de gouverner. Et c'est cependant à cette multitude ignorante que l'on veut attribuer le droit de juger et déposer le souverain ! Elle n'a pas les connaissances nécessaires pour juger un procès où il s'agit d'une maison, d'une vigne, d'un champ : et l'on prétend soumettre à sa décision la perte ou la conservation d'une couronne ! et il faudra qu'elle prononce en dernier ressort sur les plus hautes questions de l'ordre social ! car si vous lui conférez le droit de pré–

cipiter le monarque du haut du trône, pour des abus de pouvoir, vous ne pouvez lui refuser celui de changer la forme du gouvernement. Le premier de ces droits suppose que le monarque n'est qu'un mandataire, et comme un premier commis; que la souveraineté réside essentiellement dans la nation; et qu'après avoir arraché la couronne de la tête de celui qu'elle appelle Roi, il dépendra d'elle de se donner telle constitution qu'il lui plaira de choisir. Mais pour faire une constitution appropriée au caractère, aux mœurs, aux besoins d'un peuple, quelle sagacité, quelle profondeur, quel calme de raison ne sont pas nécessaires ! Rien de tout cela n'existe dans la nation; elle n'est capable que d'obéissance. C'est un aveugle qu'il faut conduire par la main; c'est un enfant sans lumière et sans jugement, qui, dans des chemins difficiles, se précipitera tout à coup au fond d'un abîme, s'il n'est dirigé, soutenu par un guide éclairé.

Direz-vous que la nation ne peut pas elle-même juger et déposer le souverain, ni faire sa constitution, mais qu'elle est capable d'exercer ce pouvoir par des représentans de son choix? A cela je réponds, que la plus grande partie de la nation n'exerce aucun droit politique; qu'on ne lui demande ni conseil, ni délégation; qu'elle n'est pas même en état de choisir sagement ses mandataires, dans des questions d'un si haut intérêt; que la multitude est le triste jouet et

souvent la victime des intrigans et des ambitieux, qui se parent insolemment du titre pompeux
d'amis et de pères du peuple ; que les rois sont
renversés du trône, non par la nation, mais par
des factieux avides d'or et de sang ; que le peuple
est non-seulement ignorant, mais facile à per-
vertir ; qu'il passe rapidement, et sans légitime
motif, de la confiance à la défiance, de l'enthousiasme au mépris, de l'amour à la haine ;
que dans les temps de troubles, il devient furieux, cruel, atroce dans ses vengeances ; qu'alors
la raison n'ayant plus ni voix pour se faire entendre de lui, ni empire pour réprimer ses excès,
il ne se sert d'elle que pour inventer des crimes,
et préparer des supplices à ses victimes. Tel est
le juge que l'on prétend placer au-dessus des rois
pour les détrôner ; tel est le publiciste à qui l'on
confie le droit de fabriquer des constitutions
d'état ; tel est le sage entre les mains duquel on
remet le sort du monde entier, le présent et
l'avenir ; tel est le souverain ridicule, ignorant,
passionné, féroce comme le tigre, par qui l'on
prétend corriger les rois, que leur gloire et leur
bonheur intéressent à la prospérité nationale.

Mais si le prince accable le peuple d'impôts,
s'il viole les libertés publiques, s'il gouverne en
tyran, n'existera-t-il aucun remède à tant de
malheurs réunis ? faudra-t-il que la nation
périsse, pour satisfaire ses caprices et ses
passions ?

La tyrannie telle qu'on vient de la peindre est sans doute un grand malheur ; mais le plus grand de tous les fléaux, c'est l'anarchie. Rien n'est lamentable comme l'état d'un peuple qui, se déchirant lui-même de ses propres mains, se baigne et se roule avec fureur dans le sang, d'un bout du royaume à l'autre. Tous les maux de la tyrannie sont peu de chose, en comparaison de ceux que produisent les guerres civiles. Or, si vous donnez au peuple le droit de juger et de détrôner le souverain, vous jetez dans son sein un brandon de discorde, qui bientôt allumera le feu terrible des divisions intestines ; et pour le délivrer d'un tyran que l'on voit rarement apparaître dans les monarchies absolues et tempérées, pour éloigner un homme soupçonneux et violent, dont les injustices ne pèsent ordinairement que sur des individus appartenant aux classes riches et privilégiées, qui sont rangées autour du trône, vous le livrerez aux mains de plusieurs milliers de factieux, c'est-à-dire, de tyrans féroces qui s'engraisseront de son sang et se revêtiront de ses dépouilles. En supposant donc, que la souveraineté dérive originairement d'une cession de droits, faite aux rois par les familles qui constituèrent la société, il faut affirmer que le peuple ne s'est point réservé le funeste privilége de détrôner le roi pour des abus de pouvoir : premièrement, parce que, selon toutes les constitutions de l'univers, la plus grande partie

de la nation est privée de tous droits politiques ; deuxièmement, parce qu'elle ne peut
exercer sagement, et dans son intérêt, ce prétendu droit, même par des représentans de son
choix; troisièmement, parce que l'exercice d'un
tel droit la précipiterait dans le plus grand de tous
les malheuıs, l'anarchie.

Quatrièmement, enfin, la souveraineté est
incontestablement de droit divin, en ce sens que
Dieu est la source première de tous les pouvoirs
dont elle se compose, et que sans la sanction
divine toute convention humaine, relative à la
concession ou à l'exercice de la souveraineté,
serait nulle.

Avant d'entrer en discussion, je crois devoir
avertir mes lecteurs que je raisonnerai dans le
système le plus favorable à la souveraineté du
peuple, c'est-à-dire, dans celui par lequel on
prétend expliquer le pouvoir du chef de l'état par
une cession de droits sur les personnes et sur les
biens de la société, que lui auraient faite les
membres dont elle se compose. Or, dans cette
hypothèse même, Dieu est la source première
de toutes les prérogatives qui le constituent souverain. Car, à moins d'être athée, il faut abso-
lument convenir que tous les droits que nous
possédons ou sur nos personnes ou sur nos biens,
viennent originairement du Créateur. Celui qui
nous a donné l'être, nous a donné l'intelligence,
la mémoire, la volonté, la liberté, la terre qui

nous porte et nous nourrit, et généralement tous les objets, de quelque nature qu'ils soient, dont nous avons la jouissance ; et s'il nous est possible et permis de transférer à nos semblables les droits sur nos personnes et sur nos biens, dont se compose la souveraineté, c'est uniquement parce que nous avons reçu cette faculté du Créateur de notre être. Puisqu'en sa qualité de Créateur, il est maître suprême de l'univers entier, propriétaire absolu de tout ce qu'il renferme, nous serions privés de ce pouvoir de transmission, s'il nous l'eût refusé ; et nous ne l'avons, nous n'en faisons usage, que parce qu'il a daigné nous en investir. Cette doctrine est de toute évidence. Il est donc vrai que Dieu est la source première des droits du chef de l'état sur la personne et sur les biens de ses sujets ; il est donc la source première du pouvoir souverain qui maintient l'ordre social.

Dieu est encore la source première de la souveraineté, parce que, s'il ne ratifiait pas les conventions humaines relatives à la concession et à l'exercice des droits de la souveraineté, toutes ces conventions seraient nulles.

C'est un principe incontestable, que la société repose tout entière sur des rapports d'autorité, d'une part, et de dépendance, de l'autre, sur des droits et sur des devoirs. Si, dans une réunion d'individus et de familles, il n'existait personne revêtu du droit de commander à tous, il serait impossible d'y reconnaître un ordre social : on y verrait des familles indépendantes ; on n'y apercevrait ni société civile, ni peuple. Mais le droit de commander qui réside dans le chef de l'état, suppose dans les sujets le devoir d'obéir. Pour constituer la souveraineté, il faut donc conférer à un seul homme ou à plusieurs le droit suprême du commandement, et imposer aux autres le devoir rigoureux de la soumission. Or, si la Divinité n'intervient point dans l'établissement de ces rapports d'autorité et de dépendance, tout ce que pourront tenter les hommes dans la vue de créer les droits du souverain et les devoirs des sujets, sera nul. En effet, sur quel fondement reposeraient ces droits et ces devoirs ? uniquement sur des conventions humaines. Mais si Dieu ne les confirme pas, s'il ne leur imprime point le sceau de son autorité, quelle force obligatoire pourrez-vous leur attribuer ? aucune : car toute obligation suppose une loi ; et une loi suppose un supérieur qui lie la conscience des inférieurs. Or, si vous niez l'intervention de la Divinité dans l'établissement et la conservation des sociétés, tous les hommes naissent égaux en droits : ils ne peuvent donc s'imposer des lois qui les obligent à l'obéissance envers leurs semblables. Sans cette intervention céleste, quelles que soient leurs conventions, ils demeurent maîtres d'eux-mêmes et de leurs actions, libres et indépendans en toute chose. N'ayant personne au-dessus d'eux, qui leur ordonne de respecter ces contrats et de tenir leurs promesses, ils ne sont plus des hommes, mais des Dieux; chaque individu n'a d'autres lois que sa volonté, chacun peut révoquer et annuler aujourd'hui ce qu'il a fait la veille. Alors, le droit du commandement est remplacé par la force; et le devoir de la soumission, par la nécessité d'obéir. Le chef de l'état gouvernera tant qu'il sera le plus fort, et les sujets obéiront tant qu'ils se croiront les plus faibles, ou qu'il leur plaira d'avoir un souverain. Ou plutôt, il n'y aura plus ni chefs ni sujets, mais seulement des égaux. Par conséquent, dans ce système, la souveraineté disparaît, et avec elle la société, laquelle est nécessairement fondée sur des rapports d'autorité et de dépendance.

Prétendrez-vous que les hommes se devront à eux-mêmes de respecter leurs engagemens? Mais ils se devront également à eux-mêmes, de respecter leur intérêt personnel et leur bonheur sur la terre. Et si leur interêt et leur bonheur se trouvent en opposition avec le maintien de leur parole, en vertu de quelle loi leur imposerez-vous le devoir d'y rester fidèles? Direz-vous encore que la loi de nature leur fait une obligation de tenir leurs promesses? Et moi je vous demanderai ce que vous entendez par la loi de nature. De quelle nature parlez-vous? est-ce de la nature dans l'ordre physique, c'est-à-dire, de cet univers matériel?

non sans doute; il est évident que la matière ne peut imposer à l'homme aucune loi, aucun devoir. Est-ce de la nature dans l'ordre intellectuel? il y a donc un esprit supérieur à tous les êtres, qui impose à l'homme des obligations sacrées et inviolables. Mais quel est cet esprit supérieur à l'homme, si ce n'est Dieu? La loi de nature est donc la loi de Dieu? et si les conventions humaines, relatives à la concession de la souveraineté et aux diverses formes de gouvernement, ont un caractère respectable ; si elles lient la conscience de l'homme, c'est parce qu'un être supérieur à l'homme lui fait un devoir rigoureux d'y être fidèle. S'il vous plaît, philosophes faibles et superbes, de reléguer la Divinité dans un coin de l'univers; si vous enseignez avec autant d'extravagance que d'impiété, qu'elle ne se mêle point des affaires de ce monde ; si vous prétendez qu'après la création de l'homme, elle a jeté au hasard sur la terre cet être intelligent, sans s'occuper de ses destinées futures ; qu'après lui avoir donné des inclinations et l'avoir assujetti à des besoins qui lui rendent la société nécessaire, elle n'intervient en aucune manière pour consacrer des droits et des devoirs sans lesquels la société est impossible, vous faites de Dieu un être bizarre et insensé, de la société une réunion d'êtres violens et passionnés, sans aucun lien d'autorité et de dépendance : vous prétendez bâtir une cité dans les airs, élever sur le sol un édifice solide et durable, en lui donnant le sable pour fondement.

Dieu est la vie de l'homme, de la société, de tout ce qui existe dans cet univers ; les êtres matériels se reproduisent et se conservent par des lois constantes qu'il a sagement établies ; les êtres doués d'intelligence sont également soumis aux lois de sa sagesse infinie ; le monde entier n'existe que par lui. Le monde intellectuel, moral et politique ne saurait exister sans lui ; ne serait-ce pas une absurdité révoltante de supposer qu'il règle par des lois le monde matériel, et qu'il ne daignerait pas régir par des lois la société, qui est le monde des intelligences ? Il aurait donc plus de sollicitude pour la matière, que pour les intelligences placées dans un ordre de perfection bien supérieure à la matière ; il conserverait son autorité sur le bois, la pierre, la poussière que le vent emporte, et il y renoncerait sur l'homme et sur la société : doctrine absurde et impie que la raison, comme la foi, repousse et condamne avec horreur !

Quel que soit le système que l'on adopte sur l'origine de la souveraineté, il faut donc reconnaître que tous les droits comme tous les devoirs sur lesquels repose l'ordre social, émanent originairement de Dieu ; qu'aucune transmission de droits d'un homme sur la tête d'un autre homme n'a lieu que parce que Dieu, maître suprême de tous les biens et de tous les droits, a daigné nous investir du pouvoir d'en disposer ; que les conventions humaines, relatives aux prérogatives des couronnes et aux formes des gouvernemens, ne sont obligatoires que par l'autorité divine, qui les approuve et en ordonne l'exécution ; que sans cette autorité divine, l'homme, n'ayant plus de chef qui le lie et le règle dans ses actions, pourrait dissoudre chaque jour les conventions qu'il aurait faites la veille ; qu'ainsi tous les droits et tous les devoirs étant anéantis, le droit serait remplacé par la force brutale, et le devoir par la nécessité de céder au plus fort ; que tous les liens essentiels de l'ordre social se trouvant rompus par un tel désordre, la société serait impossible ; que dès-lors les hommes ne formeraient plus qu'une agrégation d'êtres violens, ambitieux, furieux, ennemis les uns des autres, qui se détruiraient avec acharnement, fonderaient leur bonheur sur la ruine de leurs semblables, et ne feraient usage de la raison que pour inventer des crimes et supplicier des victimes. Voilà ce que deviendrait la société, sans ce droit divin, c'est-à-dire, sans cette loi divine dont nos publicistes révolutionnaires parlent avec dédain, et qui est cependant la source première de tous les droits et de tous les devoirs, le principe nécessaire de toute autorité, de toute souveraineté

3.

dans l'ordre social. Maintenant, déclamez tant que vous voudrez contre le droit divin, vous n'êtes que des philosophes de mauvaise foi, ou des hommes séduits et abusés, dignes d'une grande compassion.

CHAPITRE II.

Des diverses sortes de Gouvernemens dans les Sociétés civiles, et en particulier du Gouvernenent représentatif.

La forme du gouvernement n'a jamais changé
dans la société domestique ; elle a été constamment monarchique. Il n'en est pas ainsi de la
société civile ; les formes y ont été diverses, selon
les temps et les circonstances, c'est-à-dire, selon
le caractère du législateur, les mœurs et les besoins des peuples, les opinions dominantes du
siècle et les événemens nombreux qui bouleversent et renouvellent la face des empires. Cependant on les réduit communément à trois principales : le gouvernement monarchique, l'aristocratique et le républicain. Le gouvernement monarchique est le gouvernement d'un seul ; le
gouvernement aristocratique est le gouvernement
de plusieurs, appartenant à une classe privilégiée,
la noblesse ; le gouvernement républicain est le
gouvernement de plusieurs, élus par les notables
de la nation, dans les diverses classes de la société. Quant aux gouvernemens mixtes, ce sont

des mélanges de monarchie, d'aristocratie et de démocratie (1).

Dans certaines monarchies, le souverain jouit d'un pouvoir tellement absolu, que son exereice n'est entravé par aucune opposition légale : tels sont plusieurs monarques de l'Orient. On appelle despotiques, les gouvernemens de ces états.

Dans d'autres monarchies, l'exercice de la souveraineté est modéré par les priviléges de la noblesse, des communes, des états provinciaux, par le droit de remontrances appartenant à certains corps, etc., etc. Ces monarchies sont appelées tempérées.

---

(1) Nous ne rejetterons point ces divisions, pour ne pas nous écarter du langage reçu ; mais nous ferons observer qu'il n'y a proprement que deux gouvernemens, le gouvernement d'un seul et le gouvernement de plusieurs, la monarchie et la république. La république est ou aristocratique ou démocratique. Elle est aristocratique quand les chefs de l'état sont élus dans une classe privilégiée qui les nomme, les maintient au pouvoir, et les dépose en certains cas. Elle est démocratique lorsque leur choix est fait dans les diverses classes de la société, par les notables de la nation. Les gouvernemens mixtes sont ou monarchiques ou républicains, selon que le pouvoir prépondérant, qui domine les autres pouvoirs et gouverne réellement l'état, réside ou dans le roi, ou dans la noblesse, ou dans les notables de la nation ; car jamais on ne viendra à bout de balancer tellement les pouvoirs politiques, que l'on produise un parfait équilibre entre la monarchie, l'aristocratie et la démocratie

Enfin, il existe des monarchies où la souveraineté se trouve partagée, quant au pouvoir législatif, entre le roi, la noblesse et le peuple; ce sont les monarchies constitutionnelles. Le roi ne fait pas seul les lois; il a besoin du concours de la chambre des pairs et de la chambre des députés : mais le pouvoir judiciaire et le pouvoir exécutif résident en lui seul : il nomme donc à tous les emplois civils et militaires; il dispose de toutes les forces de terre et de mer; il déclare la guerre; il conclut les traités de paix et de commerce.

Mais le pouvoir populaire, exercé par la chambre des députés, tend naturellement à s'agrandir aux dépens des prérogatives de la couronne. Or, pour mettre un obstacle à ses dangereux envahissemens, on a d'abord déclaré la personne du monarque sacrée et inviolable; puis on lui a réservé l'initiative et la sanction des lois, au moins dans la plupart des monarchies constitutionnelles; et pour donner à son trône un nouvel appui contre les chocs terribles de la démocratie, une chambre des pairs a été créée. La noblesse qui siége dans cette chambre haute, est spécialement intéressée à la conservation de la royauté, et sa principale mission consiste à réprimer les excès du pouvoir démocratique, dont la chambre des députés est l'inextinguible foyer. Et comme l'état est de temps en temps agité par des crises violentes;

comme il existe, dans l'histoire des empires, des époques funestes où l'ambition des grands et les passions populaires menacent de bouleverser de fond en comble l'ordre social, et comme alors le pouvoir ordinaire du monarque n'est plus assez fort pour préserver du naufrage le vaisseau de l'état, la charte de 1814 avait reconnu dans le roi le droit imprescriptible de prendre telles mesures que sa sagesse et l'amour de son peuple lui conseilleraient de mettre à exécution dans ces circonstances périlleuses, pour le salut de tous. Voilà ce que les nouvelles constitutions ont communément statué pour la sûreté du monarque et la stabilité du trône. Quelles barrières opposent-elles, dans l'intérêt du peuple, aux abus de la royauté?

D'abord, pour prévenir la dilapidation du trésor, une liste civile fixe les revenus du monarque; et les comptes des ministres sont soumis, dans les deux chambres, à un examen sévère : et dans la crainte que des contributions inutiles n'enlèvent au peuple, sans aucun profit pour l'état, le prix de ses travaux et de ses sueurs, l'impôt est nécessairement voté par les pairs et les députés.

Ensuite, pour mettre les citoyens à l'abri de vexations arbitraires et injustes, pour donner une forte garantie à leur religion, à leur honneur, à leur liberté, à leur fortune et à leur vie, les ministres sont déclarés responsables de tous les actes du gouvernement. Ainsi, tandis que la personne du monarque est déchargée de toute espèce de reddition de compte relative à ses ordonnances et à sa conduite, une redoutable responsabilité est portée tout entière sur la tête des dépositaires de son pouvoir et de sa confiance. Ceux-ci peuvent, à chaque session, être accusés, cités, condamnés, soit pour avoir violé la charte et les lois, soit pour cause de trahison et de concussion soit pour tout autre crime ou délit déterminé par la législation du royaume.

Mais outre cette responsabilité ministérielle, d'autres moyens de garantir la possession des droits privés contre les excès du pouvoir sont présentés aux citoyens par les nouvelles constitutions. Il leur est permis de se plaindre des agens de la royauté, dans des pétitions adressées à la chambre des pairs et à celle des députés, et chacun est libre d'user de la presse, pour donner des conseils au gouvernement, pour censurer sévèrement ses actes, et traduire ainsi les ministres du roi devant le tribunal de l'opinion. En présence de cette foule immense de rigides censeurs, dont l'œil malin épie leurs moindres actions, ils ont les motifs les plus graves de s'abstenir de toute mesure funeste à l'état, de respecter les libertés publiques, et de remplir leurs devoirs envers le monarque et son peuple avec autant de zèle que de justice.

La tolérance des cultes est encore garantie

par les chartes modernes; et sous le régime qu'elles établissent, les places sont accessibles à tous, l'impôt est payé par tous. Nul ne peut être distrait de ses juges naturels, ni privé de sa liberté, ni banni du sol de la patrie, par des lettres de cachet. Le jury est une des institutions que ces mêmes chartes consacrent; et tout ce qui sent le despotisme et l'arbitraire, est sévérement proscrit dans les monarchies constitutionnelles; on n'y connaît que le règne des lois: telle est du moins la théorie.

Le gouvernement représentatif est donc un gouvernement mixte, dans lequel on s'est efforcé d'établir un équilibre de pouvoirs entre le roi et le peuple, de manière à prévenir, d'une part, les abus de la souveraineté dont la nation serait la victime, et de l'autre, les envahissemens d'une démocratie fougueuse, qui tendrait à la ruine de la monarchie. En déclarant la personne du monarque sacrée et inviolable, mais ses ministres responsables, certains faiseurs de constitutions se sont persuadés qu'ils donnaient à la royauté un brevet d'immortalité, et au peuple une sauve-garde contre les excès de la royauté. Ils ont cru que, par cette admirable combinaison, le problème d'un gouvernement où le roi jouirait d'une pleine puissance pour faire le bien, mais n'en aurait aucune pour faire le mal, était heureusement résolu. Et que n'ont-ils pas dit encore du magnifique élan donné à toutes les facultés intellectuelles et morales de l'homme par les institutions et les maximes de ce gouvernement, par la liberté dont jouissent les citoyens, par la carrière d'honneur et de profit ouverte à tous les membres de la société, sans distinction de naissance et de rang ? N'est-il pas incontestable que, sous la bénigue influence du régime des chartes, les lettres, les sciences, les arts, le commerce, la civilisation font les plus rapides progrès, et que les nations s'élèvent au plus haut degré d'opulence et de gloire ? A la vue de tant de bienfaits et d'avantages réunis, nos illustres réformateurs de l'ordre social se sont écriés, dans un vif enthousiasme, que de toutes les formes de gouvernemens, celle du gouvernement représentatif est la plus parfaite ; que l'établissement des monarchies constitutionnelles doit être considéré comme le plus riche présent que la sagesse humaine puisse faire aux nations ; et, méprisant les siècles passés, à qui leur perfection demeura constamment inconnue, ils se sont prosternés, pleins d'admiration, devant ces magnifiques chefs-d'œuvre de la politique moderne, ouvrages de leurs mains, comme les païens devant leurs idoles de pierre et de bois.

L'amour du gouvernement représentatif devint en effet une sorte d'idolâtrie ; et il n'est personne qui ne se souvienne de ce temps d'illusions, où l'on n'eût pas osé mettre en doute l'excellence de ses institutions. Malheur à celui qui se serait

oublié jusqu'au point d'en faire, dans un salon,
l'objet de sa critique ! on l'eût traité comme un
sot, comme un homme qui n'est pas de son
siècle : pour prix de son audace à proférer contre
la charte des blasphèmes politiques, il n'aurait
recueilli sur son passage que des réprimandes
sévères, que des regards d'indignation et de
mépris.

Maintenant l'enthousiasme s'est refroidi ; les
esprits sont désenchantés, et il sera permis et
utile de dire la vérité.

CHAPITRE III.

Le Gouvernement représentatif etabli dans le royaume de France par la Charte de 1814, n'a point les principes de durée qui ont caractérisé le Gouvernement représentatif en Angleterre, et l'ont soutenu contre les efforts de la démocratie, jusqu'à l'adoption du nouveau bill de réforme électorale.

La gloire maritime, la prospérité commerciale de l'Angleterre sous un gouvernement représentatif, ont laissé dans beaucoup d'esprits la conviction intime, que ses institutions libérales transplantées chez d'autres peuples deviendraient également pour eux des sources de splendeur et de félicité ; et lorsqu'on parle à ces admirateurs du gouvernement représentatif, des inconvéniens et des vices qu'il recèle dans son sein, ils croient avoir résolu toutes les objections, en citant l'exemple de l'Angleterre. Je n'examinerai pas, dans ce chapitre, jusqu'à quel point est réel le bonheur du peuple anglais ; j'accorderai, pour un moment, que ce peuple jouit de tous les avantages du commerce, de l'aisance et de la liberté ; mais je ferai remarquer que pour procurer à d'autres pays les mêmes avantages, il ne suffit pas de leur donner une charte anglaise. Pour qu'un gouvernement fasse le bonheur d'une nation, il est nécessaire qu'il soit approprié à son caractère, à ses besoins, à ses véritables intérêts. La constitution sur laquelle il repose, doit être l'ouvrage du temps et des circonstances. Sa naissance est longue ; il faut quelquefois plus d'un siècle pour la produire ; et avant d'avoir une santé robuste, elle passe par de terribles épreuves. « Les lois romaines, dit M. le comte « de Maistre (1), les lois ecclésiastiques, les lois « féodales, les coutumes saxonnes, normandes « et danoises ; les priviléges, les préjugés et les « prétentions de tous les ordres ; les guerres, les « révoltes et les révolutions, la conquête, les « croisades ; toutes les vertus, tous les vices, « toutes les connaissances, toutes les erreurs, « toutes les passions ; tous ces élémens, enfin, « agissant ensemble et formant, par leur mé- « lange et leur action réciproque, des combi- « naisons multipliées par myriades de mil- « lions, ont produit, après plusieurs siècles, « l'unité la plus compliquée, et le plus bel équi- « libre de forces politiques qu'on ait jamais vu

---

(1) Essai sur le principe générateur des constitutions politiques, § 12.

« dans le monde. » Ce profond écrivain est, comme on voit, grand admirateur de la constitution anglaise ; mais quand il énumérait les causes nombreuses auxquelles elle doit son existence, il ne croyait certainement pas qu'il fût possible d'en faire de semblables, avec succès, dans quelques heures, ou dans quelques semaines, pour les divers états de l'Europe. C'est une des grandes folies de notre siècle des lumières, d'avoir prétendu donner des institutions anglaises à je ne sais combien de peuples, comme on jette le métal en fusion dans un même moule, pour faire des statues de bronze. Qu'est-il résulté de cette anglomanie ? en France, une révolution qui finira par la monarchie absolue ; en Allemagne, des secousses calmées un instant par les résolutions de la diète de Francfort, mais qui se renouvelleront tant que leur cause subsistera.

Nous n'avions point en France les élémens nécessaires pour donner à notre gouvernement représentatif la solidité dont il jouit sur le sol de l'Angleterre. Dans cette île fameuse, l'esprit public, un esprit vraiment national, veille chaque jour à la conservation des lois fondamentales : car l'Anglais est persuadé que sa constitution est admirable ; qu'il n'en existe aucune sous le ciel, qui puisse lui être comparée ; qu'elle lui procure tous les bienfaits possibles de la civilisation et de la liberté. De plus, les opérations commerciales sont immenses, et la dette de l'état est énorme. Or, pour que la nation ne succombe pas sous le poids des charges du commerce et du trésor, il faut qu'elle ait confiance dans la stabilité du gouvernement. Si cette confiance s'ébranlait à un certain degré, le crédit public recevrait un coup mortel, et le commerce tomberait en ruines sous le poids des banqueroutes. La classe industrielle le sait, et elle sent vivement qu'elle doit prêter un appui salutaire à la constitution et à la couronne. Cet intérêt matériel de la société, joint au respect des institutions, aux vieux souvenirs, aux anciennes habitudes, devient un principe de vie pour la charte anglaise. Depuis des siècles, elle a jeté de profondes racines dans les croyances politiques, le caractère et les mœurs de la nation.

Lorsque Louis XVIII nous apporta des institutions anglaises, put-il les planter dans un sol semblable à celui qui les avait fait prospérer dans le lieu de son exil? Nous avions eu beaucoup d'assemblées délibérantes : des états-généraux, une assemblée constituante, une assemblée législative, une convention, un corps législatif, des tribuns, un conseil des cinq-cents, un sénat; mais quels souvenirs avaient laissés dans les esprits les assemblées délibérantes de la révolution? étaient-ce des souvenirs de gloire, de bonheur, de patriotisme? ou des souvenirs de crimes, de malheurs, de cruautés inouïes? Et quant aux

assemblées délibérantes de l'empire, ne s'étaient-
elles pas traînées dans la boue, au pied du despote qui faisait trembler l'Europe asservie ? Y
avait-il dans ces douloureux souvenirs un principe d'estime et d'affection, ou bien de défiance
et de mépris pour les nouvelles assemblées délibérantes, qui devaient remplacer celles de la révolution et de l'empire ? Leur établissement flattait, sans doute, cet amour de liberté et d'égalité
qui vivait encore dans les hommes de la révolution ; mais était-il propre à rassurer les vieux
serviteurs de la monarchie, les amis fidèles et
dévoués des princes revenus de la terre d'exil ? Il
donnait aux premiers l'espoir de renverser la
royauté : inspirait-il aux seconds la confiance de
voir leurs services récompensés, et la couronne
triomphante de ses adversaires ? Sans doute, les
royalistes respectèrent la volonté du roi : dans la
joie pleine d'enthousiasme dont son retour rem-
plit le cœur de la France, ils crurent peut-être
un instant que les nouvelles institutions prospé-
reraient chez cette nation fatiguée par le malheur, et avide de repos : ils furent fidèles à la
charte. Mais bientôt le principe démocratique
établi par elle se développa d'une manière alarmante. Les libertés qu'elle consacre devinrent
des armes terribles pour troubler l'ordre public
et renverser la royauté. Les Buonapartistes, qui
rêvaient, après la mort de Napoléon, le retour de
son fils, en firent usage contre l'ancienne dy-

nastie replacée sur le trône. Les hommes de la révolution ne pardonnaient ni à la maison de Bourbon, ni à la noblesse, ni au clergé, ni aux royalistes des diverses classes de la société, les maux cruels dont ils 'les avaient abreuvés au temps de leur triomphe; ils rougissaient de vivre sous des princes jadis détrônés par leurs efforts; ils frémissaient de voir leurs anciennes victimes partager avec eux des titres et des emplois, après les avoir contemplées dans l'abjection et la douleur; ils ne pardonnaient pas le mal qu'ils avaient fait, parce qu'il était si grand, qu'ils ne croyaient pas qu'on pût le leur pardonner : ainsi, tandis que leur langue hypocrite articulait des formules de respect pour le roi, et d'attachement à la charte, leurs cœurs irréconciliables nourrissaient des projets de vengeance et de ruines. Pendant les règnes de Louis XVIII et de Charles X, ils n'ont cessé d'égarer l'opinion, de séduire la jeunesse, d'ourdir la trame des complots; et, après une lutte acharnée, après des tentatives souvent infructueuses, ils ont enfin vaincu, abattant le trône d'une main, et déchirant la charte de l'autre. Voilà l'esprit qui a constamment dominé dans le royaume de France, sous le régime fondé par Louis XVIII en 1814. Est-ce là cet esprit public, cet esprit national de l'Angleterre, entretenu dans son sein par les anciens souvenirs, par les bienfaits du gouvernement, par le respect et l'amour des institutions, qui perpétue la vie dans sa monarchie constitutionnelle? N'est-ce pas plutôt un esprit qui divise les membres de l'ordre social, au lieu de les unir ; un esprit d'anarchie en guerre perpétuelle avec un esprit de conservation ; un esprit de haine, de vengeance, toujours prêt à se déchaîner contre la couronne et les institutions monarchiques ? Nous n'avons eu que des partis ; nous n'avons pas eu d'esprit public, parce qu'il n'existait dans la nation, ni unité de croyances politiques, ni unité de sentimens envers le pouvoir, ni unité de cœur parmi les citoyens, tous rangés sous des bannières opposées. Loin d'être une par ses croyances et ses sentimens, la nation était divisée en deux camps ennemis : dans le même corps social, il existait deux âmes semblables aux principes des Manichéens, qui se disputaient l'empire dans une guerre à outrance, sans trêve, sans intervalle de repos.

L'intérêt du commerce et de l'industrie, qui rattache en Angleterre les citoyens au trône et au gouvernement, n'était pas en France un lien assez fort pour tenir unies ensemble les diverses parties de l'édifice social ; car aucune classe n'a plus concouru que celle des banquiers et des négocians, à sa prompte et violente démolition. Aux élections, ils se montrèrent constamment hostiles à la royauté ; leurs commis-voyageurs portaient en tous lieux les nouvelles alarmantes, les bruits calomnieux, les instructions factieuses

4.

de la propagande révolutionnaire ; les places lucratives dont ils disposaient dans leurs comptoirs, dans leurs compagnies d'assurance, dans leurs diverses branches de spéculations mercantiles, devenaient la récompense de la haine de la maison de Bourbon ; et c'est avec l'or dont leurs caisses regorgeaient, qu'ils soldèrent les sans-culottes de 1830, armés et révoltés contre le pouvoir suprême.

En Angleterre, il existe, il faut l'avouer, une opposition dangereuse, un parti radical, ennemi déclaré de la couronne ; mais outre l'esprit public qui veille à sa conservation, une aristocratie riche et puissante l'a protégée long-temps contre les rudes attaques de la démocratie. Les prôneurs de notre gouvernement représentatif, qui citent à tout propos l'Angleterre, n'en connaissent pas la constitution, ou feignent de l'ignorer. Elle est entièrement aristocratique ; la surface du royaume est divisée en plusieurs milliers de fiefs, transmis de génération en génération, par ordre de primogéniture. Les substitutions et le droit d'aînesse y conservent la fortune dans les familles nobles, et leurs propriétés territoriales sont immenses. Outre le produit du sol, la noblesse reçoit encore des redevances féodales, et jouit de priviléges qui rappellent le siècle de Guillaume-le-Conquérant ; jusqu'à l'adoption du nouveau bill de réforme, elle est demeurée constamment maîtresse des élections, et la chambre

des communes, élue sous sa puissante influence,
se montrait aristocratique comme la chambre
des pairs. Ecoutons M. Rubichon, dont l'ouvrage sur l'Angleterre présente des données positives qui révèlent le secret de sa constitution.

« Voici, dit cet écrivain, un aperçu de la for-
« mation de la chambre des communes :

« 75 fils aînés de pairs, qui, à leur décès, les
« remplacent dans la chambre haute.

« 90 fils cadets de même rang, qui n'ont qu'un
« titre de courtoisie, et qui jouissent de quelque
« fortune.

« 200 propriétaires de fiefs, appelés *lords of*
« *the manors*, et jouissent comme tels de toutes
« les redevances inhérentes au système féodal,
« comme lods et ventes, etc.

« 235 propriétaires inférieurs, héritiers présomptifs ou parens des propriétaires de fiefs.

« 58 jurisconsultes, manufacturiers ou né-
« gocians.

« D'après ce tableau, mon lecteur doit voir
« que je suis loin de compte avec Montesquieu et
« Voltaire, et cette tourbe de leurs prosélytes,
« qui ont représenté la maison des communes
« comme une institution démocratique. Quelque
« présomptueux que doivent paraître les con-
« tradicteurs de ces deux coryphés de parti, je
» ne puis m'empêcher d'affirmer qu'ils ont parlé
« de tout cela avec une mauvaise foi, ou une
« ignorance bien ridicule, puisqu'un almanach

« pouvait les mettre , ainsi que leurs lecteurs ,
« au fait de cette affaire...

« La noblesse anglaise a non-seulement con-
« servé intactes ses propriétés ; mais, comme on
« l'a vu , elle s'est successivement emparé de
« celles du clergé : elle a donc maintenu , dans
« son éducation et dans ses formes , son éga-
« lité avec la noblesse des autres états de l'Eu-
« rope ; et elle a obtenu sur son tiers-état une
« prééminence qui n'existe qu'en Angleterre.
« (T. 1.ᵉʳ, p. 160 et suivantes.) »

Telle a été la principale force conservatrice de
la constitution anglaise : une aristocratie très-
riche, très-puissante, soutenue par le clergé du
pays, et maîtresse des élections des membres de
la chambre des communes. Sa gloire, ses affections, tous ses intérêts, la portent à défendre la
couronne. En la protégeant contre les assauts du
parti radical, elle se protége elle-même ; et sans
le pouvoir absolu dont elle jouit, il y a long-
temps que le gouvernement représentatif aurait
été détruit de fond en comble dans le pays qui
l'a vu naître. C'est l'aristocratie qui, par sa toute-
puissance politique, a balancé sans relâche et
paralysé les efforts de la démocratie, dont le
principe existe dans la constitution ; et si la législation ne l'eût investi d'une influence décisive
sur les élections, la liberté de la presse, les associations politiques, une chambre démocratique, auraient eu bientôt mis en poudre la charte

anglaise, et précipité la nation dans les flammes de la guerre civile.

Que l'on compare maintenant la charte française de 1814 à la constitution de l'Angleterre ! Notre noblesse, riche de souvenirs et de gloire , possédait-elle cette fortune territoriale de l'aristocratie anglaise ? sa puissance et son crédit trouvaient-ils un appui dans les institutions féodales ? existait-il des bourgs-pourris pour accroître son influence dans les colléges électoraux ? eût-il été possible de l'y rendre prédominante par une législation de priviléges, sans exciter une indignation presqu'universelle ? enfin , une expérience de seize années ne nous a-t-elle pas démontré sa radicale impuissance à diriger les élections dans un sens constamment monarchique ? Aucune comparaison ne peut donc être établie entre l'influence de la noblesse française et celle de la noblesse anglaise sur les élections ; et c'est cependant cette influence aristocratique sur le choix des membres de la chambre des communes, qui seule a pu maîtriser la démagogie et perpétuer la vie dans la monarchie constitutionnelle d'Angleterre. Ainsi nous n'avions en France, pour fonder solidement un gouvernement représentatif, ni cet esprit public qui veille chez nos voisins à la conservation des anciennes chartes du royaume, ni cette aristocratie maîtresse des élections , dont l'action toute-puissante empêchait l'anarchie de saper le trône par le concours d' un chambre des communes républicaine. En France, notre monarchie reposait sur des bases démocratiques, tandis qu'en Angleterre elle était assise sur des bases aristocratiques : voilà l'énorme différence entre la constitution anglaise et la charte de 1814, que l'on doit toujours avoir présente à l'esprit, si l'on ne veut pas tomber dans les plus lourdes erreurs sur la nature et le mérite de notre monarchie constitutionnelle.

Lorsque, dans le cours de cet Ouvrage, nous exposerons les principes de dissolution et d'anarchie qu'elle renferme ; lorsque nous la montrerons telle qu'elle est réellement, minée dans ses fondemens par des institutions démocratiques, par la liberté de la presse, par une indifférence systématique en matière de religion , par une ambition effrénée qu'il est impossible au gouvernement de satisfaire, par un système de ruse et de corruption dont la nécessité paraît inévitable ; lorsque nous démontrerons que ni l'inviolabilité du monarque consacrée par la constitution , ni la chambre des pairs, ni la législation, ni les coups d'état, ne sont des principes de vie qui puissent balancer l'action continue des principes de mort qu'elle recèle dans son sein, on ne pourra donc pas nous faire cette réponse banale : *Et cependant voyez l'Angleterre !*

Dans quelques années on pourra bien moins encore citer cet exemple comme une apologie du gouvernement représentatif ; car, ni son esprit public, ni ses institutions aristocratiques, ni tous ses principes de durée et de vie ne suffisent plus aujourd'hui pour suspendre le cours du torrent de la démocratie. Le principe du pouvoir populaire existe dans la constitution : son action dissolvante a été long-temps paralysée ; mais enfin le peuple prétend tirer la conséquence du principe écrit dans la charte de son pays. Il veut que la chambre des communes soit composée de députés élus par lui et non par la noblesse, afin qu'elle représente la nation et non l'aristocratie du royaume. Il veut posséder la réalité, et non seulement l'apparence du pouvoir politique qui lui est garanti par la constitution. Il fait usage, pour sa perte, de ce qu'on appelle la logique des nations.

A force de se plaindre, de raisonner, d'écrire dans les journaux, de solliciter la réforme, les radicaux viennent d'obtenir un changement essentiel dans le système électoral. Par le nouveau bill, la noblesse se trouve privée d'une partie de son influence sur les élections ; et déjà les hommes les plus clairvoyans de l'Angleterre tremblent pour son avenir ; déjà sa monarchie, si forte, si riche, si grande et si belle, s'ébranle et semble pencher vers sa ruine ; déjà l'on aperçoit à sa porte une révolution d'un caractère féroce, qui brandit sa hache sanglante sur la tête du monarque, des prêtres et des nobles.

En rejetant d'abord ce bill électoral, proposé par le ministère Grey, les pairs montrèrent assez qu'ils sentaient vivement les funestes résultats qu'il devait produire ; mais effrayés par les menaçantes clameurs des factieux , et ne se croyant pas assez forts pour repousser les rudes assauts de la démocratie , ils n'osèrent résister une seconde fois ; ou ils s'absentèrent pour ne prendre aucune part à une désastreuse délibération , ou ils résolurent de voter pour le bill , afin de reculer de quelques années une catastrophe imminente. Le changement opéré dans le système électoral a déjà justifié les alarmes des torys. La nouvelle chambre des communes n'est plus composée des mêmes élémens aristocratiques ; un certain nombre de radicaux siégent sur ses bancs , et la majorité veut de nombreuses réformes. Le ministère croit satisfaire les exigences des partis en entrant lui-même avec un front serein dans la voie des innovations ; mais des concessions faites aux radicaux appelleront d'autres concessions plus importantes ; et plus on leur cèdera de terrain , plus ils deviendront audacieux. Quand ils seront en force dans la seconde chambre, ils dépouilleront le clergé anglican de sa fortune , pour diminuer la dette énorme qui pèse sur l'état. Ils frapperont ensuite sur la noblesse elle-même , afin d'abattre plus facilement le trône privé de son principal appui ; et dès que la constitution , menacée d'une lamentable ruine, chancellera, le crédit sur lequel repose la fortune de l'Angleterre, recevra le contre-coup d'un fort ébranlement.

Que feront·alors les capitalistes ? Saisis de crainte,
ils retireront leurs fonds du commerce ; mais
alors, les banqueroutes deviendront effrayantes,
les manufactures tomberont, et des centaines de
milliers d'ouvriers, rugissant de faim et de rage,
et soudoyés ensuite par les factieux, iront en
foule se ranger sous le drapeau de la mort. L'Irlande, depuis si long – temps opprimée, s'en-
flammera de nouveau ; et l'armée, fût-elle fidèle,
ne pourra soutenir partout le choc terrible d'un
peuple immense, ignorant, grossier et féroce,
qui, sur le sol de l'Angleterre, convoite déjà,
comme une bonne fortune, le pillage des châteaux des nobles et des palais du clergé. Alors un
fleuve de sang coulera sur cette terre classique de
la liberté ; et, dans son cours effrayant, il en-
traînera pêle-mêle les tristes débris du trône, de
l'aristocratie, de la fortune publique ; et cette
monarchie, funeste au monde civilisé, qui sacrifie tous les peuples à l'intérêt de ses toiles et
de ses indiennes ; cette monarchie qui porte sans
cesse sur le continent le feu de la guerre, pour
s'emparer de toutes les îles, de tous les comptoirs, de toutes les colonies, de toutes les stations
maritimes ; cette monarchie, si redoutable par
une politique pleine d'égoïsme et d'impostures,
toujours secondée par la puissance de l'or ; cette
nouvelle Tyr, la reine des mers, dont les doctrines, les exemples et le vil métal ont corrompu
les nations, tombera dans le chaos de l'anarchie

avec un bruit hŏrrible. On ne pourra-lui refuser un sentiment de pitié, tant ses malheurs seront grands; et cependant on se réjouira de sa chute, parce qu'on y verra l'orgueil humilié, la cupidité punie, et l'ennemi de l'Europe abattu.

La France reçoit le châtiment de sa révolte contre Dieu et contre les rois, par ces longs et effroyables malheurs dont elle est depuis quarante ans la victime. Tous les peuples de l'Europe continentale ont été châtiés avec cette verge de fer que Dieu, dans sa clémence, a brisée et jetée au-delà des mers, dans une île lointaine. La coupable Angleterre, protégée par l'Océan et ses vaisseaux, parut être seule inaccessible à la vengeance du Ciel. Tandis que les nations, déchirées par le fer des guerres civiles ou des guerres étrangères, poussaient de longs cris de douleur, tranquillement assise sur ses rivages fortunés, elle contemplait en souriant les flots de sang qui coulaient de leur sein, et devenait à leurs dépens plus riche et plus puissante. Mais voilà qu'on entend les pas de la justice éternelle qui s'avance le glaive de la mort à la main, pour la châtier à son tour; et l'heure de la colère d'en-haut va sonner pour elle, presqu'au même instant où l'heure de la miséricorde sonnera pour d'autres peuples qu'elle a foulés aux pieds. L'exemple de sa prospérité matérielle, résultat de sa constitution et de sa politique, a séduit les intelligences de ce siècle d'erreurs : il faut que

la leçon de ses infortunes les détrompe : il faut
que , par une terrible expérience faite en France
et en Angleterre , tous les hommes éclairés et
sages de l'Europe demeurent convaincus, que les
gouvernemens représentatifs sont pour les états
des foyers de révolutions lamentables : il faut ,
enfin, que par le triomphe des saines doctrines,
et par des constitutions réellement monarchiques,
la paix refleurisse au milieu du monde civilisé.
Alors seulement règnera parmi les peuples une
sage liberté , à la place d'une féroce licence, sans
pudeur et sans frein (1).

----

(1) Ce jugement sévère, mais équitable, que nous portons
sur l'Angleterre , regarde plutôt son gouvernement que ses
habitans ; car on remarque dans le peuple anglais un caractère
élevé, humain, généreux. Il faut seulement excepter le bas peuple
que je tiens, dit M. Rubichon, *pour le plus criminel et le
plus grossier de l'Europe*. Quant à la politique anglaise, c'est
l'égoïsme national le plus inhumain et le plus immoral.

CHAPITRE IV.

Dans le Gouvernement établi par la Charte de 1814, la souveraineté de nom et de droit appartient au Roi, et la souveraineté de fait à la chambre des Députés ; d'où il résulte que notre monarchie constitutionnelle n'est qu'une république démocratique, déguisee sous le nom d'une monarchie : premier principe de dissolution et d'anarchie pour une monarchie constitutionnelle.

EN Angleterre, jusqu'au bill de réforme, la noblesse était souveraine ; maîtresse de l'élection des membres de la chambre des communes, elle composait le parlement à son gré : or, le roi, s'il n'est pas despote, ne peut rien contre le parlement ; la nécessité lui fait un devoir de gouverner dans le sens de l'opinion des pairs et des députés du royaume.

En France, c'est la chambre des députés qui est souveraine. La charte de 1814 proclamait, il est vrai, l'existence d'une monarchie ; elle faisait l'énumération des pouvoirs qui la constituent. Au premier abord, c'est le monarque qui paraissait être le plus favorisé dans le partage des droits de la souveraineté ; l'initiative et la sanction des lois

lui appartenait : or, ces deux prérogatives réunies ne forment-elles pas la partie principale du
pouvoir législatif? Toute justice émane du roi
par la nomination des magistrats; il possédait
donc encore le pouvoir judiciaire. Et quant au
pouvoir exécutif, il résidait tout entier dans sa
personne : non-seulement il procurait par des
ordonnances l'exécution des lois, il nommait
encore ses ministres, disposait de tous les emplois civils et militaires, et toutes les forces du
royaume se trouvaient concentrées dans ses
mains, afin qu'il y maintînt l'ordre et la paix
contre les agressions du dehors et du dedans.
Un prince revêtu d'une si grande puissance,
a-t-il lieu de se plaindre de son partage? n'est-il
pas fort contre ses ennemis, invincible à l'anarchie? Puisque l'initiative des lois est une de ses
prérogatives, jamais les chambres ne délibére-
ront que sur les projets rédigés dans son conseil.
Il dépend donc de lui d'empêcher la démocratie
de se glisser dans le code : et puisque la sanction
des lois est encore un des priviléges de sa couronne, il peut la refuser aux projets soumis à la
discussion des chambres, s'il arrivait que par
des amendemens dangereux elles en altérassent
la nature et le but; et la législation demeurerait
monarchique. En disposant de tous les emplois
civils et militaires, il se crée une armée fidèle,
une administration dévouée à sa couronne; et
pour trouver dans les tribunaux un appui salu-

taire, il lui suffit de nommer des magistrats d'un royalisme éprouvé. Comment serait-il possible d'ébranler et d'abattre un trône assis sur des bases si solides? une monarchie défendue par un roi si puissant, ne doit-elle pas être éternelle? et n'est-ce pas tomber dans le délire, que d'y voir une république démocratique?

Le gouvernement fondé par Louis XVIII avait, il est vrai, les apparences d'une monarchie; mais nous allons nous convaincre que cette monarchie constitutionnelle n'était qu'une république masquée : nous verrons, dans un moment, que toutes ces belles prérogatives de la couronne, dont nous venons de faire l'énumération, appartiennent réelment à la chambre des députés. Parlons d'abord de l'initiative et de la sanction des lois.

Ces deux prérogatives, attribuées à la royauté par la charte de 1814, font partie du domaine de la chambre des députés, s'il dépend d'elle de forcer le monarque à lui proposer et à sanctionner les dispositions législatives, dont elle demande la publication dans l'intérêt de l'opinion et du parti qu'elle représente. Or, telle est l'étendue de son pouvoir sur la volonté du roi, qu'elle est maîtresse de le réduire à cette fâcheuse extrémité. En effet, le roi ne peut se passer du concours de la chambre pour la confection des lois; et parmi ces lois, il en existe une, celle du budget, sans laquelle il lui est impossible de maintenir l'ordre social : car, si l'impôt n'est pas voté, comment le gouvernement paiera-t-il les nombreux créanciers de l'état, l'armée, le clergé, les magistrats, les fonctionnaires publics? Et si ces diverses classes de citoyens ne reçoivent pas les revenus de leurs rentes, ou le traitement nécessaire à leur subsistance, sera-t-il possible de gouverner l'état? Le roi décrétera-t-il seul la quotité et la levée de l'impôt? mais alors la charte est suspendue; la volonté du monarque devient la seule autorité du royaume; il agit en dictateur. Nous ne raisonnons plus dans l'hypothèse d'un gouvernement représentatif; et c'est cependant sur la nature et les conditions essentielles de ce gouvernement que roule en ce moment la discussion. Croit-on, d'ailleurs, qu'il serait si facile, en France surtout, de décréter l'impôt par simple ordonnance, et d'en obtenir la perception? Si l'opinion publique, pervertie par l'action journalière de la presse, se montrait hostile au monarque et à ses ministres, des cris de violation de la charte, de tyrannie, de despotisme intolérable, ne retentiraient-ils pas d'un bout du royaume à l'autre? et le refus obstiné de l'impôt ne deviendrait-il pas le signal d'une guerre entre le roi et les masses populaires? Après avoir levé des contributions par sa seule volonté royale, Charles I.er se vit forcé de convoquer le parlement; et la tête de ce malheureux prince tomba sur un échafaud. Des actes de cette nature, de la part du monarque, compromettent l'existence du trône et menacent l'état d'une catastrophe effroyable. Le succès est souvent impossible, et l'on ne doit rien négliger pour éviter de telles extrémités.

Le roi est donc dans la nécessité morale d'obtenir le concours de la chambre des députés pour la confection de la loi du budget : or, la chambre des députés peut faire dépendre son vote sur cette loi financière, de la présentation de telles et telles dispositions législatives, qu'elle juge nécessaires ou utiles à l'intérêt du parti dont elle est l'organe ; elle peut faire craindre aux ministres, sinon le rejet du budget, du moins son morcellement à un degré tel, que la marche du gouvernement serait péniblement entravée et peut-être impossible. Dans cette situation des esprits, dans cette guerre parlementaire, quel parti prendra le monarque ? Dissoudra-t-il la chambre ? c'est son droit reconnu par la charte : mais les électeurs feront également usage de leur droit, en lui renvoyant les mêmes députés, comme il est arrivé en 1830 ; et les même difficultés entraveront l'adoption du budget. Changera-t-il par ordonnance le système électoral, afin d'obtenir des députés qui se montrent dociles à ses volontés ? mais alors il frappe un coup d'état, qui peut tout renverser comme en 1830 ; et quand ce coup d'état, soutenu par la force militaire, réussirait, n'y a-t-il pas lieu de craindre que les contribuables refusent de payer l'impôt, comme ayant été voté par une chambre des députés illégale, inconstitutionnelle ? Des embarras inextricables seraient le résultat de cet exercice du pouvoir dictatorial. Pour en éviter les chances périlleuses, il ne restera plus au roi qu'une seule résolution à prendre ; c'est le renvoi de ses ministres et la formation d'un ministère conforme à l'opinion politique de la chambre des députés. Or, ce nouveau ministère lui apportera les projets de lois qu'elle demande. Si la chambre des pairs les rejetait, il ferait une nomination de pairs, comme nous en avons vu plusieurs sous les règnes de Louis XVIII et de Charles X ; alors, les lois sollicitées par la chambre des députés seraient revêtues du consentement des deux chambres et de la sanction du roi : et c'est ainsi que les députés, auraient disposé dans l'intérêt de leur opinion et de leur parti, d'abord du droit qui appartient au roi de choisir ses ministres, et ensuite de l'initiative et de la sanction des lois, qui lui sont attribuées par la charte comme prérogatives et boucliers de sa couronne.

Ces observations ne sont pas des idées abstraites produites avec peine, dans le silence du cabinet, par une imagination échauffée ; ce sont des faits dont nous avons été les témoins oculaires. N'avons-nous pas vu le roi changer continuellement ses ministres, selon que l'opinion politique de la chambre des députés variait elle-même par suite de nouvelles élections ? n'avons-nous pas vu rendre des lois, tantôt dans un sens monarchique, tantôt dans un esprit démocratique, selon que l'opinion de la même chambre penchait vers la royauté, ou vers la démocratie ?

Le pouvoir de la chambre des députés est tellement fort, tellement redoutable à la royauté, que c'est une maxime généralement reçue dans les monarchies constitutionnelles, que le ministère doit se retirer ou être congédié, lorsque la majorité lui est contraire ; alors il est remplacé par des ministres qui partagent l'opinion politique de la chambre, et qui gouvernent selon ses intentions manifestées. C'est aux hommes de leur parti que sont accordées les places de la magistrature, les nominations au choix du roi dans l'armée, les emplois administratifs et les faveurs de la cour. Le prince n'est pas le maître d'en disposer autrement ; car ses ministres ne peuvent se maintenir qu'en gouvernant et administrant l'état dans le sens de l'opinion de la chambre, laquelle est d'ailleurs leur opinion personnelle. Le pouvoir législatif, le pouvoir judiciaire, et le pouvoir exécutif dont la charte investit la personne du monarque, sont donc exercés selon la volonté connue de la chambre des députés. Ainsi, le prince et les ministres deviennent ses mandataires et ses agens ; la royauté est *taillable et corvéable,* selon son bon plaisir ; et comme cette assemblée est nommée par le peuple, sans que ni le gouvernement, ni la noblesse, soient assez puissans pour la composer à leur gré, il résulte que

la souveraineté, qui de nom et de droit appartient au roi, appartient de fait aux députés de
la nation. Le prince n'est que son premier commis, bien payé, bien logé, élevé sur un trône,
et y recevant de grands honneurs, mais à condition, qu'il fera toutes les volontés des représentans du peuple souverain ; et s'il ne se montre
pas assez docile, s'il prétend sauver l'état de
l'anarchie, par l'exercice d'un pouvoir indépendant, on le bannira du royaume, comme on
chasse d'une ville un vagabond, qui n'a ni feu
ni lieu ; et il ne lui sera pas même permis d'y
posséder quelques pieds de terre, pour y faire
déposer sa royale poussière, après une vie de
douleurs et de larmes. La monarchie fondée
par la charte de 1814, n'est donc, ainsi que nous
l'avons dit, qu'une république démocratique, dé-
guisée sous le nom et le masque d'une monarchie
constitutionnelle.

Maintenant je demande si une grande monarchie, fondée sur des bases démocratiques,
possède un principe de vie suffisant pour durer
long-temps ; je demande si ce pouvoir populaire
qui maîtrise et dirige tous les pouvoirs de la
royauté, ne doit pas miner et renverser le trône,
et s'il n'est pas pour l'état un principe de dissolution et d'anarchie.

Tout bon gouvernement repose sur des bases
conformes à sa nature ; il est aussi absurde de
fonder un trône sur des institutions démocra-

tiques, qu'il le serait d'asseoir une république sur des institutions monarchiques. De tels gouvernemens sont, dans l'ordre social, des monstres qui ne peuvent vivre long-temps ; leur organisation est essentiellement vicieuse ; elle recèle un principe de mort que l'art et l'habileté des hommes ne peuvent dompter : et c'est ce qui a fait dire à Montesquieu, *qu'un gouvernement ne peut se maintenir que par des maximes et des moyens analogues à son principe.*

Quand la démocratie existe dans les institutions, bientôt elle se glisse dans les lois, et pénètre dans le cœur de la nation : ce sont les institutions qui forment l'opinion et les mœurs de la multitude. Pourquoi, dans les monarchies absolues, la personne et la couronne du prince sont-elles l'objet de la vénération publique? pourquoi les dépositaires du pouvoir et la noblesse y jouissent-ils d'une grande considération? pourquoi y a-t-il dans les classes inférieures moins de haine et de jalousie contre les classes supérieures? pourquoi le vaisseau de l'état fend-il tranquillement les ondes sous un ciel pur et serein, au lieu d'être à chaque instant penché vers l'abîme, par le mouvement des flots et la fureur des vents? c'est parce que les institutions y étant fortement monarchiques, elles répriment facilement les passions dangereuses; c'est parce qu'elles inspirent à la multitude l'amour de l'ordre, de la soumission et de la paix. Mais si dans une monarchie vous avez des institutions démocratiques, ces institutions, en guerre avec le gouvernement, y produiront des effets tout contraires à ceux que nous venons de décrire : elles allumeront dans les âmes une ambition désordonnée, une profonde jalousie contre les classes supérieures, un amour excessif de liberté et d'égalité : or, ces passions violentes affaiblissent le respect dont la personne du monarque et les agens de son pouvoir doivent être entourés dans l'intérêt public ; elles poussent sans cesse les esprits aux nouveautés dangereuses, à la révolte contre l'autorité, au bouleversement de l'ordre établi. Elles déposent dans le cœur de la nation le germe funeste de la guerre civile.

Pour que l'ordre et la paix règnent dans un état, il est indispensable que la multitude sente le besoin d'obéir ; lorsque ce sentiment n'existe pas en elle, aucune société n'est possible. Trente millions d'hommes ne renoncent point à leur indépendance, dans la vue de procurer à l'un d'eux les honneurs et le plaisir du commandement : cette population immense qui, par un seul de ses mouvemens, pourrait écraser son chef, ne demeure soumise que par la conviction où elle est, que son intérêt comme son devoir exige d'elle l'obéissance à l'autorité. Dès que cette conviction cesse, ou le peuple est en état de révolte, ou il est prêt à se révolter. Pour lui donner une impulsion terrible il suffit, que dans un moment de crise politique, un factieux hardi, jouissant de sa faveur, tenant de l'or dans une main, et le glaive dans l'autre, crie aux armes contre le souverain.

Dans les monarchies fortement constituées, le sentiment habituel du peuple est le besoin d'obéir pour être heureux ; dans les monarchies constitutionnelles, où le peuple, par ses députés, prend une part importante au gouvernement, le besoin de commander remplace le besoin d'obéir. Le pouvoir populaire, plus que tout autre pouvoir, tend avec une violence extrême à s'agrandir ; et l'histoire nous apprend qu'il est presque toujours plus fort que les rivaux dont il convoite les dépouilles. A Sparte, les Ephores, chargés de défendre les intérêts du peuple, devinrent ses souverains, tandis que les deux rois ne furent plus que leurs mandataires et leurs généraux. A Rome, les tribuns arrachèrent une à une au sénat ses plus anciennes comme ses plus belles prérogatives. En France, nous avons vu l'assemblée constituante démolir la monarchie, la convention faire périr, en 93, la royauté sur un échafaud, et une réunion de députés la bannir en 1830.

Tant que la majorité de la chambre des députés se compose d'hommes monarchiques, la couronne trouve un appui dans son sein ; mais sous le régime des chartes, l'opinion publique est d'une extrême mobilité, et les élections suivent le mouvement de l'opinion, tantôt monarchique, tantôt libérale. Il arrive donc un

temps où cette chambre se compose de démo-
crates, de réformateurs, d'hommes jaloux de la
noblesse, qui provoquent des lois et un régime
de gouvernement funestes aux prérogatives de la
royauté : une lutte fâcheuse s'engage entre le
monarque et les députés ; et il survient tôt ou
tard une crise violente, durant laquelle, les liens
de l'ordre social se brisant, tout s'écroule dans
l'anarchie avec un horrible fracas, à moins que
la nation ne passe sous le sceptre absolu d'un
monarque heureux et fort. Alors, ou les chambres
sont dominées par un despote qui gouverne avec
le sabre du guerrier et la hache du bourreau,
ou elles dominent elles-mêmes le monarque et
ruinent sa puissance. En Angleterre, Henri VIII
fit ramper le parlement à ses pieds, et plus tard
ce même parlement dressa pour un Stuard un
échafaud. En France, le corps législatif et le
sénat tremblèrent devant Buonaparte ; et deux
assemblées populaires détrônèrent deux rois d'un
caractère doux et clément.

Rien n'est donc plus chimérique que ce bel
équilibre qu'on prétend établir, avec une charte,
entre les trois pouvoirs, monarchique, aristocratique et démocratique. On veut les balancer l'un
par l'autre ; mais toujours il en est un qui s'élève
au-dessus de l'autre, le brise ou l'entraîne à sa
suite, comme un captif. Aussi, Tacite, qui avait
eu l'idée de nos machines constitutionnelles, ne
croyait pas qu'on pût trouver un ouvrier assez

habile pour les construire , ou du moins pour les faire durer long-temps. « Le meilleur de tous « les gouvernemens, disait-il, serait celui qui « résulterait du mélange des trois pouvoirs ba- « lancés l'un par l'autre ; *mais ce gouvernement* « *n'existera jamais ; ou s'il se montre, il ne durera* « *pas* (Ann. IV. 33.). » En Angleterre , c'est l'aristocratie qui domine le plus souvent ; en France , le pouvoir populaire n'ayant pas dans les institutions une barrière assez solide pour le contenir dans ses limites , il débordera toujours comme un torrent enflé par les eaux des montagnes , et il brisera comme un vase d'argile l'aristocratie et le trône. C'est de tous les pouvoirs le moins éclairé, le plus fougueux, le plus terrible dans sa domination. La raison et la sagesse ne lui servent pas de guides; l'ambition , la jalousie , la cupidité , la haine , la vengeance, le mettent en mouvement, et il emporte tout dans son cours impétueux ; il devient le tyran des deux autres pouvoirs, s'il n'en est pas l'esclave. Voilà pourquoi Cicéron, qui rêvait l'équilibre politique dont nous parlons, craignait par-dessus tout la prépondérance de la puissance démocratique. Rien de ce qui est populaire, disait-il, ne m'a jamais plu. *Nil unquàm mihi populare placuit.* Et Hume n'avait pas une haute idée du balancement des pouvoirs dans la constitution anglaise, lorsqu'il l'appelait *une constitution turbulente, toujours flottante entre la prérogative et le privilége, et qui présente une foule d'autorités pour et contre* (1). Qu'eût-il pensé de l'équilibre de notre monarchie constitutionnelle, où le pouvoir le plus turbulent est le pouvoir dominant ?

---

(1) Histoire d'Angleterre, Jacques I.ᵉʳ, chap. 47, ann. 1621.

CHAPITRE V.

La liberté de la presse est garantie par l'esprit et la nature
du gouvernement représentatif, et cependant elle renferme une force de destruction à laquelle les états ne
peuvent résister : second principe de dissolution et d'a-
narchie pour une monarchie constitutionnelle.

La publicité est un des caractères propres du
gouvernement représentatif; on y joue cartes sur
table. A la tribune de la chambre des députés,
les lois sont longuement discutées en présence du
public; les ministres y rendent compte, ainsi
qu'à la chambre des pairs, des divers actes de
leur administration ; l'emploi qu'ils ont fait des
fonds votés dans les dernières sessions, les re-
cettes et les dépenses du budget qu'ils présentent,
les avantages et les inconvéniens de leur système
politique, sont les objets d'un sérieux examen.

Le droit de critiquer, de censurer tout haut,
en présence de la nation, la marche suivie par
les ministres du roi, n'appartient pas exclusivement aux pairs et aux députés ; les simples
citoyens en sont également investis ; ils l'exercent
non-seulement par des pétitions présentées aux

chambres, mais encore par la voie de la presse. Ce droit, dont l'usage a d'énormes conséquences, est une des libertés publiques garanties par l'esprit et la nature du gouvernement représentatif. Les fondateurs de ce gouvernement ont pensé qu'il était nécessaire de l'accorder au peuple, comme un moyen infaillible d'éclairer le ministère sur le meilleur emploi de l'autorité suprême, et tout à la fois comme une sauve-garde donnée aux citoyens contre l'arbitraire et la tyrannie.

Ce droit d'adresser publiquement des conseils et des réprimandes aux dépositaires du pouvoir et de la confiance du roi, est tellement conforme aux institutions et aux maximes des monarchies constitutionnelles, que dans les temps mêmes où, pour des causes graves, la censure est établie, il est restreint, mais non annulé. Même alors, le gouvernement croit ne pouvoir pas anéantir tous les livres et tous les articles de journaux qui renferment une critique sévère de son système politique et de son administration; il se borne à supprimer les plus violens et les plus dangereux.

Dans les pays soumis au régime des chartes, la liberté de la presse est aussi chère à la nation, que la liberté individuelle et la liberté civile; on en réclame l'exercice avec autant de chaleur et de persévérance, que s'il s'agissait de l'existence et de la fortune des citoyens. Plusieurs fois, en

France, la censure a été temporairement établie : eh bien ! le joug en fut supporté par tous les partis, avec une égale impatience. Il paraissait tellement odieux, qu'une foule d'hommes de lettres auraient refusé de remplir les fonctions de censeurs, malgré les émolumens attachés à cette sorte de magistrature sur l'esprit humain. Pour l'accepter, il fallait du courage et du dévouement ; on craignait d'être injurié, accusé de servilité, méprisé comme un vil instrument du despotisme ministériel. Lorsque Charles X, montant sur le trône, eut manifesté l'intention de rétablir la liberté de la presse, une salve d'acclamations, un concert d'actions de grâces s'éleva de tous les points de la capitale ; et quoique la censure fût exercée dans un sens monarchique, les écrivains royalistes, comme les écrivains libéraux, applaudirent d'une voix unanime à la résolution du nouveau roi. Tout cela s'explique par l'esprit qui domine dans les monarchies constitutionnelles ; c'est un esprit d'indépendance et de liberté qui naît du sein même des institutions ; c'est une conviction profonde que le droit d'examiner et de blâmer les actes du gouvernement appartient à tout citoyen, et qu'il est le palladium des libertés publiques ; c'est un violent désir d'arriver à la fortune et au pouvoir, en soulevant l'opinion contre les hommes et le parti qui triomphent : or, pour satisfaire ces sentimens, ces passions, la liberté de la presse

est nécessaire ; et les écrivains de la faction victorieuse la réclament aussi bien que ceux de la
faction vaincue. Ils craignent que, dans les temps
de revers, la censure ne soit employée contre
eux ; et ils ne veulent pas qu'on puisse leur arracher l'arme terrible avec laquelle seule il leur
sera donné d'abattre leurs adversaires, et de
reconquérir la prépondérance dans les affaires de
l'état.

Des hommes de bien, frappés des abus et des
inconvéniens de la liberté de la presse, ont pensé
qu'il serait possible de décréter une censure perpétuelle, sous un gouvernement représentatif.
C'est une idée fausse : sous un tel gouvernement,
une censure perpétuelle serait un contre-sens
politique, une véritable apostasie des principes
sur lesquels repose la monarchie constitutionnelle. La liberté de la presse est expressément
garantie par le texte des chartes modernes : on
ne pourrait donc décréter une censure permanente, sans mettre la législation en opposition
évidente et directe avec la constitution de l'état ;
or, une telle opposition ne peut durer long-
temps ; ou il faut que la constitution périsse, ou
il est indispensable que les lois soient mises en
harmonie avec la constitution. L'existence d'un
désordre de cette nature soulèverait une indignation universelle ; et les ministres, assourdis
par les plaintes et les clameurs des partis, senti-
raient bientôt l'impérieuse nécessité de demander

aux chambres l'annulation de la loi anticonsti-
tutionnelle : d'ailleurs, jamais le gouvernement
n'obtiendrait des chambres leur vote en faveur
de la censure permanente ; il en recevrait tout au
plus l'autorisation de l'établir temporairement
dans des momens de crise et de dangers pour
l'état.

Rousseau a dit quelque part ces paroles remarquables : « Si le législateur, se trompant dans
« son objet, établit un principe contraire à la
« nature des choses, l'état ne cessera d'être agité,
« jusqu'à ce que l'invincible nature ait repris
« son empire. » Cette observation s'applique
très-bien à la question présente ; si vous éta-
blissez sous un gouvernement représentatif le
principe d'une censure perpétuelle, vous pro-
clamez un principe contraire à la nature du gouvernement ; et l'état ne cessera d'être agité par
des plaintes, par des murmures, par des réclamations vives et opiniâtres, jusqu'à ce que la
liberté de la presse soit rendue à la nation. Dans
une monarchie absolue, la censure n'excite pas
cet orage, parce que le droit de blâmer tout
haut les actes des ministres du roi, n'y est pas
reconnu. Une telle faculté serait contraire à
l'esprit des institutions fondamentales du royaume,
lesquelles concentrent les attributions de la
souveraineté dans la seule personne du monarque, et n'accordent par conséquent au peuple
aucun pouvoir politique. Dans les monarchies

constitutionnelles, cette même faculté découle des institutions sociales; elle est mise au rang des libertés nationales; elle est confirmée par les maximes du droit public; et l'opinion est tellement fixée sur cet objet, que ces mots, *gouvernement représentatif et censure perpétuelle*, hurleraient aux oreilles de la nation; ils lui présenteraient l'image repoussante d'un gouvernement absurde.

D'ailleurs, votre censure permanente s'étendrait-elle aux discours prononcés à la tribune de la chambre des députés? interdiriez-vous aux représentans de la nation, la publication, par la voie de la presse, des opinions qu'ils ont émises dans la discussion des lois? Mais il serait par trop absurde de leur intimer la défense de rendre compte de l'accomplissement de leur mandat, au peuple qui les envoie : autant vaudrait-il refuser à un avocat le droit de communiquer à ses cliens les mémoires qu'il a rédigés, les plaidoyers qu'il a prononcés pour assurer le triomphe de leur cause. Les feuilles ministérielles jouiraient-elles du privilége exclusif de publier les discours des députés? on suspecterait leur exactitude et leur bonne foi; et il paraîtrait étrange et tyrannique à la nation, qu'on la privât du moyen de connaître avec certitude ce que ses mandataires ont fait pour le soutien de ses intérêts et de ses droits.

Enfin, vous ne pourriez vous opposer à la libre

publication des discours des députés, sans blesser
toutes les idées reçues sur la nature du gouvernement représentatif, sans violer les maximes de
droit public, sans afficher l'intention de régner
avec un pouvoir absolu dans une monarchie
constitutionnelle. Un pareil désordre révolterait
les esprits ; le peuple ne le supporterait pas, et
le monarque, effrayé de ses suites funestes, y
mettrait lui-même un terme. Or, s'il est permis
aux députés de publier leurs opinions, et si les
journalistes peuvent les reproduire dans leurs
feuilles quotidiennes, vous n'obtiendrez pas ce
calme qui serait le but de la censure permanente. Dans la vue de signaler les ministres à la
haine du peuple, dans le dessein d'annuler les
effets de la censure, les députés de l'opposition
prononceront, à la tribune, des harangues cap-
tieuses et séditieuses ; la presse les reproduira
sans relâche ; elle en inondera le royaume du
nord au midi, de l'orient à l'occident. Ces
discours seront lus avec une avidité d'autant plus
grande, que l'on supportera avec plus d'irritation le joug de la censure ; et ils produiront une
impression d'autant plus profonde, que leurs
auteurs parleront revêtus du caractère d'homme
public, de représentans de la nation.

Il n'y a qu'un despote gouvernant l'état, comme
Napoléon, avec le sabre d'un guerrier victorieux,
qui puisse établir une censure permanente, en
dépit de la constitution. S'appuyant fièrement

sur une armée dévouée à sa personne jusqu'à l'enthousiasme, il placerait sa volonté de fer au-dessus de toutes les lois, et traiterait ses propres sujets comme des peuples vaincus. Alors tout plierait, tout fléchirait devant lui ; la promptitude et la sévérité du châtiment de la résistance intimiderait les plus courageux ; et la nation, éblouie par l'éclat des victoires de son roi, se consolerait un instant de la perte de ses libertés. Mais que la fortune abandonne ses drapeaux ; que des revers multipliés obscurcissent sa gloire militaire ; que la nation, fatiguée de prodiguer inutilement ses sueurs et son sang, soupire après le repos et le règne des lois, et alors on verra l'indignation contre le despotisme éclater avec d'autant plus de violence, qu'elle aura été plus long-temps comprimée au fond des cœurs. La nation relèverait sa tête courbée sous la main du despote ; elle demanderait, avec une attitude menaçante, d'être gouvernée par des lois conformes à ses institutions ; et le monarque étonné rencontrerait une opposition formidable à ses volontés, jusques dans les corps de l'état qui rampaient le plus bassement à ses pieds au moment de sa fortune et de sa gloire. Lorsque son trône commençait à chanceler, Napoléon subit une opposition de cette nature, au sein du corps législatif, quoiqu'à l'époque de sa grande puissance il n'eût reçu de sa part que des témoignages d'une docilité servile.

6.

Au reste, les monarques du caractère de celui dont nous venons de tracer le portrait, apparaissent rarement sur la scène du monde. L'histoire nous apprend que presque tous les rois forts ont eu des successeurs faibles ou médiocres. Ainsi, quand la tombe aura recouvert la cendre du despote qui commandait assis sur les ruines des institutions et des lois, la classe éclairée de la nation demandera que les volontés de la tyrannie cessent avec la vie du tyran; mille voix éloquentes s'élèveront à la fois pour obtenir le rétablissement des libertés publiques; et, dès l'aurore d'un nouveau règne, l'ouvrage de la violence du règne précédent sera promptement renversé.

Nous demeurons donc convaincus que la censure ne peut être établie d'une manière permanente, sous un gouvernement représentatif; que les chambres n'adopteraient point un projet de loi dans lequel la censure perpétuelle serait proposée; que si, contre toute probabilité, ce projet obtenait la majorité des votes dans les deux chambres et la sanction du roi, bientôt cette législation informe tomberait sous le poids de l'indignation publique et du mépris universel; et qu'enfin, si, en dépit de la constitution de l'état et des libertés nationales, la volonté d'un puissant despote maintenait la censure pendant la durée de son règne, l'affranchissement de la presse serait, sans aucun doute, proclamé par ses successeurs.

Il nous paraît donc incontestable que, dans les monarchies constitutionnelles, la liberté de la presse est considérée comme une conséquence rigoureuse des institutions, et que tôt ou tard elle doit triompher des entraves qu'on prétendrait mettre à son exercice pour en prévenir les abus. Et cependant, il faut l'avouer, et nous allons le prouver, cette liberté est pour les états un principe de dissolution et d'anarchie; car elle ruine, dans l'esprit et le cœur des peuples, tous les principes, tous les sentimens religieux et politiques, sur lesquels repose l'édifice social.

L'homme vit de croyances et de sentimens; son esprit n'est point fait pour errer à l'aventure, dans le dédale de l'incertitude et du doute. Il éprouve un besoin irrésistible de connaître la vérité; et s'il n'apercevait clairement aucune vérité, on ne pourrait le placer au rang des êtres intelligens. Son cœur vit de sentimens, comme son esprit vit de croyances; il ne peut exister sans foi et sans amour.

Quand les croyances de l'homme sont conformes à la vérité, lorsque ses sentimens n'ont pour objet que des choses bonnes et honnêtes, il goûte, au fond de son être, un repos et une jouissance ineffable, qui lui disent dans le plus doux langage, que tout est dans l'ordre en lui-même, que tout y est réglé selon la volonté suprême du Créateur. Au contraire, si son esprit est sans cesse agité par le doute, sur les vérités qu'il lui importe le plus de connaître avec certitude; si son cœur, au lieu de se plaire dans la vertu, devient la proie des passions et se délecte dans le mal, alors son être tout entier présente l'image hideuse du désordre, de la confusion et de l'anarchie.

Les peuples comme les individus vivent de croyances et de sentimens : il est des croyances tellement nécessaires à leur conservation et à leur prospérité, que sans elles ils n'ont que des malheurs à prévoir; et il est aussi des sentimens auxquels ils ne peuvent renoncer, sans se trouver sur le bord d'un abîme.

Par exemple, en fait de croyances religieuses, une nation qui se laisse séduire par des doctrines d'athéisme ou de déisme, conçoit pour l'indépendance une si violente passion, que bientôt elle hait toute espèce d'autorité. Après avoir nié Dieu, ou du moins rejeté son pouvoir et sa Providence dans le gouvernement du monde, elle ne considère plus l'autorité de l'homme sur elle que comme un joug intolérable. Or, de cette haine de l'obéissance, il naît dans son sein un dégoût des anciennes institutions politiques, un amour des choses nouvelles, un égoïsme brutal, une ambition effrénée, une cupidité sans bornes, qui, minant par les fondemens l'édifice social, en préparent la chute prochaine.

Le changement opéré dans les croyances politiques est encore une source funeste de bouleversement dans l'état. Dites et répétez souvent à un peuple gouverné par un roi, que le roi n'est pas son souverain, mais son mandataire; que le pouvoir dont il est investi ne vient pas de Dieu, mais de lui, et qu'il peut, à son gré, le dépouiller de sa couronne et changer les formes du gouvernement : appuyez ces doctrines de révolte, par tous les sophismes qu'une mauvaise foi subtile est capable d'inventer ; présentez-les à la crédulité du vulgaire sous les formes séduisantes du style : quand la masse en sera profondément imbue, vous pourrez vous vanter d'avoir mis le feu aux quatre coins de la monarchie.

Des hommes de bien et de talent ont cru que rien n'était plus salutaire au monde que la liberté de la presse : ils veulent que chacun exprimant librement ses opinions, on fasse combattre chaque jour en champ clos la vérité et l'erreur, devant le peuple, afin qu'il prononce sur la victoire, en qualité d'arbitre et de juge. C'est, à les entendre, le moyen le plus efficace d'éclairer les états et de hâter le triomphe de l'impérissable vérité. Etrange illusion ! Vous prétendez éclairer un peuple en lui présentant, d'un côté, l'erreur défendue par le sophisme, et de l'autre, la vérité soutenue par la raison. Mais ce peuple est une multitude d'ignorans; comment démêlera-t-il le vrai du faux, lorsque des raisonnemens captieux obscurciront son intelligence? Mais la jeunesse ardente dans ses désirs, impétueuse dans ses volontés, prononcera-t-elle avec impartialité sur ces graves et importantes questions? Mais une triste expérience n'atteste-t-elle pas que le plus souvent on lit avec fureur les ouvrages qui flattent des penchans chéris, sans daigner jeter les yeux sur ceux qui les combattent? Mais, pour s'épargner la fatigue de l'examen, les moins passionnés ne se livrent-ils pas en grand nombre à cette stupide indifférence pour la vérité, qui est aussi funeste aux états que la haine même de la vérité? Mais comment voulez-vous que les croyances religieuses et politiques triomphent, lorsque des milliers d'écrivains spirituels et dangereux forment une ligue de talens et d'efforts, pour les combattre sur tous les points du royaume? Les journaux pénétrant partout, il s'élèvera, dans chaque ville et jusque dans les hameaux, des tribunes publiques du haut desquelles on prêchera la révolte contre Dieu et contre les rois. D'autres tribunes seront élevées pour prêcher l'ordre et la soumission; mais l'erreur, qui flatte les passions de la multitude, recevra l'accueil dû à la vérité; et l'austère vérité qui les condamne sera traitée de superstition et de fable.

Voudriez-vous appeler, dans l'intérieur de vos maisons, des apôtres de l'Evangile et des sophistes habiles, afin qu'après une controverse animée, vos femmes, vos enfans, vos domestiques pussent prononcer, avec connaissance de cause, si l'obéissance vous est due, ou si l'insurrection est pour eux le plus sacré des devoirs? Vous frémiriez à la pensée des suites funestes d'une instruction de cette nature. Et telle est cependant celle que vous prétendez donner à tout un peuple; et vous ne voyez pas que lorsqu'un pays est inondé de livres, bons et mauvais, où toutes les vérités et toutes les erreurs sont librement soutenues, un nuage épais de doutes et d'incertitudes s'élève dans l'esprit de la nation sur les doctrines qu'il lui importe de croire d'une foi ferme et inébranlable! Et vous ne voyez pas qu'insensiblement elle passera du doute à la haine, de la haine au mépris des croyances religieuses et politiques qui sont le fondement des états et la vie des sociétés! Vous ne voyez pas que ces croyances, une fois éteintes ou notablement affaiblies, au règne de Dieu et de la conscience succédera le règne terrible des passions; que la multitude n'étant plus contenue ni par le respect de l'autorité, ni par la règle des devoirs, elle deviendra, dans la main des factieux, un instrument de désordre et d'anarchie; et que bientôt il s'ouvrira sous vos pieds un gouffre profond où vous disparaîtrez en un instant, avec la Religion et la monarchie. Vous prétendez éclairer le peuple, au flambeau de la liberté de la presse; vous ne ferez que rassembler sur sa tête des nuages et des tempêtes. Vous prétendez concourir à la gloire et au bonheur de la patrie; vous lui préparez des infortunes inouïes, vous creuserez son tombeau.

Le triomphe de la vérité est certain, dites-vous : oui, dans le monde, mais non dans tous les lieux du monde. Je vois, au contraire, de vastes contrées ensevelies, depuis un long intervalle de temps, dans les ténèbres de l'erreur et de la superstition. L'Orient ne gémit-il pas, depuis plus de mille ans, sous la loi mensongère et sous le despotisme de fer de Mahomet? Il y a trois siècles écoulés que Luther se sépara de l'Eglise romaine; ses fausses doctrines furent réfutées dans des conférences publiques et dans de savans ouvrages; on en signala partout le crime et le danger : mais ce singulier réformateur annonçait au peuple l'abolition du jeûne, de l'abstinence et de la confession; il donnait les biens de l'Eglise aux princes, et les femmes aux prêtres et aux moines corrompus : cette doctrine commode, qui flattait tant de penchans déréglés, n'a-t-elle pas triomphé et ne triomphe-t-elle pas encore dans une grande partie de l'Allemagne? En France, le calvinisme ne fit-il pas assez de partisans fougueux, pour allumer la guerre civile dans son sein? Et cependant ces deux pays furent couverts de livres bons et mauvais, dans lesquels la vérité comme l'erreur trouva d'habiles défenseurs. En Espagne, un tribunal sévère arrêta le cours des nouvelles doctrines, et le peuple conserva pure la foi catholique; et les erreurs du temps n'altérant point ses croyances religieuses et politiques, le fléau de la guerre civile, qui désola l'Allemagne et la France, respecta ses frontières.

Depuis plus d'un siècle, on écrit librement en France pour et contre la Religion; car, quoiqu'avant la révolution de 89 la censure existât de droit, la liberté de la presse existait de fait. Des ministres-philosophes du roi très-chrétien accordaient une haute protection, soit à la personne des écrivains irréligieux, soit à la circulation de leurs livres. Eh bien! qu'est-il résulté de cette liberté de tout dire? dans une grande partie de la nation, l'obscurcissement et la ruine des vérités sur lesquelles reposent les états; un amour de la nouveauté qui l'a précipitée dans les systèmes les plus vains et les plus désastreux; un amour de l'égalité qui a détruit toutes les distinctions sociales; un amour de la liberté qui a méconnu toute espèce d'autorité divine et humaine; enfin, une catastrophe effroyable, dans laquelle on a vu tous les crimes, suivis de tous les malheurs, ensanglanter et épouvanter le monde. Après dix années de brigandage, de meurtres, de divisions intestines et de guerres étrangères, la France, épuisée et haletante, s'est

jetée dans les bras d'un despote, afin d'échapper
à ses propres fureurs. Alors, elle sembla reconnaître dans l'oubli de ses croyances religieuses et
politiques la cause de ses longues calamités; mais
le sceptre du conquérant ayant été brisé, et
Louis XVIII ayant octroyé la liberté de la presse,
avec une charte, aussitôt la révolution recom-
mença le terrible combat de l'erreur contre la
vérité. On se rappelle avec quelle rage, avec
quelle persévérance opiniâtre, ses fauteurs inon-
dèrent le royaume de livres et de journaux impies et séditieux. En vain les Evêques récla-
mèrent avec force contre le scandale de tant
d'attaques livrées sans pudeur à la Religion et à
la royauté, et laissées pour la plupart impunies :
en vain des écrivains célèbres prirent la défense
des saines doctrines, dans des ouvrages élo-
quens; en vain des associations pieuses pour la
propagation des bons livres furent établies; en
vain des mesures répressives des délits de la
presse obtinrent le consentement des chambres
et la sanction du roi : l'arbre porta son fruit. La
liberté de tout dire mina la société dans ses fondemens; la contagion des doctrines révolutionnaires pénétra dans toutes les classes et jusque
dans l'armée; la chambre des députés devint
séditieuse; et quoique, depuis la restauration, le
commerce et l'industrie, les lettres, les sciences
et les arts eussent reçu du gouvernement une protection signalée; quoique toutes les parties du

service public se fissent sans obstacle ; quoique les impôts, perçus avec facilité, plaçassent les finances de l'état dans une situation heureuse ; quoique l'armée, objet spécial de la bienveillance du monarque, eût cueilli de nouveaux lauriers en Espagne et sur les plages africaines ; quoiqu'enfin, à l'ombre du trône d'un roi chevalier, bon et généreux, le peuple goûtât les fruits de la gloire et de la paix, cependant la révolution de 1830 s'opéra comme par enchantement. En trois jours, tout fut renversé. D'un bout du royaume à l'autre, le drapeau sanglant de 93, porté par les diligences, remplaça l'antique bannière de la France ; et l'on se mit à la fenêtre, pour voir passer l'enterrement d'une monarchie de quatorze siècles, suivi de trois générations de rois détrônés, comme on regarderait un de ces vains spectacles destinés à l'amusement du peuple sur les boulevards de Paris. De grandes fautes furent commises, il est vrai ; mais la révolution avait été consommée dans les esprits par l'action journalière et destructive de la presse, et il fut facile de l'accomplir dans les choses ; quelques mesures hardies, exécutées sans prévoyance, suffirent pour la faire éclater avec fureur.

Mais non-seulement la liberté de la presse bat en ruine les gouvernemens et dissout les états, en détruisant dans l'esprit des peuples les croyances religieuses et politiques ; elle leur prépare encore une chute prochaine, en éteignant dans leur cœur les sentimens nécessaires à la conservation de l'ordre social.

Il est incontestable que le pouvoir souverain qui maintient l'ordre dans l'état, ne résiste au choc des passions que par la crainte et l'amour qu'il inspire à la multitude. Ces deux sentimens sont les deux grands leviers du cœur humain ; par eux on obtient dans l'état, comme dans la famille, cette soumission à l'autorité, sans laquelle aucun ordre n'est possible dans aucune société. La Providence elle-même ne gouverne pas autrement le monde : d'une part, elle présente les récompenses, et de l'autre, les châtimens ; par les récompenses elle produit l'amour, et par les châtimens elle imprime la crainte. Or, pour qu'un gouvernement inspire la crainte et l'amour, il est indispensable qu'il obtienne le respect de la nation ; et certes, il ne l'obtiendra pas, s'il tombe dans l'avilissement ; un pouvoir avili est un pouvoir méprisé ; et ni la crainte, ni l'amour, ne se concilient avec le mépris. Aussi, le dernier ministère de Charles X commit-il une grande faute, en restant dans l'inaction, une année entière, en présence d'une faction puissante qui chaque jour marchait avec plus d'insolence et d'audace, et ne cessait de gagner du terrain sur la monarchie. Ses ennemis, comme ses amis, attribuèrent cette fatale inaction à la faiblesse et à l'incapacité : dès-lors, avili, méprisé, il n'inspira ni confiance aux royalistes, ni terreur aux libéraux ; et quand le moment du combat fut arrivé, il périt tout à la fois par la violence de ses adversaires et l'abandon des siens, comme par son inconcevable imprévoyance.

Louis XVIII comprenait fort bien la nécessité, pour un gouvernement, d'obtenir le respect de la nation, quand il disait : Un roi avili est un roi détrôné. Mais ce qu'il sembla ne pas comprendre, c'est qu'en établissant en France un gouvernement représentatif, et en accordant à tout citoyen le droit de censurer publiquement ses actes par la voie de la presse, il plaçait le pouvoir royal dans la triste nécessité de périr par l'avilissement.

Comment, en effet, ne serait-il pas avili et ne périrait-il pas sous le poids du mépris, ce pouvoir souverain qu'il est permis d'attaquer chaque jour avec les armes redoutables du sophisme, de la calomnie, du sarcasme et de la raillerie. Tous ses actes sont présentés au peuple sous le point de vue le plus odieux ou le plus dérisoire, tantôt comme injustes, tantôt comme ridicules ; tantôt comme attentatoires aux libertés publiques, tantôt comme funestes à la prospérité de l'état. On les dénature pour les censurer : on attribue des intentions perfides aux ministres du roi, organes de ses volontés. L'esprit de parti flétrit tout, envenime tout ce qui part du sein de son conseil. Or, la multitude, toujours plus

portée à croire le mal que le bien, se persuade
sans peine que les accusations sont vraies.
Trompée par d'insidieux déclamateurs, elle
prononce sans examen, sur la foi de leurs paroles mensongères, que les dépositaires de la
confiance royale en sont indignes. Il y a dans
le cœur humain un secret penchant à la révolte
contre l'autorité, d'où il résulte que plus un
homme est élevé par ses titres et par sa puissance au — dessus de ses semblables, plus les
calomnies trouvent un facile accès dans l'esprit
du peuple ; et quoique l'on sache fort bien que
les journaux sont remplis de faussetés et de mensonges, quoiqu'on n'ignore pas que les rédacteurs reçoivent de fréquens démentis, n'importe !
on admet comme certain, en tout ou en partie,
ce qu'ils assurent être la vérité. Ils répètent si
souvent les mêmes calomnies, d'un ton affirmatif
et tranchant, qu'on finit par les considérer
comme des imputations fondées ; et l'homme le
plus habile et le plus vertueux n'est, aux yeux
d'un peuple prévenu, qu'un ministre inepte ou
scélérat. Et ce ne sont pas seulement les ignorans qui se laissent abuser ainsi par une troupe
de bavards spirituels et ambitieux ; des propriétaires aisés, qui ne manquent ni d'instruction,
ni de bon sens, deviennent chaque jour les
dupes de leur artificieux langage : insensiblement
il se forme une opinion générale contre les conseillers de la couronne. Les électeurs en sont

imbus; et quand il s'agit de nommer des députés, ils rejettent comme indignes les candidats
du gouvernement. Des ministres sans majorité
dans les chambres prennent eux-mêmes le parti
de la retraite, ou reçoivent leur congé du roi :
alors les rènes de l'état passent dans d'autres
mains. Mais les nouveau venus ne sont pas
mieux traités que leurs devanciers. Comme eux,
ils boivent jusqu'à la lie la coupe amère de la
dérision et de la calomnie ; et comme eux, après
avoir balancé, pendant quelques instans rapides,
les hautes destinées du royaume, ils tombent et
disparaissent du théâtre des affaires publiques.
Le même mouvement qui renverse les ministres,
abat dans les provinces les agens subalternes du
pouvoir; et leurs actes, ainsi que ceux de leurs
chefs, sont dénaturés et censurés avec la plus indigne mauvaise foi. Ainsi, sous l'empire orageux
de la liberté de la presse, aucune autorité n'est
environnée de respect ; il faut que tous les
hommes publics gémissent sous le fouet de la
plus impitoyable satire.

Je demande maintenant quelle opinion on doit
se former du pouvoir régulateur de la société,
lorsqu'il est ainsi, chaque jour, outragé, bafoué
par des milliers d'écrivains factieux. Est-ce un
pouvoir honoré, ou un pouvoir avili? inspire-t-il
au peuple du respect, de la crainte et de l'amour,
ou bien de la haine et de la pitié? Je ne pense
pas qu'il existe, parmi les plus fervens apôtres de

la liberté de la presse, un seul père de famille,
qui voulût être traité par sa femme, ses enfans et
ses domestiques, comme on traite, sous le bizarre
régime des chartes, les dépositaires de la puissance royale. Je ne pense pas qu'il en existe un
seul qui se crût capable de faire respecter son
autorité, et de maintenir l'ordre dans sa maison,
si chaque personne qui l'habite jouissait du
privilége de censurer, avec l'ironie la plus amère,
ses paroles, ses actions et sa personne; si chacun
faisait usage de son droit, en lui disant en face,
qu'il est un menteur, un perfide, un imposteur,
un ennemi déclaré de sa famille : et cependant
on a la sottise d'affirmer qu'il est non-seulement
possible, mais facile de maintenir l'ordre et la
paix dans l'état, lorsqu'il est permis à tout citoyen de livrer à la dérision publique les hommes
honorés de la confiance du monarque, qui parlent
et agissent en son nom. N'est-il pas évident que
dans un tel ordre de choses, ou plutôt dans un
pareil désordre constitutionnel et légal, tous les
liens du pouvoir et de dépendance, de droits et
de devoirs, qui font des membres de l'état un seul
corps, se relâchent avec une effroyable rapidité?
De la haine ou du mépris des hommes à qui
l'exercice du pouvoir est confié, on passe facilement à la haine et au mépris du pouvoir lui-
même. Le peuple prend l'habitude de se plaindre
et de murmurer tout haut; et les factieux, qui sont
constamment aux aguets, profitent de la pre-

mière occasion favorable, pour irriter et soulever les masses contre l'autorité tutélaire de l'ordre social.

La situation de l'état devient singulièrement critique, lorsque l'opinion publique étant pervertie par la licence de la presse, les votes des colléges électoraux amènent, à la chambre des députés, des tribuns populaires dont les opinions sont hostiles à la royauté. Alors s'établit entre le pouvoir royal et le pouvoir démocratique cette lutte terrible que nous avons vu se terminer par la chute du trône. D'un côté, la chambre demande des concessions en faveur du pouvoir populaire; d'un autre côté, le roi qui se voit entraîné dans l'abîme par la perte successive des prérogatives de sa couronne, sent la nécessité de la résistance. Il refuse, et n'ayant d'autre moyen de succès que la création d'un ministère monarchique, il recourt à cet expédient et dissout la chambre; mais aussitôt l'opposition use de la presse pour enflammer les passions; elle accable de mépris les nouveaux dépositaires de la puissance royale; elle les représente, aux yeux de la nation, comme les ennemis des lois, des libertés, de la constitution; et les électeurs, frappés de consternation à la pensée de maux imaginaires, croient servir la patrie en renvoyant à la chambre des députés les ennemis de la royauté. Alors, quelle planche de salut reste-t-il au monarque pour échapper au naufrage? S'il

7.

choisit un ministère dont l'opinion soit conforme
à celle de la chambre, il se verra dans la nécessité de faire des concessions ruineuses; et s'il
maintient au pouvoir un ministère monarchique,
la chambre des députés rendra sa marche impossible, par le rejet des lois qu'il proposera, et
peut-être par le refus ou le morcellement du
budget. Il faudra donc que le prince cherche un
remède au mal dans les coups d'état; c'est-à-dire,
qu'il devra gouverner par ordonnances, suspendant par l'usage d'un pouvoir dictatorial, les lois
et la constitution. Mais si le coup d'état ne réussit
pas, le trône est renversé; et s'il réussit, ou le
roi changera la forme du gouvernement, en subs-
tituant une monarchie absolue à une monarchie
constitutionnelle, ou il laissera subsister le gouvernement représentatif. Dans le premier cas, le
royaume aura été sauvé de l'anarchie, par la
destruction du gouvernement représentatif; dans
le second cas, la chute du trône sera seulement
retardée. La presse continuant chaque jour d'é-
garer les esprits, l'opinion deviendra constamment plus hostile à la royauté; et cette royauté,
couverte d'outrages et de mépris, ne pourra repousser de nouvelles attaques que par de nouveaux coups d'état : or, la longue durée d'un gouvernement qui n'a d'autre moyen de subsister,
est une chose impossible. Ces moyens violens
finissent par causer une irritation extrême. Peu
à peu l'opinion de l'armée se corrompt, par les

rapports journaliers des officiers et des soldats avec les diverses classes de la société ; sa fidélité s'ébranle, et il ne reste plus aucune force au gouvernement pour résister au choc des factieux : la monarchie doit tomber, comme un vieil édifice dont les bases sont ruinées.

En vain dirait-on que, si le pouvoir est violemment attaqué par la presse, il lui est facile de repousser avec la même arme les assauts dont il est l'objet. Oui, sans doute, les colonnes des journaux lui sont ouvertes, et il existe des feuilles dites ministérielles, consacrées à la défense de ses actes et de son système politique. Mais les journaux de l'opposition jouissent constamment d'une plus grande faveur auprès du public que les gazettes ministérielles ; et c'est un fait incontestable que, sous le ministère Villèle, on ne pouvait se procurer une seule feuille royaliste dans la plupart des cafés et des cabinets de lecture. La jalousie, l'ambition, trouvent un aliment d'un goût exquis dans les accusations dirigées contre les plus hauts personnages de l'état. On aime à lire tout ce qui se publie de plus amer et de plus violent contre les premiers agens du pouvoir suprême : on sourit à la pensée qu'ils seront bientôt précipités du faîte de la grandeur par des attaques de journaux ; il y a dans cette guerre acharnée, faite au gouvernement, quelque chose qui flatte tout à la fois l'orgueil et la malignité de la multitude.

Comment, d'ailleurs, le gouvernement pourrait-il repousser victorieusement toutes les accusations dont il est l'objet ? elles sont si multipliées ! elles sont présentées sous tant de formes diverses ! Souvent elles portent sur des projets de renverser la charte, de détruire les libertés publiques, etc., etc. Or, en vain les ministres protestent de la pureté de leurs vues, de leur attachement à la constitution du pays ; en vain ils nient, avec l'assurance d'une conscience pure, les desseins pervers qu'on leur impute : ces déclarations de principes et de sentimens sont représentées par les chefs de l'opposition comme des ruses adroitement inventées pour couvrir des entreprises hostiles à la nation. Puis, à peine une accusation grave est-elle réfutée, qu'une autre calomnie sort des ateliers du mensonge. Enfin, leur administration, quoique conforme aux lois, quoique salutaire au pays, ne les met point à l'abri de l'injustice et de la violence des partis. Quand ils feraient des miracles pour la prospérité du royaume, on ne cesserait de dire au peuple qu'ils méditent sa ruine ; et le peuple le croirait. Livres, journaux, brochures, lithographies, chansons, caricatures, toutes les batteries de la presse tirent à la fois sur le ministère : il faut qu'il succombe ; et, quoique la royauté soit déclarée inviolable, on sait verser adroitement sur elle le mépris, dégoûter le peuple des institutions qui la soutiennent, et rendre suspects jusqu'aux bienfaits qu'elle répand. Elle n'est pas plus épargnée que les ministres responsables : la révolution de juillet en est une preuve assez frappante, et depuis cette révolution si violente et si brutale envers les princes de la branche aînée, comment est traitée par la presse la royauté citoyenne ? Jamais Charles X reçut-il de sa part autant d'outrages que Louis-Philippe ? Que de sarcasmes, d'épigrammes, de railleries, d'allusions offensantes, pleuvent chaque jour sur la tête de ce fils de la révolution, assis sur un trône populaire ! y a-t-il dans le royaume de France un particulier qui soit plus insulté, plus avili ?

Enfin, il est des hommes dont le talent est une puissance ; il leur est, pour ainsi dire, donné de changer l'opinion à leur gré, tant la réputation dont ils jouissent ajoute du poids à leurs paroles, tant ils savent présenter avec art une accusation grave, lancer avec adresse les traits acérés du sarcasme, écraser leurs adversaires avec la double massue de la logique et de l'éloquence. On soupire après le moment où la presse publiera de nouvelles productions de leurs plumes ; on se précipite sur elles avec une sorte de fureur ; on est déjà de l'avis de l'auteur avant de l'avoir lu ; et, à l'exception de quelques têtes froides et réfléchies, tous les lecteurs se pâment d'admiration, et adoptent sans examen les assertions et les préjugés du grand écrivain. S'il

prête au pouvoir son appui, il lui rend d'importans services; mais s'il tourne contre lui ses
armes formidables, il lui fait mille fois plus de
mal qu'il ne pourrait lui faire de bien. En passant dans les rangs de l'opposition, il acquiert
une force d'Hercule, et les blessures dont il couvre
son ennemi sont mortelles. Dans certains momens de crise, une plume conduite librement
sur le papier par un génie d'une éloquence toute
de feu, est plus redoutable au gouvernement
que ne le serait une armée de deux cent mille
étrangers. Pour culbuter cette armée qui prétendrait envahir le sol de la patrie, il lui suffirait
de faire un appel à la nation, et, à sa voix, la
nation se lèverait comme un seul homme pour
repousser l'étranger; mais ici la nation se lève
tout entière contre le gouvernement, lorsque
des écrivains célèbres, ligués pour sa perte, le
lui présentent incessamment comme un ennemi
qui, sous le manteau d'un protecteur, lui prépare les fers de la servitude. Les coups qu'ils lui
portent dans l'opinion sont d'autant plus terribles, qu'ils ont l'avantage de parler aux passions,
tandis que le gouvernement ne peut s'adresser
qu'à la raison : ils appellent à eux la haine, la
vengeance, la cupidité, la jalousie, les ambitions trompées; et, à ce signal de combat, toutes
ces furies, déchaînées et armées, accourent pour
insulter et renverser le pouvoir. Le peuple, à qui
l'on persuade que l'esclavage et le malheur me-

nacent son existence, ne raisonne pas plus qu'un lion affamé à qui l'on voudrait arracher sa proie. Il se passionne pour l'erreur, il se plaint, il murmure, il jette des cris d'indignation et de colère ; et, dans sa frénésie, il déchire sans pitié tout ce qu'on signale à sa haine ; il se baigne dans le sang, et se relevant avec une joie féroce, il foule encore aux pieds sa victime.

Les lois ne sauveront pas le gouvernement du danger : il est une manière indirecte de lui faire la guerre, que le texte de la loi ne réprouve pas, et l'on peut prêcher la révolte sans tomber sous le glaive de la justice ; puis, dans la crainte d'augmenter la célébrité de l'écrivain, de donner plus de vogue à ses écrits, d'en occasioner de nouveaux, plus poignans que les premiers, les gens du roi se tairont ; et si le coupable, traduit enfin devant les tribunaux, est absout, il puisera dans l'impunité tout à la fois une plus grande audace et des succès plus éclatans : s'il est député, du haut de la tribune, il traînera le gouvernement dans la boue, en présence et aux éclats de rire de la nation. Enfin, quand l'opinion publique est pervertie, souvent les magistrats eux-mêmes sont entraînés vers l'abîme par le vertige du moment. Soit erreur, soit ambition de popularité, soit crainte des émeutes, ils prononcent des sentences d'absolution, dont les effets sont plus funestes à la couronne que les outrages auxquels elle est en butte. N'avons-nous pas vu des tribunaux prêter des armes aux ennemis du trône ? N'avons-nous pas vu les cours d'assises encourager les écrivains factieux à la révolte, par la protection qu'elles étendaient sur eux ? A quoi servent alors les lois répressives des délits de la presse ? Plus elles sont sévères, moins elles sont appliquées ; et, si la législation ne proportionne pas les peines aux délits, sa sanction trop faible manque d'efficacité pour retenir les adversaires de la couronne dans la soumission et dans l'ordre. Ainsi, les lois les plus sages et les plus justes, les lois qui doivent être l'égide des citoyens vertueux, la terreur des méchans, la force du gouvernement, le nerf de l'état, tombent elles-mêmes dans le mépris. Loin de protéger la royauté, elles apprennent aux artisans de troubles, qu'ils peuvent tout oser impunément contre elle ; tout appui lui manque pour se conserver ; il faut qu'elle périsse, avec la société, sous la cruelle main des tribuns populaires.

Buonaparte sentait vivement la force de destruction qui réside dans la liberté de la presse, lorsqu'il disait, avec l'accent d'une conviction profonde, que dans six mois il tomberait du trône s'il l'accordait à la France ; et avant lui, le Directoire n'avait cru pouvoir prolonger de quelques instans son existence odieuse, qu'en bannissant à Cayenne et à Sinnamari les écrivains royalistes.

On peut tout détruire avec la liberté de la

presse ; avec elle, on ne peut rien conserver : c'est la puissance de la mort ; elle amasse des ruines, elle creuse des tombeaux ; là se borne son empire. Sous un gouvernement illégitime et tyrannique, cette puissance est salutaire, parce qu'il est important de détruire ce qui existe. Mais que le prince légitime remonte sur le trône ; s'il accorde la liberté de la presse, il sera renversé par elle, comme l'usurpateur. Il régnera peut-être un peu plus long-temps, car il existe dans la légitimité une force de justice et de bon droit dont est privée l'usurpation ; mais enfin il périra sous ses coups redoublés ; et s'il rend le dernier soupir sur le trône, c'est qu'il n'aura pas assez vécu pour mourir dans l'exil ou de mort violente : la liberté régicide de la presse se vengera sur ses successeurs.

Lorsque nos improvisateurs de la *charte-vérité* firent un article exprès pour prévenir à jamais le retour de la censure, ils prononcèrent donc la mort prochaine de leur royauté citoyenne. Si jusqu'à présent la presse a détruit dans notre patrie tous les gouvernemens qui en ont consacré la liberté, si la monarchie de Louis XVIII a succombé sous l'action meurtrière de cette machine infernale, croit-on que la monarchie de juillet résistera seule à sa toute-puissance de destruction ?

CHAPITRE VI.

La liberté des cultes, telle qu'elle existait en France sous le régime de la Charte de 1814, n'était qu'une indifférence systématique en matière de religion, professée par le Gouvernement, et qui mine les fondemens des états · troisième principe de dissolution et d'anarchie pour une monarchie constitutionnelle. ·

Dans la plupart des pays gouvernés d'après les principes des nouvelles constitutions, la liberté des cultes est hautement proclamée avec la liberté de la presse, et pour convaincre les peuples que cette liberté religieuse n'est point une chimère, nos publicistes modernes ont réglé, dans leur profonde sagesse, que l'état pourvoirait à la subsistance des ministres des religions les plus opposées, et qu'une égale protection serait libéralement accordée à toutes les sectes. Tel était l'ordre de choses, ou plutôt le désordre consacré par la charte et les lois, dans les dernières années de la monarchie de saint Louis.

Si la liberté des cultes n'eût été qu'une simple tolérance des sectes chrétiennes depuis long-temps établies dans le royaume ; si le gouvernement, refusant de payer leurs ministres, les eût cependant maintenus dans la possession de leurs propriétés ; si tout individu, membre de ces sectes séparées de l'Eglise mère, eût été protégé contre l'injustice et la violence dans l'exercice de son culte ; et si cependant, malgré ces concessions dues aux circonstances et à la paix du royaume, la charte eût proclamé la Religion catholique Religion de l'état, et l'eût distinguée des autres communions par le traitement accordé à ses ministres, par des honneurs et une protection qui lui auraient été propres, alors les principes de vérité, d'ordre et de justice, eussent été respectés, le gouvernement aurait prévenu les plaintes amères d'une population nombreuse et le choc des partis ; il aurait souffert dans l'état un mal ancien et invétéré, qui doit cesser, non par la force, mais par la persuasion, et tout à la fois il aurait rendu un public et solennel hommage à la Religion véritable professée par nos rois depuis Clovis, identifiée avec les mœurs de la nation, et à qui la France doit ses lumières, ses vertus, ses établissemens de bienfaisance, et la plus grande partie de sa gloire durant une longue chaîne de siècles.

Mais accorder une égale protection à toutes les religions d'un état, et payer indistinctement tous les ministres des divers cultes, c'est afficher une indifférence systématique en matière de religion, qui est tout à la fois un crime contre le Ciel et un principe de dissolution pour la société.

En établissant cette législation absurde, les gouvernemens semblent dire à Dieu, et lui disent en effet : Nous nous soucions fort peu des doctrines que vous avez révélées au monde et du culte que vous avez ordonné de vous rendre sur la terre ; nous n'examinerons pas même si réellement vous avez parlé, ni si les divers symboles de foi et les pratiques religieuses sont des présens du Ciel ou des inventions humaines ; d'autres soins, bien autrement graves, nous occupent : nous sommes chargés de procurer le bien temporel des états. La souveraineté dont nous sommes revêtus vient du peuple et non de vous ; et, que vous soyez ou non l'auteur d'une de ces sectes nombreuses qui se disputent l'empire du monde, c'est une question oiseuse, qui tout au plus intéresse la conscience, mais qui ne regarde point les gouvernemens. Votre religion ou celle de Luther et de Calvin sont d'un même prix à nos yeux ; nous les confondons toutes ensemble dans un même code de lois, ou plutôt nous verserons sur toutes un profond mépris, par une égale protection : nous paierons les uns pour dire que Jésus-Christ est Dieu, et d'autres pour dire qu'il n'est qu'un homme ; ceux-ci pour enseigner que l'Eucharistie renferme le Sauveur du monde, et ceux-là pour enseigner que l'adoration dont il est l'objet dans ce sacrement, est une abominable idolâtrie ; les uns, pour apprendre aux fidèles que le Pape est le chef de la véritable Eglise, et Rome le centre de l'unité catholique; et d'autres, pour leur déclarer que le Pape est un imposteur couronné par la superstition, et Rome la Babylone des temps modernes. Que nous importe, à nous, ces croyances opposées, ces cultes divers, ces misérables querelles de théologie ? Régnez dans le ciel et dans les consciences, c'est votre empire; mais la terre est à nous, et c'est aux seuls intérêts de la terre que nous consacrerons notre temps et nos travaux. Nous payons les ministres de tous les cultes, afin que tous restent tranquilles et bénissent notre administration. Notre devoir est rempli, et notre repos assuré.

Telle est la politique dédaigneuse et impie de la plupart de nos publicistes modernes, tel est l'esprit anti religieux du très-grand nombre des gouvernemens représentatifs, clairement manifesté dans les chartes sorties des manufactures libérales.

Mais ces contempteurs aveugles de la Divinité n'aperçoivent donc pas qu'en insultant le Ciel, ils préparent à la terre d'effroyables malheurs; et qu'en faisant divorce avec Dieu, ils ne sont ni plus éclairés, ni plus sages.

Quand le peuple voit que le monarque et ses ministres accordent une égale protection à tous les cultes, n'en conclut-il pas qu'il importe peu d'appartenir à telle ou telle religion; qu'il n'en existe aucune qui soit établie par Dieu même ; que ces religions diverses qui se partagent le règne des consciences, ne sont réellement que des inventions de l'homme et des ouvrages de mensonge ; que dès-lors est bien sot et bien fou celui qui, pour conformer sa conduite à leurs préceptes, se croit obligé de mettre un frein à ses passions les plus impérieuses et les plus chères ; qu'ainsi l'homme sage ne doit redouter que l'œil du magistrat et la hache du bourreau ; et que l'amour indéfini de soi – même est, au fond, la seule religion véritable ? Tel est le déplorable terme où conduit le peuple cette indifférence systématique en matière de religion, affichée par la plupart des gouvernemens représentatifs. Elle le mène directement au mépris et à la ruine de toute religion ; elle le pousse à cet égoïsme brutal, à cette stupide idolâtrie de soi-même, qui tue le germe de toute vertu, soit domestique, soit publique ; elle livre le citoyen et la patrie désolée au seul empire des sens ; empire de dissolution et de mort, où l'on n'aperçoit qu'amour effréné du plaisir, luxe corrupteur, libertinage sans honte, mépris de toute autorité divine et humaine dans la famille et dans l'état. Or, quand les peuples sont descendus à ce degré de dépravation, il s'ouvre sous leurs pieds un vaste abîme, dans lequel ils se précipitent et roulent pêle-mêle avec fracas, tombant de malheur en malheur, de calamité en calamité ; soit qu'ils deviennent les esclaves ou la proie de leurs voisins moins amollis et plus guerriers qu'eux, soit qu'ils se déchirent avec rage de leurs propres mains dans ces divisions intestines, où l'ambition se joue dans le sang, pour s'enrichir de l'or et des dépouilles des vaincus ; soit enfin que, devenus furieux par de vieilles haines ranimées et par l'amour d'une gloire sauvage, ils s'élancent les uns sur les autres dans des guerres d'extermination, ainsi que des animaux farouches au milieu d'une arène destinée à des combats meurtriers.

Depuis quarante ans, nous avons vu ces horribles scènes de désordre et de malheur épouvanter l'Europe. Le philosophe athée les attribue niaisement aux jeux du hasard, au cours nécessaire des passions humaines, sans daigner, ou plutôt sans oser remonter aux causes qui les ont déchaînées ; mais le philosophe chrétien s'élève jusqu'à la véritable origine des événemens, sans crainte de trouver Dieu sur son passage. Il aperçoit le principe de ce bouleversement général, dans le mépris versé sur les croyances religieuses par une philosophie ennemie du Ciel et de la société. Il prouve que l'amour de la nouveauté, en matière politique, naît comme naturellement de l'amour de la nouveauté en fait de religion ; que le violent désir d'une indépendance absolue dans l'ordre social est produit par cette indépendance qui nie Dieu, ou qui le re-

lègue dans un coin de l'univers, avec défense de
se mêler du gouvernement des états. En suivant
le cœur humain dans ses affections et dans les
ressorts qui le font mouvoir, il vous montre
comment la haine de l'autorité des rois s'est pro-
pagée parmi les peuples en même temps que la
haine ou le mépris de l'autorité de Dieu sur
l'homme et sur la société; comment l'ambition,
la cupidité et toutes les passions humaines, dé-
pourvues d'un frein puissant qui les contienne,
obéirent avec transport aux princes du désordre,
aux chefs des révolutions sanglantes, lorsqu'ils
leur présentèrent un appas séducteur; comment
enfin les liens nécessaires de l'édifice social étant
usés et rompus par le changement opéré dans
les croyances et les sentimens des peuples, toutes
les colonnes qui le soutiennent s'écroulèrent, tout
s'abîma, tout fut perdu dans l'anarchie, et la
religion et les mœurs, et les institutions et les
lois, et la fortune des familles, et les finances de
l'état. La société s'est dissoute; des échafauds,
des ruines, des tombeaux ont couvert le sol de
la patrie, parce que la main de Dieu qui conserve
le monde s'est retirée; parce que Dieu ne veut
pas que les gouvernemens qui le répudient comme
un étranger, comme un être inutile dans l'état,
puissent long-temps subsister; parce qu'il a tellement formé le cœur de l'homme et tellement
balancé les principes de vie et de mort dans
l'ordre social, que les passions indomptées de-

viennent non-seulement les bourreaux de l'individu qui se laisse dominer par elles, mais
encore les terribles exécuteurs de sa justice sur
les nations impies et corrompues.

Pour instruire et corriger les peuples, Dieu a
sagement placé le châtiment à côté du crime;
l'histoire est là pour démontrer cette vérité morale, que les peuples en perdant leurs vertus
ont perdu leur indépendance, leur fortune et leur
gloire. L'empire romain chancela, il fut près de
sa chute, lorsque le luxe de l'Asie subjuguée par
ses armes, et la volupté qui naît d'un luxe corrupteur eurent amolli les mœurs et les courages des
maîtres du monde; lorsqu'une infâme cupidité,
produite par l'amour du faste et du plaisir, ne respectant plus la foi promise, les sermens et les
traités, rendit le nom de Rome odieux et mé-
prisable à l'univers : et avant que Rome ne tom-
bât vaincue par ses vices, le vaste empire des
Perses, ruiné par les mêmes principes de dissolution, s'était écroulé tout à coup, au premier
choc du redoutable Alexandre. Cette nation victorieuse des Mèdes au temps où, vivant pauvre
dans ses montagnes, elle supportait la fatigue
sans se plaindre, et bravait les périls et la mort
sur les champs de bataille, vit ses armées immenses dispersées en un instant par une poi-
gnée de Grecs courageux. En héritant de l'empire des Mèdes, elle avait hérité de leur luxe de
table et de leurs mœurs voluptueuses ; et c'est

8.

encore la volupté qui trahit sa gloire militaire et la livra, presque sans défense, aux mains de ses ennemis ; et quant à l'empire d'Alexandre, il devint aussitôt la proie de l'ambition fougueuse de ses généraux, qui le mirent en pièces, et s'en disputèrent les lambeaux, sur la tombe de leur chef invincible. Enfin, Dieu lui-même avait, par un grand exemple, averti les nations que sa justice s'exerce sur elles en ce monde, parce qu'elle ne frappe au-delà du trépas que les individus, et non les sociétés. Durant plusieurs siècles il humilia le peuple juif, son peuple privilégié, ou le rendit triomphant de ses ennemis, selon qu'il demeurait fidèle à son-culte et à sa loi, ou qu'il abandonnait lâchement l'un et l'autre pour se prosterner aux pieds des Dieux de l'étranger ?

A ces faits, ajoutons une dernière observation qui confirme la leçon morale que nous avons trouvée dans l'histoire. La croyance d'une Providence de justice sur les nations, s'est conservée pure et intacte dans tous les siècles. Les prières, les libations, les sacrifices offerts pour se rendre propices les Dieux eu moment du combat, sont autant de monumens qui nous attestent que la doctrine des anciens sur ce point fut la même que celle des nations chrétiennes. Nos publicistes philosophes se sont moqués de cette pieuse croyance ; elle est cependant gravée dans le cœur de l'homme par l'Auteur même de la nature, puisqu'elle a été proclamée par la raison

et le bon sens de tous les siècles éclairés et barbares, au milieu des plus étranges erreurs et des
plus folles superstitions de l'idolâtrie, comme
au sein de la lumière répandue sur le monde,
par le christianisme. Mais que n'a-t-on pas nié
dans ces temps lamentables de vertiges et d'erreurs? On a rejeté toute croyance universelle,
toutes les vérités les plus incontestables; on a
ruiné l'intelligence et le cœur de l'homme, pour
ruiner ensuite l'édifice social; et le sol sur lequel
il a été bâti et si souvent renversé, tremble encore
et s'entr'ouvre sous les pas des nations, parce
qu'il n'y aura point de salut pour elles tant
qu'elles repousseront les vérités religieuses et politiques sur lesquelles la société repose. Ces vérités sont, pour les états, le roc qui doit leur
servir de fondement; et les vains systèmes que la
folie philosophique a prétendu leur substituer,
ne sont que le sable mouvant des passions humaines.

En inspirant aux nations une profonde indifférence en matière de religion par une égale protection accordée à tous les cultes, nos gouvernemens représentatifs déposent donc un germe
de mort au sein même de la société; ils perpé-
tuent l'esprit de révolte et d'anarchie dans les
états, en le perpétuant dans l'intelligence et dans
le cœur des peuples. Combien sont donc dignes
de pitié les publicistes auteurs des constitutions
modernes, lorsqu'ils viennent nous vanter avec

emphase la tolérance et l'humanité qui respirent dans ces chefs — d'œuvre de leur profonde sagesse ! Etrange tolérance, qui place au même rang la vérité et l'erreur ! Etrange humanité, qui précipite les nations dans un abîme de malheurs, en leur inspirant une licence effrénée sous le beau nom de liberté ! Jamais la dignité de l'homme, disent-ils, ne fut entourée de plus de respects ; jamais les droits de la Religion et de la conscience n'obtinrent une plus sûre garantie : et nous, au contraire, nous dirons : Jamais les peuples ne furent traités avec un plus superbe dédain ; jamais les droits de la Religion et de la conscience ne devinrent l'objet d'une plus sanglante dérision. Vous protégez également toutes les religions : donc vous n'en protégez aucune ; car votre bizarre protection est injurieuse à toutes les communions chrétiennes, puisqu'elle les avilit toutes. N'est-il pas vrai que, si vous en reconnaissiez une seule, comme ayant une origine céleste, vous n'oseriez point la confondre, par une égale protection, avec celles que des novateurs sacriléges ont inventées? En les plaçant toutes sur la même ligne dans votre charte et dans vos lois, vous supposez donc qu'il n'en existe aucune dont Dieu soit l'auteur ; vous déclarez donc qu'elles sont toutes également fausses à vos yeux, toutes également l'ouvrage du mensonge et de l'imposture ; car, apparemment, vous ne considérerez pas comme vraies trois ou quatre religions qui publient des dogmes contradictoires. Leurs ministres ne sont donc selon vous que des Apôtres d'erreur; et les peuples trompés par eux, que l'éternel et ridicule jouet de leur cupidité, de leur ambition, de leur fanatisme. Voilà comment, par votre outrageante protection, vous confondez dans un mépris commun et la Religion et l'humanité; voilà comment vous traînez avec orgueil dans la boue ce qui fut l'objet de la vénération de tous les siècles.

Mais, direz-vous, la charte de 1814 proclamait la Religion catholique religion de l'état : elle n'était donc pas confondue avec les autres cultes; on l'avait, au contraire, décorée d'un titre honorable, qui seul annonçait qu'elle était l'objet de la vénération et de la protection spéciale du gouvernement.

On l'avait décorée d'un titre honorable ! honorable en apparence, oui; en réalité, non. Que signifiait ce mot inséré dans la charte, *religion de l'état;* il exprimait un fait connu de tout le monde, savoir : qu'en France, la Religion catholique était celle du roi et de la majorité des Français. Or, déclarer un fait de cette nature, est-ce proclamer la divinité et la vérité de cette Religion ? non sans doute; car ni le roi, ni la nation française ne possèdent le privilége de l'infaillibilité. On peut donc dire tout haut, et même dans une charte, qu'ils professent la Religion catholique, sans reconnaître pour cela que cette

Religion est la seule véritable. Pour que cette expression fût un hommage rendu solennellement à son origine céleste, il aurait fallu qu'elle eût été entourée d'honneurs et de priviléges particuliers : or, non-seulement la charte ne lui en conférait aucun, elle déclarait encore qu'elle protégeait également les membres de tous les cultes; et si le monarque avait, comme Henri VIII, déserté la bannière de l'Eglise catholique pour se ranger sous celle de l'hérésie et du schisme, nos faiseurs de constitutions libérales n'auraient pas, sans doute, prononcé qu'il était déchu du trône en abandonnant la Religion dite *de l'état* par la charte.

Aussi, sous le règne de Louis XVIII et de Charles X, le gouvernement a-t-il constamment interprété cet article de la loi fondamentale dans un sens qui bannit de l'esprit tout privilége, toute protection spéciale. Les chambres, les conseils généraux de département, les conseils municipaux votaient des fonds, dans l'intérêt des cultes protestans, comme dans celui de la Religion catholique. L'état payait les ministres de Luther et de Calvin, aussi bien que les ministres de J.-C. Les premiers étaient même traités avec plus de faveurs que les seconds; plus de vingt ministres protestans, de Strasbourg, recevaient du gouvernement deux mille francs de traitement, tandis que les curés catholiques de première classe n'étaient gratifiés que d'un traitement de quinze cents francs, et ceux de seconde classe, de onze cents francs seulement. Ce clergé protestant jouissait, en outre, de ses anciennes propriétés fidèlement respectées par la révolution de 93, tandis que le gouvernement mettait en vente les bois du clergé catholique, échappés aux mains avides de ses féroces persécuteurs, et ne lui assignait qu'une indemnité très-inférieure à la valeur réelle de ces immeubles. Les dons offerts aux ministres de Luther et de Calvin, obtenaient sans délai la confirmation du ministre de l'intérieur; et le conseil général du Bas-Rhin ayant voté des fonds pour le gymnase protestant et pour le petit séminaire catholique, on apprit avec étonnement, que le second vote avait été rejeté par le gouvernement, tandis que le premier était revêtu de son approbation; cette criante et scandaleuse partialité ne fut réparée qu'après deux réclamations très-vives de la part de l'Evêque de Strasbourg.

Ce n'est pas tout encore : venait-il à vaquer des places dans l'université, dans les diverses branches de l'administration, on n'y portait pas les membres des deux communions, à raison de leur population respective; la faveur était visiblement accordée aux enfans de Luther; sans se soucier de l'outrage qu'essuyait la Religion catholique, le gouvernement tâchait de gagner leur affection à force de bienfaits; et comme ils les attribuaient à la crainte et non à la bienveillance, les ministres du roi ne recueillaient pour prix de leur indifférence religieuse ou de leur politique aveugle, que le mépris et l'ingratitude.

Que signifiait, après ces actes d'une révoltante partialité, l'assistance des autorités civiles et militaires, des cours royales, des tribunaux, à certaines cérémonies de la Religion catholique? Rien autre chose, si ce n'est que le gouvernement voulait que ses agens catholiques fissent un acte religieux trois ou quatre fois par an? L'Eglise romaine n'en était pas mieux protégée. Remarquez d'ailleurs que dans la crainte d'éveiller la jalousie des Protestans, le ministre de l'intérieur ne manquait pas d'implorer le secours de leurs prières pour le fils aîné de l'Eglise catholique. J'ignore si la synagogue n'était pas aussi comprise dans cette pieuse invitation; elle méritait assurément de concourir à ce sabbat de prières.

Tout ce système de conduite que nous venons d'exposer, n'est-il que la conséquence, pratique de l'odieuse indifférence en matière de religion, hautement professée sous le régime de la charte de 1814; la Religion catholique y recevait l'hommage du respect, à-peu-près comme la vertu serait honorée dans un empire où, par ordre du gouvernement, on décernerait les mêmes honneurs funèbres à la cendre des héros sauveurs de la patrie et à la poussière des traîtres coupables de rébellion et de parjure; car enfin, les communions chrétiennes séparées de l'Eglise mère, ne sont dans la réalité que des sectes rebelles à l'ordre de Dieu; et les protéger comme la Religion véritable, payer leurs ministres et solliciter leurs prières, c'est évidemment se moquer de la Divinité; c'est placer au même niveau la vérité et l'erreur, la fidélité et la trahison; c'est pousser les peuples au mépris de toute religion et de toute vertu; c'est opérer la dissolution matérielle de la société, par sa dissolution morale.

CHAPITRE VII.

Le Gouvernement représentatif de notre monarchie constitutionnelle introduit dans les diverses classes de la Société une ambition désordonnée qu'il lui est impossible de satisfaire : quatrième principe de dissolution et d'anarchie pour une monarchie constitutionnelle.

L'ÉGALITÉ civile et politique est un des principes fondamentaux du gouvernement représentatif, tel qu'il fut établi par notre charte de 1814. La loi protége également tous les citoyens ; ils supportent tous les charges publiques, et tous peuvent prétendre aux premiers emplois du royaume ; cet ordre de choses existe dans plusieurs monarchies absolues, mais avec des différences essentielles, qui tiennent à la constitution de l'état et qui sont un frein salutaire à l'ambition des classes inférieures (1). Dans nos monarchies constitutionnelles, plusieurs causes rendent cette égalité dangereuse, parce qu'elles

(1) Voyez le Chapitre XIII.

allument sans cesse dans les âmes la soif de l'or et du pouvoir.

D'abord, la chambre des députés devient un vaste foyer d'ambition ; quiconque possède de la fortune, se croit du talent, et veut parcourir une brillante carrière. Il porte ses regards vers la tribune aux harangues ; c'est là qu'il prétend donner à la nation des preuves de son savoir et de sa capacité pour les affaires publiques ; il n'ignore pas, d'ailleurs, que les députés sont courtisés par les ministres, et leurs voix chèrement achetées ; et la députation est à ses yeux, non-seulement un titre honorable, mais un marchepied pour s'élever aux premiers emplois du royaume.

On se tromperait fort, si l'on avait la bonhomie de penser que la plupart des députés arrivent à Paris tout brûlans de patriotisme et dans la vue de servir l'état *gratis*. Ils vont en grand nombre solliciter des titres et des places pour eux, leurs parens et leurs amis ; et ce n'est qu'à la condition onéreuse de les satisfaire, que les ministres obtiennent des boules blanches pour leurs projets de loi. Quant aux membres de l'opposition, s'ils renoncent pour un temps aux faveurs du pouvoir, ils n'en sont que plus tourmentés par les pointes aiguës de l'ambition ; n'espérant rien du ministère, ils l'attaquent sans relâche dans l'espoir de hâter sa chute, et dès qu'il tombe, ils courent et se précipitent en foule dans les antichambres et les salons des nouveaux élus de la fortune, provoquent les destitutions en masse, et se jettent avec avidité sur le butin des vaincus; et puis après la session, ils retournent dans leurs départemens, fiers de leur victoire, racontant avec emphase tout ce qu'ils ont fait pour la gloire et le bonheur de la patrie. Certes, s'ils ont sauvé l'état, ils ne lui ont pas rendu ce service à leurs dépens; leur dévouement ne s'est point élevé jusqu'à l'héroïsme des trois cents Spartiates morts aux Thermopyles.

Quelques-uns cependant, il faut l'avouer, succombent aux veilles, aux fatigues de la tribune, aux travaux forcés de la chambre; mais on sait par quel motif ils abrégent ainsi leur vie : c'est dans la vue d'arriver au pouvoir par la célébrité, ou de s'y maintenir contre les efforts d'une désolante opposition. D'autres encore sont morts d'une ambition trompée, d'un chagrin causé par l'ingratitude du gouvernement Telles sont les seules victimes que nous présente le martyrologe de la chambre des députés. Ces honorables victimes s'immolent, non sur l'autel de la patrie, mais aux pieds de l'idole de l'ambition.

Qu'avons-nous vu en 1830? Où sont, parmi les députés de l'opposition libérale, les martyrs de la révolution? Lit-on un seul de leurs noms sur les marbres funèbres du Panthéon? Tandis que les héros de juillet tombaient sous un plomb meurtrier, ne surent-ils pas se conserver tous sains et saufs? Sans doute, leur vie était trop chère à la patrie, pour qu'ils l'exposassent à la brutalité du boulet! et l'on ne peut qu'admirer la prévoyance d'un de ces sages par excellence, qui mit la sienne à l'abri, dans les murs épais de sa cave. Quel beau patriotisme ! Après avoir conspiré dans un lieu sûr ; après avoir contemplé les combattans de loin, derrière la croisée, et avec toute la prudence possible; après avoir entendu retentir dans Paris le dernier coup de canon, nos braves députés sortirent enfin de leurs foyers domestiques. Le danger n'existait plus ; ils se montrèrent au peuple, frais et radieux. Bientôt ils ramassèrent le prix de la victoire sur les cadavres des ouvriers qu'ils avaient payés pour se battre, sans perdre une seule goutte de leur propre sang; et comme autrefois les consuls montaient au capitole dans toute la pompe triomphale, ils marchèrent fièrement au palais Bourbon, pour y faire dans quelques heures une nouvelle charte et un roi démocrate, mais à cette condition essentielle, que ce roi, sorti par enchantement de leurs mains magiques, servirait chaudement leurs intérêts, même aux dépens de la charte, par des mises en état de siége, des listes de suspects, des trahisons juives achetées au prix d'un million, et par toutes les rigueurs d'une tyrannie inconnue sous le règne de Louis XVIII et de Charles X.

La chambre des députés n'est pas le seul cercle où s'agite l'ambition; dans les provinces, les électeurs font valoir auprès des députés les services importans qu'ils leur ont rendus sur le champ de bataille des élections; et ils demandent, pour récompense, leur appui dans les bureaux des ministres, afin de ne pas rester étrangers aux faveurs du gouvernement.

Les hommes de lettres, les journalistes surtout, ne se montrent pas toujours satisfaits de l'or que les ministres versent dans leur bourse; ils portent souvent plus haut leurs prétentions ambitieuses : parce que, dans deux ou trois heures de travail, ils traitent bien ou mal une question de haute politique ou d'administration, plusieurs se persuadent qu'ils sont en état de manier avec habileté les rènes de l'empire; d'autres plus modestes se contenteraient du logement et du traitement d'un directeur général ou d'un préfet; les titres de conseillers d'état, et certains emplois élevés dans les bureaux des ministres, seraient encore acceptés par eux avec reconnaissance.

Avant la révolution, les négocians s'occupaient seulement de commerce et d'industrie; la réputation d'honnête homme et une belle fortune étaient les principaux objets de leur ambition : mais sous un gouvernement représentatif, toutes les classes inférieures tendent à se déplacer violemment pour s'élever vers une sphère brillante. Maintenant les richesses ne suffisent plus ni aux banquiers, ni aux fabricans, ni aux gros négocians; ils prétendent jouer un rôle dans l'état;

parce qu'ils ont des caisses pleines d'or, ils veulent des places et des honneurs.

Quant à la jeunesse, est-il possible qu'elle résiste à cet entraînement général d'une ambition déréglée? A cet âge de l'espérance et des illusions, on est facilement emporté par le torrent du mal; toutes les séductions de la presse égarent son jugement et la jettent dans de fausses voies; aussi présomptueuse qu'ignorante dans la science de la politique, elle fait des rêves d'ambition, quand elle ne devrait s'occuper que d'études sérieuses; et l'on ne peut penser, sans douleur et sans pitié, qu'une foule de jeunes gens imberbes, encore assis sur les bancs des écoles, discourent avec assurance sur la paix et sur la guerre, censurent les actes du gouvernement d'un ton affirmatif et arrogant, tracent sans réflexion des plans de politique, et quelquefois méditent des complots sanguinaires, dans le dessein de s'illustrer par des crimes, ou de s'enrichir par des bassesses.

Et comment l'ambition ne pénétrerait-elle pas dans toutes les classes de l'ordre social, lorsque la presse l'allume chaque jour par d'impudentes déclamations, d'un bout du royaume à l'autre; lorsqu'on voit siéger à la chambre des pairs des hommes qui n'ont d'autres titres à cette haute dignité que la boue ou le sang des révolutions, dont ils se sont souillés dans des temps de malheur; lorsque des citoyens d'une naissance

obscure arrivent en foule, avec des talens médiocres, aux premiers emplois du royaume,
donnant au monde le spectacle de l'ambition cou-
ronnée par l'intrigue; lorsqu'enfin de continuels
changemens de ministres poussent successivement tous les partis au pouvoir, et fournissent
aux espérances déçues un nouvel aliment et de
nouveaux moyens de succès. A la vue de tant de
fortunes inouïes, le cultivateur et l'artisan s'em-
pressent d'envoyer leurs enfans au collége, dans
l'espoir qu'un jour ils enrichiront et illustreront
leurs familles. Des milliers de bras sont enlevés
à l'agriculture et aux arts mécaniques, sans profit pour les lettres et les sciences; et le nombre
des aspirans aux emplois publics s'accroissant
avec excès, il en résulte pour l'état une plaie
incurable. Par quels moyens le gouvernement
satisfera-t-il toutes ces ambitions, grandes et
petites, qui pullulent au sein de la société? Y a-
t-il assez de portefeuilles de ministres, de places
de directeurs généraux, de préfectures, de re-
cettes générales, de titres de conseillers d'état,
pour étancher la soif des honneurs dans les
nombreux prétendans aux emplois élevés du
royaume? Y a-t-il assez de places de commis, de
percepteurs, de débitans de tabac, d'employés du
gouvernement, pour contenter la foule immense
des solliciteurs subalternes?

Louis XIV disait que lorsqu'il nommait à une
place vacante, il faisait un ingrat et quatre-vingt

dix-neuf mécontens. Sous un gouvernement représentatif, ce grand monarque eût compté par
milliers les ingrats et les mécontens : et certes,
leur nombre est effrayant; car cette classe d'ambitieux désappointés, de jeunes gens mourant de
faim, d'hommes avides qui ne se croient point
assez payés de leurs services, est une population
inquiète et remuante, toujours prête à se ranger
sous le drapeau de la révolte. Ne voyant dans
l'ordre et la paix que la continuation de leurs
souffrances, tous ces gens affamés d'or et d'honneurs rêvent le désordre et appellent de leurs
vœux le bouleversement de la société; ils espèrent
se signaler par leurs exploits dans une nouvelle
révolution, et ils prétendent couvrir leur nudité
avec les lambeaux sanglans de la monarchie.
Aussi, dès que l'état se trouve agité par une crise
alarmante, dès qu'une bannière de révoltés flotte
dans les airs, ils courent aux armes, ils prodiguent leur sang, comme s'il s'agissait pour eux,
ainsi que pour César, de faire la conquête des
Gaules; leur ambition devient d'autant plus fu-
rieuse, qu'ils ont plus long-temps enduré les rigueurs des espérances trompées.

En Angleterre, les ambitieux dont les efforts
échouent à la poursuite des honneurs et des
places, se jettent dans une autre carrière qui
présente de nombreuses chances de succès. La
fortune s'éloignant d'eux sur le sol natal, ils vont
la chercher aux Indes et dans les îles; et le gou-

vernement se trouve débarrassé d'une partie
de cette population inquiète, mécontente et dangereuse qui compromet la sûreté de l'état. Mais
nos colonies ne nous présentent, ainsi qu'aux
autres pays du continent, qu'une très-faible ressource pour obtenir un résultat de cette nature ;
d'ailleurs, nous ne naissons pas hommes de mer
comme les Anglais ; nos inclinations nous re-
tiennent sur la terre ferme, au lieu de nous
porter sur les flots mobiles de l'Océan. N'ayant
aucun moyen de satisfaire la foule des ambitions
violentes et déçues, le gouvernement est donc
entouré d'ennemis qui demeurent constamment
aux aguets, dans l'espoir de le surprendre et de le
renverser. Lorsque l'opinion est monarchique et
le ministère fort, ces hommes affamés de désordres et de brigandages rongent leur frein
couvert d'écume ; mais quand l'opinion publique
devient, par l'action de la presse, hostile à la
royauté ; quand les embarras nés d'une guerre,
de la situation financière de l'état, des attaques
d'une opposition puissante amènent une crise
grave et dangereuse, aussitôt cette foule d'ambitieux et de mécontens offre ses bras aux chefs
des factions. Toutes ces matières inflammables,
cachées sous terre, prennent feu ; le volcan éclate,
et le trône brisé couvre de ses riches débris le
sol de la monarchie ; alors les vainqueurs se les
disputent avec rage et jalousie. Dès qu'ils
triomphent, ils se divisent : le combat recommence

entre eux avec un acharnement plus grand ; le sang coule à grands flots ; et , pour soustraire les tristes restes d'une vie malheureuse à l'avide férocité de plusieurs milliers de tyrans, la nation épuisée et tremblante se jette entre les bras d'un monarque absolu.

Ainsi cette magnifique impulsion donnée aux esprits par des institutions libérales, qui devait multiplier les talens, faire connaître le vrai mérite, l'élever aux premiers emplois du royaume, et enfanter partout des prodiges de civilisation et de gloire nationale, n'est, dans le fond, qu'un élan terrible d'une ambition désordonnée, laquelle ne produit dans la société que des tempêtes et des malheurs. Cette ambition vit d'anarchie, et s'éteint dans l'absolutisme.

CHAPITRE VIII.

Le Gouvernement représentatif ne pouvant se soutenir que
par la corruption, dépose lui-même un germe de mort
dans le sein de la Société : cinquième principe de dissolution et d'anarchie pour une monarchie constitutionnelle.

Un peuple est bien malade et bien à plaindre,
quand ses chefs ne peuvent le gouverner sans le
corrompre ; dans tous les temps, l'exemple des
grands exerça sur les mœurs publiques une
action pernicieuse ou salutaire, selon qu'il pré-
sentait à la multitude des leçons de vice ou de
vertu. Qui pourra donc calculer les funestes
effets que doit produire, au sein même de la société, la conduite immorale d'un gouvernement
corrupteur ? Les dépositaires du pouvoir et de
la confiance du monarque sont les distributeurs
des grâces qui découlent du trône ; tous les regards demeurent incessamment fixés sur eux, et
l'on aperçoit chaque jour les avenues de leurs
palais encombrées par la foule des indigens et
des ambitieux qui vont implorer leur bienveillance. Les exemples de ces hommes privilégiés

que la fortune élève à une si grande hauteur au-dessus de leurs semblables, agissent donc avec une force immense sur les mœurs de la nation ; et si, par le vice même des institutions sociales, ils sont soumis à la triste nécessité d'acheter la conscience des principaux citoyens de l'état, par des promesses de titres et de places, et même au poids de l'or, quelle idée se formera-t-on de l'honneur, de la probité, de l'amour de la patrie, des devoirs et de la vertu ? Alors, non-seulement l'exemple séduira, mais tous les moyens d'une grande puissance seront employés à corrompre le peuple ; et quel peuple pourrait conserver long-temps ses habitudes vertueuses contre l'action redoutable et journalière de ce pouvoir corrupteur ? Or, voilà ce qui arrive inévitablement dans nos monarchies constitutionnelles : le gouvernement ne peut se maintenir si, pour la confection des lois, il n'a dans les deux chambres la majorité des votes. Au moment des élections, il faut donc qu'il use de toutes ses ressources pour faire triompher ses candidats, dans les colléges électoraux ; s'il échoue, il n'a d'autre parti à prendre que la retraite. Aussi, des ordres sont-ils donnés simultanément par les ministres, soit aux préfets, soit aux chefs des diverses administrations, d'agir, en cet instant critique, dans le sens du gouvernement. On ne leur demande pas quelle est leur opinion politique, ni s'ils croient pou-

voir, sans blesser la conscience, porter à la députation tels ou tels candidats ; mais on leur dit :
Employez tout votre crédit, toute votre autorité,
promettez, menacez, usez de douceur et de sévérité, suivant les circonstances pour réunir les
suffrages des électeurs sur les hommes qui vous sont
indiqués : les yeux du gouvernement demeurent
ouverts sur vous, et de votre conduite dépend
votre avancement ou votre position stationnaire,
la conservation ou la perte de votre place. Aussitôt
tout est en mouvement dans le royaume : préfets, directeurs des contributions directes ou
indirectes, directeurs des douanes, directeurs
des domaines et de l'enregistrement, directeurs
des postes, procureurs-généraux, avocats-géné-
raux, hommes de loi, de finances ou de bureaux, tous ou presque tous agissent aveuglé-
ment sur leurs subalternes, selon les instructions
ministérielles ; ils promettent, ils menacent, ils
emploient alternativement l'adresse, la ruse, le
conseil, l'insinuation, pour vaincre l'opposition
dans le collége électoral, au grand jour de bataille qui décidera du salut ou de la chute du
ministère. Mais le ministère suit un système
funeste à la monarchie ; mais il dégoûte les royalistes et récompense les traîtres ; mais ses candidats, s'ils sont élus, conspireront clandestine-
ment, ou même à la face du Ciel contre le roi et
la patrie. N'importe ! sous peine de destitution
ou de défaut d'avancement, il est indispensable

que les agens du gouvernement se réunissent pour envoyer des conspirateurs à la chambre des députés ; sans ce dévouement absolu, le talent, l'habileté dans les affaires, un caractère droit et estimable, vingt années de loyaux services seront comptés pour rien dans l'esprit des ministres. Obéissez en aveugles, ou mourez de faim. La tentation est forte pour des pères de famille qui n'ont d'autres moyens d'existence que les émolumens de leur place, pour des ambitieux qui soupirent après un avancement rapide ; et combien succombent à cette épreuve si délicate ! combien imposent silence aux cris de la conscience, et, dans la crainte d'être brisés par la main de fer qui commande, portent·à la députation l'adversaire de la royauté, l'ennemi du bonheur public ! Ils ne se contentent pas de promettre leurs votes, on exige qu'ils exercent le métier de séducteur envers leurs·subalternes. Le gouvernement a corrompu leurs cœurs ; ils corrompent à leur tour le cœur de ceux auxquels ils doivent l'exemple de la vertu. C'est ainsi que l'on immole le devoir de la fidélité, l'amour de la patrie, aux pieds des infâmes idoles de l'ambition et de la cupidité ; et c'est le gouvernement qui accoutume la nation à ce sacrifice impie.

Mais il existe parmi les électeurs des hommes indépendans, qui doivent être, ce semble, à l'abri de la séduction. Sans doute il existe des hommes de ce caractère ; cependant, dans le nombre des

propriétaires qui vivent des revenus de leur fortune patrimoniale, combien de pères de famille
cherchent à pousser dans le monde leurs enfans,
leurs parens, leurs amis! or, s'ils refusent de
voter dans le sens du gouvernement, leur crédit
est anéanti. Ils vendent donc aussi, pour des emplois honorables et lucratifs, leurs principes et
leur conscience. Les petits marchands de Paris
et même des provinces, qui se trouvent dans la
dépendance des riches banquiers et des gros négocians, suivent l'impulsion que ceux-ci leur
donnent, dans la crainte de perdre un appui
nécessaire au succès de leurs entreprises; et du
milieu des villes, la corruption se répand jusque
sous le chaume du laboureur; on achète son vote
avec de l'argent, et l'on séduit, par des promesses d'emplois, ceux que l'on ne pourrait
éblouir par l'éclat d'un vil métal.

Quant aux pairs et aux députés, les ministres
se chargent eux-mêmes de les acheter, et ils
n'en trouvent qu'un trop grand nombre disposés
à se vendre. Les faveurs de la cour et des ministres sont pour les pairs et les députés dociles;
on les refuse impitoyablement à l'homme droit
et consciencieux, qui ne veut point concourir à
la ruine de l'état, en secondant un ministère qui
le place sur le bord de l'abîme : ainsi un torrent
impur de corruption part du pied du trône et
des ministres, pour inonder un vaste empire.
Cette effroyable corruption attaque tout ce qu'il

y a de plus noble et de plus élevé dans le corps social : les pairs, les députés, les magistrats, les préfets, tous les agens du gouvernement, depuis les directeurs-généraux jusques aux percepteurs de village ; puis les électeurs, c'est-à-dire les propriétaires, les pères de famille, les hommes, enfin, dont la conduite dans l'état est le modèle et la règle que suit la multitude. On corrompt les agens du pouvoir et les électeurs pour avoir des députés, et l'on corrompt les pairs et les députés pour avoir des lois : c'est ainsi qu'une plaie mortelle éteint la vie dans le cœur même de la nation. Pour gouverner un peuple, les ministres d'un roi se voient forcés de le dégrader ; et l'état n'est plus qu'un marché ouvert au public, où l'on vend et où l'on achète les consciences avec de l'or et des places ; on se vend au dernier enchérisseur, et l'on achète au plus bas prix possible les vils esclaves de l'ambition et de la cupidité ; et, lorsque le résultat de cet horrible négoce est conforme aux vues du gouvernement, les ministres du roi se frottent les mains de joie, ils se félicitent, avec leurs amis, de l'éclatante victoire qu'ils viennent de remporter. Il se peut, en effet, qu'ils aient pour le moment sauvé l'état, mais c'est avec un remède violent qui dépose dans son sein le germe d'une mort inévitable. Que deviendra cette nation corrompue jusqu'à la moelle des os et dans ses parties les plus nobles ? Alors il n'y aura plus chez elle de sentiment d'honneur ; ce sentiment généreux sera remplacé par l'amour de l'or ; il n'y aura plus de fidélité incorruptible, mais seulement des consciences vénales ; plus de désintéressement et d'amour de la patrie, mais seulement un vil égoïsme, un amour aveugle de soi, qui ne connaît ni devoir ni dévouement : l'habitude de vendre ses principes et sa conscience pervertit et dénature le caractère d'un peuple. Quand on livre, pour de la boue, ce que l'homme a, dans son intelligence et dans son cœur, de plus respectable et de plus sacré, on trahit facilement son roi et sa patrie ; et, sous un gouvernement qui est miné par toutes les causes de dissolution que nous avons indiquées, quelles chances de succès n'ont pas les chefs des factions pour renverser le trône ! Pourvu qu'ils aient de l'or, ils entraîneront la multitude après eux ; et, l'opinion publique étant pervertie jusque dans l'armée, par la licence effrénée de la presse, le chef de l'état tombera sans défense, du haut du trône, dans les mains de ses ennemis. Au lieu de pousser de profonds gémissemens, la nation se réjouira de sa chute ; elle fera monter jusqu'au ciel d'affreux cris de victoire ; elle ne détestera sa folie et son crime qu'après avoir bu jusqu'à la lie dans la coupe du malheur.

Jugurtha s'éloignant de Rome, se retourna vers cette ville devenue vénale, et s'écria qu'il ne lui manquait plus qu'un acheteur. Dans les monarchies constitutionnelles, c'est le gouvernement qui achète la nation; mais, après s'être vendue à lui, la nation se mutine comme l'esclave contre son maître; elle le renverse sur le sable où il a bâti sa puissance, et, sans pitié, lui plonge dans le cœur le glaive de la mort.

Des hommes de bien se sont persuadés qu'on aurait pu gouverner la France constitutionnelle autrement que par la corruption; ils ont fait de beaux rêves : c'est, disaient-ils, par l'honneur qu'il faut conduire les Français, c'est aux honnêtes gens, aux fidèles serviteurs de la monarchie que les emplois et les titres doivent être exclusivement distribués, et non aux félons, aux intrigans, aux ambitieux. Si le gouvernement avait constamment marché sur cette ligne, il aurait acquis une force d'opinion et d'entraînement contre laquelle tous les efforts de la malveillance se seraient brisés comme des vagues impuissantes.

Il est fort beau, sans doute, de vouloir gouverner une nation par le sentiment d'honneur; mais comment viendrez-vous à bout de faire prévaloir ce noble sentiment, avec des institutions et des maximes qui produisent dans tous les rangs de la société l'ambition de parvenir? Cette ambition n'est que l'amour de l'or et des places; elle bannit des cœurs le désintéressement courageux qui se sacrifie pour la patrie.

Il existe, je le sais, une ambition compatible

avec le sentiment d'honneur ; c'est, par exemple, celle du guerrier qui prodigue son sang sur les champs de bataille, pour s'illustrer en servant son roi et sa patrie : il veut la gloire, mais il veut aussi défendre son souverain et son pays ; il veut la gloire, mais il la cherche par l'accomplissement d'un devoir sacré, et non par l'intrigue. Pour l'acquérir, il ne rampe pas dans les antichambres au pied du pouvoir ; il présente son front à l'ennemi, et il brave la mort sans pâlir ; il ne trahit point ses sermens dans la vue de s'élever, il les accomplit en s'illustrant.

Mais cette ambition compatible avec l'honneur, n'est point l'ambition qu'allument dans toutes les classes de la société les institutions et les maximes des monarchies constitutionnelles. Celle-ci se joue des sermens et des devoirs, et veut parvenir à tout prix ; elle conspire en plein jour, et, pour arriver au terme de ses désirs, elle propage des doctrines de révolte : rien n'est sacré à ses yeux que l'or et le pouvoir ; tout le reste est indignement foulé aux pieds. Dans l'esprit des hommes que cette passion tourmente, l'honneur c'est la victoire sur les rivaux qui leur disputent la fortune ; et les moyens de triompher, c'est la ruse, le mensonge, l'imposture, la violence, le crime de la révolte ; pour eux, la conscience et l'amour de la patrie ne sont que des mots, comme Dieu n'était qu'un mot pour

Louvel ; leur religion consiste dans l'idolâtrie d'eux-mêmes ; ils s'adorent, ils sacrifient tout à l'égoïsme le plus vil et le plus brutal. Tels sont, pour la plupart, les hommes coupables qui renversèrent du trône, en 1830, le roi le plus religieux, le plus juste, le plus affable, le plus passionné pour le bien de son peuple, le plus fait pour être chéri des Français. Dans des temps ordinaires, il eût été l'idole de la France ; et dans les jours mauvais d'un gouvernement contre nature, il devint l'objet des plus sanglans outrages.

Au milieu de la corruption générale engendrée par notre charte de 1814, on a vu sans doute des âmes élevées, de grands caractères qui sont demeurés inaccessibles à la séduction. Honneur à ces pairs, à ces députés, à ces magistrats, à ces administrateurs intègres, à ces écrivains courageux, qui ne fléchirent point le genou devant l'idole du jour ! Leur cœur est demeuré pur et leur fidélité inébranlable, parce que jamais ils ne vendirent à l'ambition, ni Dieu, ni le roi, ni la patrie. Mais leurs exemples n'ont eu que trop peu d'imitateurs, et le venin mortel de nos institutions circulant rapidement dans les veines du corps social, la trahison a été réputée vertu, le mépris de la majesté royale un devoir ; et l'égoïsme le plus révoltant, l'ambition la plus effrénée, la cupidité la plus basse, sont devenus les divinités de la France : divinités infernales, qui ont répandu dans le royaume de St. Louis la révolte, le parjure, le sang, la misère, la mort, la corruption infecte d'une société tombée en pleine dissolution.

Mais, ajoute-t-on, si, dans une monarchie constitutionnelle, on accordait exclusivement les titres et les places aux fidèles serviteurs du roi, on mettrait en honneur la fidélité, et la trahison demeurerait flétrie aux yeux de la nation; on la gouvernerait par des sentimens purs et généreux. Loin de suivre cette règle de politique, si naturelle et si sage, des ministres de Louis XVIII et de Charles X privèrent de leurs emplois des royalistes zélés, pour les conférer à des hommes méprisables, qui avaient servi, encensé, trahi tous les pouvoirs. Par cette conduite immorale, ils découragèrent les honnêtes gens, inspirèrent de l'audace aux factieux; et, aux yeux de la multitude, la fidélité et la trahison, alternativement récompensées par le gouvernement, ne furent plus que des mots vides de sens : un système contraire eût produit des effets contraires.

D'abord, je dois faire observer que dans une monarchie constitutionnelle on ne reste pas long-temps au pouvoir sans commetre des fautes graves. Et comment, en effet, serait-il possible de calculer tout avec exactitude, de régler tout avec sagesse, sans se laisser jamais surprendre par l'ennemi, quand on gouverne un peuple que ses institutions sociales entretiennent dans un état continuel de fièvre ardente; quand il faut échapper à tant de piéges habilement tendus par des factions nombreuses et puissantes; quand il est si difficile d'obtenir la majorité des votes dans une chambre des députés où se remuent toutes les ambitions les plus exigeantes, où s'enflamment toutes les passions les plus dangereuses pour l'état? Le gouvernement représentatif est tellement compliqué, il est sujet à tant de vicissitudes, il place le monarque et ses ministres dans des situations si diverses, si épineuses, qu'il leur est moralement impossible de ne pas prendre, dans le cours de quelques années, des mesures funestes à l'état comme à la royauté.

En second lieu, pour que le roi pût accorder constamment les places et les titres aux royalistes, il faudrait qu'il fût toujours le maître de composer d'hommes monarchiques le conseil de ses ministres : or, sous un gouvernement représentatif, la chose est impossible.

En Angleterre, la puissance de l'aristocratie est le rempart du trône; et, cependant, malgré sa fortune et son crédit, on voit se succéder rapidement des ministres torys et des ministres whigs, dont les uns favorisent, dans la distribution des places, des hommes monarchiques, tandis que les autres prodiguent aux libéraux les grâces du pouvoir. En France, où le crédit de la noblesse est nul en comparaison de celui de la noblesse anglaise, comment le roi serait-il constamment le maître .d'avoir un ministère royaliste ? Sous un gouvernement représentatif, l'opinion publique est tellement versatile, que tantôt elle se déclare pour une administration monarchique, et tantôt pour une administration libérale : or, cette opinion publique devient le régulateur des élections ; et les élections donnant alternativement au pays des députés royalistes et des députés libéraux, le ministère lui-même est successivement composé de royalistes et de libéraux; car son opinion doit être celle de la chambre. Mais dès que le roi, pour éviter des coups d'état dangereux, choisit un ministère dans les rangs du libéralisme, le voilà privé du pouvoir de faire ce qui est dans l'ordre, ce que l'on propose ici comme un moyen infaillible de conserver dans la nation le sentiment de justice et d'honneur, en réprimant l'ambition et l'intrigue. Il faut de toute nécessité qu'il laisse à ses ministres la libre distribution des titres et des emplois : or, ceux-ci les enlèvent à leurs ennemis pour les donner à leurs amis. Jamais ils ne consentiraient à siéger au conseil du roi, s'ils devaient les conférer aux royalistes qui ont voté contre eux aux élections; et c'est alors qu'on voit les ministres du prince sacrifier des hommes dévoués de tout temps à la monarchie, pour enrichir de vils caméléons qui ont pris toutes les formes et toutes les couleurs dans la vue de plaire à tous les pouvoirs, et, ce qui est pis encore, pour élever aux honneurs des adversaires déclarés de la couronne.

Ainsi, la pensée de gouverner avec une charte par le sentiment d'honneur, en accordant les faveurs du pouvoir aux seuls royalistes, est une théorie fort belle, mais impraticable. D'ailleurs, nous l'avons prouvé, un ministère, quel qu'il soit, ne se rend maître des élections et n'obtient la majorité dans les chambres qu'en achetant les votes des électeurs, des pairs, des députés : le système de corruption est donc une affreuse nécessité du gouvernement représentatif; c'est un remède indispensable pour sauver la société des mains des factieux, et la faire vivre quelques années de plus. Mais ce système, suivi pendant un certain temps, alimente la cupidité, enflamme l'ambition, et peuple l'état de mécontens et de factieux qui soupirent après le desordre, qui minent le trône par tous les moyens que leur fournissent la liberté de la presse, les associations politiques et la chambre des députés.

10.

CHAPITRE IX.

Le principal appui du Gouvernement représentatif consiste dans l'habileté des hommes, au lieu de se trouver dans la force des institutions : sixième principe de dissolution et d'anarchie pour une monarchie constitutionnelle.

Les gouvernemens doivent être constitués pour durer, non des années seulement, mais des siècles. Après une vie agitée de quelques lustres, les hommes meurent ; l'intervalle qui sépare leur berceau de leur tombeau, est franchi rapidement : mais les héritiers de leurs noms et de leurs biens viennent occuper leurs places sur la scène de ce monde, et les nations ne meurent pas ; les gouvernemens qui les régissent sont fondés pour leur procurer une prospérité durable, de génération en génération, de siècle en siècle : or, pour atteindre ce but, il est indispensable qu'ils reposent sur des bases solides. S'ils sont mal constitués, les factions, qui naîtront du vice même des institutions, les renverseront promptement, et la société tombant avec eux dans le désordre et l'anarchie, les peuples se trouveront privés de tous les avantages que devait leur procurer un bon gouverne-

ment. La Pologne doit ses malheurs à sa monarchie élective, source de divisions intestines
et d'intrigues européennes. La France s'est bai-
gnée dans le sang pendant dix années consécu-
tives, parce que les diverses constitutions ré-
publicaines qu'elle recevait de la main de ses
tyrans y fomentaient le désordre des passions,
au lieu d'y maintenir le respect des droits et
l'accomplissement des devoirs. Ces constitutions
n'avaient d'ailleurs de principes de durée ni dans
les doctrines religieuses et sociales, ni dans les
anciens souvenirs, ni dans les droits acquis, ni
dans l'estime de la nation, ni dans la nature
d'institutions assorties au caractère et aux besoins
d'un grand peuple; elles sont tombées l'une sur
l'autre, comme des châteaux de cartes, parce que
leur organisation était essentiellement vicieuse.

Le despotisme militaire peut suspendre pendant quelque temps l'action dissolvante des institutions, parce que le peuple est alors régi,
non selon la constitution de l'état, mais par la
seule volonté d'un monarque qui règne avec la
force et la crainte; mais chez un peuple éclairé,
le despotisme n'est qu'une puissance de passage;
il ne saurait donc guérir le vice d'une constitution désordonnée.

L'habileté des hommes ne saurait non plus
suppléer à la sagesse des institutions : on voit
rarement deux grands rois se succéder immédiatement sur le même trône. Quant aux ministres

assez forts pour soutenir l'état contre les factions
sorties du sein de sa constitution, on sait qu'ils
n'apparaissent pas fréquemment sur la scène
politique ; et si leur fermeté, leur adresse, sont
les principaux appuis de la monarchie, ce fra-
gile édifice s'écroulera, dès que, ravis par la mort
ou supplantés par l'intrigue, ils auront des successeurs incapables : or, ces changemens ne sont
pas rares dans les cours ; trop souvent l'impéritie
y recueille l'héritage du vrai mérite. Un gouvernement qui n'est préservé d'une chute mortelle
que par la sagesse des ministres, est donc mal
constitué : il ne peut exister long-temps. Pour
qu'il résiste pendant des siècles au choc des passions humaines, il faut qu'il puise sa principale
force dans les institutions de l'état ; quand ces
institutions sont bonnes, il se trouve revêtu de
de toute l'autorité nécessaire pour anéantir facilement les complots. Les hommes nés avec des
talens et une ambition désordonnée le savent,
et le plus souvent ils n'ont pas même l'idée
d'attenter à l'ordre public. Au lieu de méditer la
ruine du pouvoir, ils le courtisent, dans la vue
d'obtenir ses faveurs ; et si la pensée de bâtir
leur fortune sur la ruine de la société se présente
à leur esprit, ou le désespoir du succès l'en
éloigne promptement, ou l'affection du peuple
pour le souverain les prive des moyens d'exécution, ou le glaive de la justice les frappe avant
qu'ils aient eu l'occasion d'accomplir leurs pro-

jets de désordre et de crime. Le monstre n'a pas le temps de grandir ; il est étouffé au berceau par la main puissante qui, d'un seul de ses mouvemens, fait agir sans entraves tous les ressorts du gouvernement, toutes les forces de l'état.

Quand les institutions sociales sont bonnes, la royauté, même dans les monarchies absolues, trouve une digue à l'oppression, non-seulement dans l'opinion publique, mais dans les priviléges de la noblesse et du clergé, dans le droit de remontrance, dans les franchises des communes, des provinces, des corporations. Alors le pouvoir est fort, et cependant les droits des citoyens sont munis de toutes les garanties nécessaires. Protégés par des institutions durables et par des lois constantes, les lettres, les sciences, les arts, le commerce et l'industrie fleurissent dans la paix : et si le fléau d'une guerre étrangère vient troubler la prospérité générale, si des événemens désastreux nécessitent un accroissement dans les charges publiques, si enfin le peuple souffre, il attribue ses souffrances, non au gouvernement, mais au malheur des temps, et au lieu de se révolter, il se résigne, espérant des jours plus prospères. A ces époques de calamités, la nation conserve ses sentimens habituels de respect pour les institutions de l'état et d'amour pour le souverain ; et la crise n'étant que passagère, le cours de sa prospérité recommence après quelques années d'infortunes supportées avec courage.

Rien, il est vrai, n'est immortel dans les institutions humaines, et, quelque solidement constitué que soit un gouvernement, il peut périr dans les convulsions de l'anarchie, soit par le triomphe de doctrines antireligieuses et anti-sociales, soit par les excès d'une insupportable tyrannie, soit par un concours d'événemens malheureux qui fournissent aux méchans l'occasion et les moyens de bouleverser l'état. Dieu n'a pas voulu que les hommes pussent imprimer à leurs ouvrage le sceau de l'immortalité; il s'est réservé à lui seul ce privilége. Mais entre un gouvernement solidement fondé et un gouvernement assis sur des bases ruineuses, il existe une différence semblable à celle qu'on remarque dans deux hommes dont l'un jouit d'une santé robuste, tandis que l'autre est miné par une maladie organique incurable; le tempérament fort du premier triomphera d'un mal violent par la seule vigueur de sa constitution, malgré l'impéritie et les bévues des médecins, tandis que l'autre succombera dans une crise de même nature, par le vice de ses organes, ou ne devra qu'à l'habileté des gens de l'art la prolongation d'une vie douloureuse, pendant quelques semaines ou quelques mois. Le premier, c'est sa constitution qui le sauve; le second, c'est sa constitution qui le tue.

Tel est le sort des sociétés dont le gouvernement puise ses principes de durée dans les institutions, et de celles qui subsistent seulement par la sagesse du souverain ou de ses ministres. Les états fortement constitués vivent long-temps, malgré les fautes des gouvernans ; les états dont la constitution est vicieuse, durent peu, et seulement par l'habileté des chefs qui le gouvernent.

Cherchez maintenant des principes de durée dans les institutions du gouvernement fondé par la charte de 1814. Nous avons vu, dans le cours de cet Ouvrage, que le pouvoir populaire établi dans la chambre des députés est le pouvoir dominant ; qu'il s'empare des principales prérogatives de la couronne, pour en faire usage à son gré et dans les intérêts de son opinion et de son parti ; qu'il ne peut être réprimé dans ses entreprises par l'action conservatrice de la noblesse, attendu qu'elle est privée de tous les moyens de diriger les élections dans un sens constamment favorable à la royauté ; qu'étant de sa nature jaloux, envahissant, violent, il doit briser un peu plus tôt ou un peu plus tard les deux autres pouvoirs, aristocratique et monarchique. Nous avons prouvé que la liberté de la presse, l'indifférence systématique en matière de religion, l'ambition allumée dans toutes les classes de la société, le système de ruse et de corruption nécessairement adopté par les gouvernemens représentatifs, sont autant de principes de dissolution qui minent ces gouvernemens et les précipitent vers le chaos de l'anarchie. Où sont donc les institutions capables de défendre la couronne contre les excès du pouvoir démocratique, et de paralyser tous ces principes de mort qui fermentent dans le corps social ? Est-ce la chambre des pairs ?

Je ne parlerai pas de celle où figuraient des représentans de la république et de l'empire, où quarante, cinquante ministres déchus couraient après leur portefeuille, faisant de l'opposition à droite et à gauche pour le ressaisir, et s'en retournaient radieux dans un palais doré. Je supposerai ce corps politique formé par des choix plus heureux ; mais un ministère libéral, exécuteur des volontés d'une chambre de députés libérale, possède des moyens puissans d'y rompre la majorité, pour la tourner ensuite dans le sens où il marche lui-même ; et si l'expression de la volonté du roi, si les faveurs ou les menaces du pouvoir paraissent insuffisans pour atteindre ce but, il y arrive par une création de pairs. Souvent même la seule crainte de la publication de l'ordonnance de nomination, brisera l'opposition, assouplira la chambre sous la main des ministres.

D'ailleurs, dans des momens de crise, quand les passions de la multitude, échauffée par ses tribuns et par la presse, menacent de tout renverser, est-ce la chambre des pairs qui peut lutter avec avantage contre la chambre des députés ? La

première représente l'aristocratie, et la seconde
la nation : or, la faveur du peuple est pour ses
mandataires, et non pour une classe au-dessus de
lui, dont il envie les titres ; il écoute avec confiance la voix des députés, parce qu'ils sont choisis
dans ses rangs, parce qu'ils ont reçu la mission
de veiller à la conservation de ses intérêts et de
ses droits ; et c'est d'un œil jaloux, défiant et
cruel, qu'il verrait la chambre aristocratique
engager le combat avec la chambre qui parle en
son nom, paraît défendre ses libertés et crie à la
tyrannie contre les ministres du roi. Dans certaines circonstances graves, il faut que la première
cède ou qu'elle périsse.

Quand la chambre des députés devient démocratique ou seulement trop favorable à la démocratie dans les lois, c'est que l'opinion publique,
pervertie par la presse, par les associations politiques et les divers autres moyens de l'égarer,
penche elle-même vers la démocratie : or, cette
direction donnée à l'opinion annulle le pouvoir
moral de la chambre des pairs ; elle n'a plus de
crédit, plus d'autorité sur la multitude. Dans des
momens de péril, sa résistance ne ferait que
l'aigrir, et l'appui qu'elle s'efforcerait de prêter
au trône, ne le préserverait pas de sa ruine.
Lorsqu'en 1833 la chambre des députés demanda l'abolition de la loi relative à l'anniversaire du 21 janvier, la chambre des pairs refusa
de voter cette scandaleuse suppression : les dé-

putés persistèrent et les pairs fléchirent; ils eussent craint, en soutenant la lutte dans l'intérêt de la couronne, de perdre· leur popularité. En Angleterre, les pairs n'ont pas osé rejeter deux fois le bill de réforme du système électoral; et cependant ce bill ébranle la constitution; il l'arrache de ses bases aristocratiques, pour l'asseoir sur des bases démocratiques. C'est alors que la plus opiniâtre résistance semblait être un devoir rigoureux. Les pairs ont craint de hâter la chute de la monarchie, par une opposition prolongée; et ils ont signé son arrêt de mort, pour la faire vivre quelques années de plus; et cependant ils possédaient un pouvoir politique et moral mille fois plus fort que celui dont il serait possible de revêtir en France une chambre des pairs, sous le régime d'une charte.

Sont-ce les tribunaux qui serviront de digues au débordement de la démocratie? Dans nos monarchies constitutionnelles, les magistrats sont choisis, pour la plupart, dans la classe roturière. En suivant un système contraire, la royauté craindrait de heurter violemment l'opinion publique, ennemie déclarée des priviléges : or, ces magistrats suivent le torrent; ils se laissent entraîner par les préjugés de naissance et les erreurs politiques du temps. Sous les règnes précédens, ils se sont montrés souvent faibles contre les factions, et quelquefois séditieux. D'ailleurs, si les lois portent l'empreinte de la démocratie, que peuvent les tribunaux pour secourir la couronne opprimée par le pouvoir populaire? or, c'est la chambre des députés qui fait les lois, comme elle règle le choix des magistrats : les tribunaux sont donc frappés d'impuissance contre elle ; la démocratie maîtrise, emporte dans son cours impétueux la magistrature, comme l'aristocratie, comme le monarque lui-même; tout cède à sa violence.

Est-ce le clergé qui préservera le trône d'une ruine imminente? Aucun pouvoir politique ne lui est garanti par la charte de 1814; il n'est pas un corps dans l'état. Quelques évêques seulement siégeaient à la chambre des pairs, par la volonté du roi; et leurs voix s'y perdaient comme dans le désert. Dépouillé de sa fortune territoriale et de ses priviléges, que lui restait-il de son ancienne puissance, pour servir utilement la couronne? Son influence morale sur le peuple, me direz-vous peut-être. Elle eut été grande sans doute, dans l'intérêt de la royauté, si la nature du gouvernement représentatif ne fournissait pas aux factieux des moyens sûrs de l'annuler ou de l'affaiblir. Mais quelle influence morale peut résister long-temps à l'action meurtrière de la presse? Avec ce terrible moyen de séduction, sous les deux règnes de Louis XVIII et de Charles X, les écrivains du parti libéral ne réussirent-ils pas à semer la méfiance la plus hostile envers le clergé, jusque dans les rangs des royalistes les plus dévoués ?

Enfin, est-ce l'armée qui maîtrisera le pouvoir démocratique, lorsque, mettant en mouvement les masses populaires, il menacera le trône d'une destruction totale ? Oui, si le prince est un despote, un conquérant qui règne par sa seule volonté, et qui sache inspirer à son armée, par les faveurs dont il la comble, un dévouement sans bornes à sa personne. Non, s'il prétend gouverner l'état selon la constitution et les lois, s'il laisse à la nation l'usage des libertés publiques et surtout celle de la presse, garanties par les maximes et les institutions du gouvernement représentatif. Après avoir plusieurs fois disposé de la force militaire avec succès pour la répression des émeutes, il se verra tristement privé de son secours dans le moment du plus grand péril. Sous un gouvernement représentatif, la lutte entre le pouvoir monarchique et le pouvoir démocratique est un état habituel. Après quelques courts intervalles de repos, le combat se rallume avec un nouvel acharnement, les émeutes populaires recommencent ; et, si dans dix ou vingt guerres de ce genre il arrive une seule fois que l'armée, qui doit être une force purement passive sous la main du monarque, délibère et prenne parti pour le peuple, tout est perdu sans ressource, tout l'édifice social s'écroule avec fracas;

le prince et l'état sont à l'instant même emportés par le torrent de la démocratie dans le gouffre profond de l'anarchie : or, dans une monarchie constitutionnelle semblable à celle de la France, comment peut-on espérer que l'armée demeure toujours fidèle à la couronne ? elle se lasse de faire feu sur le peuple. Cette guerre prolongée répugne à ses sentimens de patriotisme ; elle ne lui paraît ni glorieuse, ni salutaire ; et quand l'opinion publique se prononce hautement contre le prince et ses ministres, ses rapports journaliers avec les diverses classes de la société font circuler dans son sein le poison des mauvaises doctrines et des sentimens hostiles à la royauté : alors sa fidélité chancelle ; elle demeure dans l'inaction , ou passe sous le drapeau des révoltés. A l'époque de notre première révolution , les gardes françaises à Paris et dans les provinces, des régimens entiers se rangèrent du côté de l'assemblée constituante ; et remarquez qu'en ce moment décisif la couronne luttait péniblement contre un pouvoir démocratique, d'une nature semblable à celui d'une chambre des députés devenue séditieuse ; et il a suffi pour sa ruine qu'elle se trouvât une seule fois en face de ce pouvoir redoutable et en guerre avec lui, à l'époque d'une crise financière et d'erreurs irréligieuses et anti-sociales, propagées par la presse. Sous le règne de Charles X, lors des fameuses journées de juillet, la garde royale se montra, par un dévoue-

ment héroïque, digne de son nom et de sa destinée; mais des régimens de ligne mirent bas les
armes et fraternisèrent, sur la place Vendôme,
avec le peuple en révolte.

L'armée n'est donc pas un moyen de conservation pour les monarchies constitutionnelles. Ou
elle deviendra, sous leur régime orageux, un
instrument de despotisme dans les mains du
prince, pour renverser la constitution ou du
moins l'annuler sous son régime; ou elle sera
l'instrument du pouvoir démocratique, pour briser
en mille éclats le trône du monarque. C'est une
observation fort bien exprimée par M. le comte
de Revel dans ce passage de son testament politique (1). « Dans tout état continental qui a une
« existence par lui-même, l'armée permanente
« est nécessairement plus considérable, surtout
« en temps de guerre. On ne peut pas supposer
« que l'armée restera impassible, immobile entre
« les deux partis (car la lutte existera toujours),
« lorsqu'elle n'a qu'à le vouloir, pour être l'ar-
« bitre. Si l'armée délibère, elle est corrompue
« et l'état est perdu. Si elle ne dépend pas abso-
« lument du prince, elle sera son ennemie.
« Lorsque le prince en dispose, le sort de l'état
« est entre ses mains. Ainsi, de toute manière,

____

(1) Page 203.

« l'armée sera un instrument non-seulement dan-
« gereux, mais mortel pour la constitution, par
« la raison qu'elle renforcera le prince ou la
« représentation nationale, de manière à ce que
« l'un de ces deux pouvoirs maîtrise ou détruise
« l'autre : l'Europe moderne en a fait la doulou-
« reuse expérience. »

Quant à l'administration : nécessairement amovible, elle est brisée par le ministère, ou suit en
aveugle son impulsion ; et le ministère n'est que
l'humble exécuteur du pouvoir démocratique de
la chambre des députés.

La monarchie constitutionnelle fondée par la
charte de 1814 n'a donc de principe de durée ni
dans les chambres, ni dans la noblesse, ni dans
le clergé, ni dans l'armée, ni dans l'administration. Loin de puiser la vie dans ses institutions,
elle n'y trouve que la mort : sa principale ressource pour subsister, c'est l'habileté des
hommes. Mais nous avons déjà prouvé que pour
toute espèce d'états, ce moyen d'existence est
très-faible, et qu'il ne saurait les faire vivre
long-temps contre les attaques des passions populaires, parce qu'il ne remédie pas au vice de
constitution qui les tue, parce que les hommes
habiles ont pour successeurs des hommes incapables, qui laissent le principe de mort se
développer, et en accélère même, par des fautes
graves, les funestes progrès. Or, ceci est encore
plus vrai des gouvernemens représentatifs que

d'autres gouvernemens mal constitués. Les ministres du roi ne faisant que paraître et disparaître sur la scène politique , il faut moins de
temps pour que les aveugles succèdent aux
clairvoyans, les faibles aux forts , les maladroits
aux habiles. Ces derniers eux-mêmes sont sujets
à faillir, et finiraient par succomber à la violence
de la démocratie. Et certes, on n'espérera pas que
pour faire vivre long-temps nos monarchies
bâtardes, nées des passions et de la folie du siècle,
la Providence placera constamment sur le trône
ou à côté du monarque des générations d'hommes
de génie. L'histoire des nations ne présente aucun
phénomène de cette espèce; et nous ne croyons
pas que Dieu soit assez bien traité par nos gouvernemens représentatifs, pour qu'il daigne leur
accorder cette miraculeuse protection.

Mais l'inviolabilité du monarque, proclamée par
la charte de 1814, le pouvoir de dictateur que lui
garantissait l'art. 14 de cette même charte , et
enfin une bonne loi concernant les élections des
députés , ne seraient-ils pas des moyens de
conservation pour les monarchies constitutionnelles ? Non : tous ces moyens de conservation sont inefficaces pour les faire vivre long-
temps en France et dans beaucoup d'autres
états. C'est ce que nous démontrerons dans les
chapitres suivans.

CHAPITRE X.

L'inviolabilité du monarque, proclamée dans les nouvelles
Chartes, n'est qu'une sanglante derision de la majesté
royale, et non un moyen de conservation pour les monarchies constitutionnelles.

Les admirateurs des monarchies constitutionnelles ne cessent de vanter la sagesse de ces deux
articles des nouvelles chartes, dont l'un déclare
la personne du monarque sacrée et inviolable,
tandis que l'autre fait peser une redoutable responsabilité sur la tête de ses ministres.

Il est sans doute dans l'ordre que la personne
du monarque ne puisse jamais être accusée ni
condamnée, à l'occasion des ordonnances rendues
et publiées en son nom. Un roi est homme, et
en cette qualité il est sujet aux faiblesses et aux
passions de notre nature; il y est même plus exposé
que les autres hommes, parce qu'étant la source
des grâces, les vils flatteurs qui spéculent sur la
ruine de sa vertu, dans l'intérêt de leur ambition
et de leur cupidité, lui tendent habilement des
piéges et l'entourent de puissantes séductions.

11.

Mais le bien de l'état exige impérieusement qu'au milieu même de ses erreurs la majesté royale soit respectée ; et comme d'ailleurs la gloire et l'intérêt personnel du monarque lui font un devoir de chercher le bonheur de ses sujets, on ne suppose jamais qu'il veuille faire le mal ; de là cet axiome de notre ancienne monarchie : *Le Roi ne peut mal faire*. C'est aux ministres de son autorité, c'est aux dépositaires de sa confiance que l'on attribue les actes portant son nom , qui paraissent blesser les droits des citoyens, ou compromettre le salut de l'état. Ils forment son conseil ; ils jouissent d'une réputation d'esprit et de talent ; c'est d'après leurs rapports que le monarque connaît les besoins du royaume ; et bien plus que lui ils peuvent être mus par des passions qui se trouvent en opposition directe avec l'intérêt de ses sujets. Ainsi, les raisons les plus fortes demandent que , d'un côté, les ministres soient responsables, et que , de l'autre , le roi demeure placé si haut dans l'opinion , que jamais on ne puisse l'accuser des maux qui pèsent sur la nation : l'intérêt du peuple l'exige aussi bien que la dignité de la couronne ; car lorsque celle-ci tombe dans le mépris, la société penche vers sa ruine.

Mais pour placer la personne du monarque à l'abri de toute insulte, il ne suffit pas de déclarer, dans une charte constitutionnelle , qu'elle est sacrée et inviolable ; c'est par des institutions, et

non par des mots, que la majesté royale est efficacement protégée. Jamais on ne parla tant des
droits de l'homme que pendant la révolution de
93 : on les avait écrits et décrétés : on en recom-
mandait le respect par de belles et pompeuses
maximes, gravées sur les frontispices et sur les
murs des édifices publics ; et fut-il jamais dans
l'histoire une époque où les passions se jouèrent
avec plus d'injustice et de cruauté de la fortune,
de la liberté, de la vie et de tous les droits de
l'homme ? Je crains fort que sous les gouvernemens représentatifs la personne des rois ne
subisse le même sort, que les droits de l'homme
sous l'empire de la révolution de 93. En France,
nous avons eu sous les yeux un exemple frappant
de l'usage barbare que sait faire le peuple du
pouvoir politique qu'on a l'imprudence de lui
donner. D'après la charte de 1814, la responsabilité des ordonnances contresignées par le ministère Polignac pesait sur ce ministère seul ; la
personne du roi devait rester inviolable, entourée
du respect de la nation, et dans une pleine
jouissance des prérogatives de sa couronne : et
l'on sait comment cette inviolabilité fut traitée en
1830, et par des députés et des pairs qui
avaient juré de la maintenir, et par le peuple
ivre de sa victoire, à qui l'on persuada que
Charles X prétendait détruire cette même charte
que l'on mettait alors en lambeaux. D'abord, par
une première violation de cette loi fondamentale,

on rendit le monarque responsable des ordonnances, et il fut déclaré déchu du trône ; et
par un second attentat à cette même constitution,
on priva de la couronne de France le duc de
Bordeaux, à qui, certes, on ne pouvait reprocher
d'avoir pris part au prétendu crime de Charles X.

Pour justifier ces énormes injustices, nos faiseurs de constitutions et de rois-citoyens ont dit
gravement qu'ils avaient obéi à la nécessité. Mais
quelle nécessité y avait-il de proscrire Charles X,
son fils et son petit fils, au lieu de poursuivre ses
ministres selon les formes légales ? quelle nécessité y avait-il de violer, par cette imprudente pros-
cription, la charte constitutionnelle dans un
point de la plus haute importance, pour punir
une prétendue violation de cette même charte ?
quelle nécessité y avait-il de jeter la France dans
les périlleux hasards d'une révolution, quand le
monarque lui-même consentait à révoquer ses
ordonnances et à congédier ses ministres ? Et si
ces hypocrites adorateurs de la charte se sont
crus autorisés à la fouler aux pieds par une chimérique nécessité de sauver l'état, comment ont-
ils pu faire un crime à Charles X d'avoir aussi
voulu sauver l'état, en adoptant des mesures
qu'il croyait être commandées par la plus impérieuse nécessité ? Ce monarque usait d'un pouvoir
énoncé dans l'article 14 de la charte ; et jamais
ses ennemis en citeront-ils une seule parole, dans
laquelle il soit possible d'apercevoir le droit qu'ils

se sont attribué de chasser de son palais et de dépouiller de sa couronne un roi dont la personne est sacrée et inviolable? Enfin, ces mêmes hommes de malheur ont refusé de reconnaître que Charles X était juge des circonstances où le pouvoir de dictateur devenait nécessaire, quoique, sans la faculté de porter à ce sujet une décision, cette puissance dictatoriale ne soit plus qu'une chimère ; et ils ont prononcé hardiment qu'il y avait nécessité de renverser le trône, de compter pour rien le principe de la légitimité, de faire une nouvelle charte et de créer un nouveau roi, sans avoir même reçu du peuple, qu'ils nommaient souverain, un mandat pour opérer ce terrible bouleversement. Il y a dans tout ceci une telle contradiction, un tel oubli de la majesté royale, un tel abus de la force, un tel mépris de la nation, qu'un si grand crime ne saurait être expié sur la terre que par des larmes de sang.

Au reste, ce renversement de la raison humaine s'explique par le vice même du gouvernement représentatif. Rien n'est plus illusoire que les formules de respect à l'égard du monarque, écrites et proclamés dans une charte, quand les institutions sociales sont telles que le pouvoir royal doit tomber tôt ou tard, couvert d'outrages et de mépris, sous les cruelles mains de la multitude : or tel était le sort qui attendait la couronne de France. L'opinion publique étant devenue hostile au roi par l'action continue de la presse libérale, les passions populaires se sont moquées de la loi fondamentale qui déclarait sa personne inviolable. Un peuple séduit et furieux raisonne-t-il? consulte-t-il les lois et les magistrats pour régler sa conduite? et les tribuns ambitieux qui se chargent de son enseignement et de sa direction, se montrent-ils plus sages que lui? Depuis leur victoire de juillet, ne nous ont-ils pas révélé naïvement qu'ils avaient joué la comédie pendant quinze ans? ne se sont-ils pas vanté d'avoir professé un zèle hypocrite pour une charte octroyée, qu'ils détestaient au fond du cœur? Cependant, ils ne cessaient de reprocher aux royalistes qu'ils nourrissaient le funeste projet de renverser le gouvernement représentatif, pour faire revivre l'ancien régime; et dans ce moment même ils méditaient la ruine de ce gouvernement; et, durant quinze ans, ils firent un triste usage des moyens de destruction que ses maximes et ses institutions leur présentaient, pour traîner et renverser dans la boue la majesté royale, ironiquement déclarée inviolable et sacrée. Ils n'en voulaient pas au roi; ils prétendaient seulement le soustraire à l'influence du clergé et des gens de cour qui le trompaient et l'asservissaient; et, dès qu'ils purent disposer d'une force brutale, ils l'employèrent à précipiter du trône les fils d'Henri IV et de Louis XIV, et ils versèrent le mépris à pleines mains sur la charte comme sur le monarque; et, pour créer un roi-citoyen, ils s'emparèrent d'un pouvoir exorbitant qu'ils n'avaient reçu ni du peuple, dérisoirement proclamé par eux souverain, ni de la constitution qu'ils foulaient aux pieds. Ainsi ces sages du siècle, ces amis de la liberté des nations n'ont travaillé que pour eux-mêmes. Après avoir renversé tous les principes, blessé les droits les plus sacrés, ils se sont couverts des lambeaux sanglans de la monarchie ; ils se sont scandaleusement distribué les places et les honneurs, pour prix de leur trahison, comme des brigands se partagent le butin, après le pillage d'un château. C'est ainsi que sera toujours respectée la personne des rois, sous les gouvernemens représentatifs ; telle est l'admirable inviolalabilité qui leur est garantie par nos chartes nouvelles.

Les mêmes outrages sont préparés à d'autres souverains dans d'autres contrées. Déjà nous les avons vus traités avec insolence en Allemagne, soit à la tribune par les députés des états, soit dans les livres et les journaux, par des écrivains factieux. Ni le bon sens, ni le flegme du peuple allemand ne sauraient arrêter les progrès d'une licence effrénée, qui prend sa source dans l'esprit du siècle et dans les institutions politiques. Le mouvement est donné à la jeunesse studieuse et aux classes inférieures, mécontentes de leur position sociale. L'empereur d'Autriche, le roi de Prusse, les princes de la Confédération germanique se sont alarmés, en voyant l'audace du génie de la révolte ; ils se sont ligués pour le dompter et l'enchaîner. Mais ce génie de la mort des nations est fort, courageux, obstiné dans ses projets de destruction : qui sait s'il ne brisera pas un jour ses liens ? Les mesures sanctionnées par la diète de Francfort sont bonnes, il est vrai, pour retarder le cours du mal ; mais la maladie qui travaille les esprits est entretenue par le vice incurable des nouvelles constitutions. Ce sont elles qui nourrissent dans les âmes ce désir immodéré de la gloire, de la fortune et de la célébrité, cette haine orgueilleuse des distinctions sociales, cet amour désordonné d'une liberté sans frein, cette fureur de renverser tout ce qui porte le caractère de l'antiquité, et cette aversion profonde pour la royauté ; véritables plaies du corps social, qui perpétueront le désordre et la corruption dans son sein, tant qu'on en laissera subsister la cause. Les passions populaires s'irriteront des entraves que la Confédération s'efforcera de mettre à leur développement et à leur succès : peut-être éclateront-elles un jour avec rage ; et s'il ne leur est pas donné de verser des flots de sang et de bouleverser l'empire, il est du moins certain qu'une constante fermentation bannira la paix du milieu de l'Allemagne, jusqu'au jour fortuné pour elle où les peuples, fatigués des attentats et des crimes des factieux, béniront les souverains qui déchireront les nouvelles chartes, pour leur procurer le bienfait de la paix, en replaçant la société sur des fondemens solides (1).

C'est alors seulement que le pouvoir monarchique reprendra son antique vigueur; alors seulement, la personne des rois paraîtra sacrée et inviolable aux yeux des peuples. Mais sans cette indispensable réforme dans le régime des états, leurs couronnes, ainsi que leurs personnes, demeureront le but constant des attaques ou des outrages d'une multitude séditieuse. Nos publicistes modernes ne leur ont donné pour sauvegarde qu'une fiction sans réalité, que des mots vides de sens; et, dans cet état de dénûment et de faiblesse, ils les ont livrés niaisement ou méchamment à la brutalité des factieux.

---

(1) Depuis que nous avons tracé ces lignes, les événemens ont confirmé nos prévisions. Les libéraux de l'Allemagne, étourdis un instant par le coup inattendu que leur a porté la diète de Francfort, ont repris courage et montrent une audace toujours croissante. Les députés de plusieurs états ont blâmé les résolutions de cette diète; d'autres réclament avec une attitude menaçante la liberté de la presse; des cours d'assises absolvent les plus fougueux révolutionnaires. Cette crise hâtera la chute des constitutions modernes.

CHAPITRE XI.

Le pouvoir de Dictateur, qui s'exerce par des coups d'etat,
et que l'article 14 de la Charte de 1814 attribuait au Roi,
n'est pas un moyen de conservation pour les monarchies
constitutionnelles.

Avant de discourir sur les coups d'état dans
leur application aux monarchies constitutionnelles , il est important de les définir clairement.

L'exercice du pouvoir ordinaire du monarque,
n'est jamais un 'coup d'état. Ainsi destituer
un grand nombre de préfets, de conseillers-d'état,
de fonctionnaires publics amovibles ; établir une
censure temporaire, ériger des cours prévotales,
dans les cas prévus par les lois , ce n'est point
frapper des coups d'état : dans ces circonstances
le monarque exerce son pouvoir ordinaire, en se
conformant à la charte et aux lois du royaume.
Mais destituer des magistrats déclarés inamo-
vibles par la charte ou par les lois du pays;
établir par ordonnances l'impôt qui doit être
voté par les deux chambres ; en un mot, suspendre la charte ou les lois, pour gouverner en

dictateur, voilà des coups d'état. Quand le monarque, alarmé des progrès des factieux, s'élève, par des actes d'une autorité sans bornes, au-dessus de toutes les institutions qui en limitent l'exercice ; quand il franchit toutes les barrières établies pour prémunir les citoyens contre les excès du despotisme, alors il ne fait plus usage de son pouvoir ordinaire ; il emploie, pour sauver la nation des maux incalculables de l'anarchie, une puissance extraordinaire qui de droit naturel appartient à tous les souverains de l'univers, rois, ou chefs d'une république. Ce pouvoir absolu qui s'exerce dans les circonstances où l'état se voit menacé d'une ruine prochaine, avait été reconnu dans l'article 14 de la charte de Louis XVIII ; et lorsque cet article, qui justifiait les ordonnances de Charles X, fut supprimé dans la charte de 1830, nos législateurs doctrinaires déclarèrent au monde qu'il faut laisser périr la société dans les convulsions de l'anarchie, quand on ne peut la sauver légalement et constitutionnellement ; déclaration bizarre, que je comparerais volontiers à celle d'une famille qui déciderait d'une voix unanime qu'elle laissera mourir son père malade, en suivant les ordonnances des médecins, plutôt que de le sauver par un remède d'une efficacité reconnue, qu'ils n'auraient point approuvé. De leur autorité privée, ces singuliers publicistes rayèrent donc du nombre des axiomes de droit public cet oracle de sens commun , proclamé par tous les hommes sages de tous les siècles : que *le salut de l'Etat est la suprême loi.*

Après avoir défini les coups d'état, prouvons maintenant qu'ils ne sauraient faire vivre long-temps les monarchies constitutionnelles.

Si l'on jette un coup d'œil rapide sur l'histoire des seize années qui précédèrent la révolution de 1830, on demeurera convaincu que sous le régime de la charte la France fut constamment agitée par un esprit d'opposition au gouvernement. La politique absorbait tellement les intelligences, que dans les journaux la littérature et les arts furent négligés ou sacrifiés à l'esprit de parti. Chacun publiait son système d'administration ou de gouvernement ; les actes du ministère étaient examinés et censurés avec une partialité révoltante ; tous les moyens d'égarer l'opinion furent employés avec une persévérance qui ne se ralentissait jamais ; et la nation trompée, séduite, alarmée sur son avenir, ressemblait à un malade tourmenté par une fièvre ardente. On ne goûtait point les douceurs de la sécurité, les charmes de la paix : loin de là, on cherchait avec anxiété comment finirait cet état de crise, quels seraient les effets salutaires ou funestes de tel ou tel système politique, et par quel moyen, par quel coup d'état la monarchie pouvait être sauvée. Et cependant la France s'élevait au plus haut degré de prospérité matérielle ; jamais le commerce et l'industrie n'avaient été plus florissans. Loin de souffrir, le peuple jouissait d'une aisance qui devait lui inspirer le plus vif attachement pour le roi et pour son gouvernement ; et les nations rivales de la France ne contemplaient qu'avec un œil jaloux et un cœur agité cet état de force et de splendeur auquel, après une double invasion, elle s'était élevée si rapidement. Pourquoi donc, au milieu de cette opulence, régnait-il une anxiété vague, un malaise indéfinissable ? pourquoi les hommes sages tremblaient-ils pour le sort de leur pays ? pourquoi se demandaient-ils, avec un regard inquiet, combien de temps durerait la monarchie ? Puisque l'abondance régnait dans le pays, on ne peut attribuer cette fermentation des esprits, ce trouble, ce désir de la nouveauté, cet affaiblissement d'affection pour le roi et son gouvernement, qu'au vice des institutions sociales, qu'à ces causes actives de dissolution que nous avons signalées. Supposez qu'au lieu d'une charte, Louis XVIII nous eût donné des institutions semblables à celles de notre ancienne monarchie, partout le roi eût recueilli les bénédictions du peuple. Après vingt-cinq ans d'anarchie ou de tyrannie, après tant de guerres civiles et étrangères qui avaient fatigué, épuisé la nation, on n'eût pensé qu'à jouir en paix des avantages d'une brillante prospérité. Pendant les deux premières années de la révolution de 1830, nous avons parcouru plusieurs états monarchiques, et, après avoir vu l'agitation constante de la France

sous le régime constitutionnel , nous avons ad-
miré le repos et le bonheur des peuples placés
sous le sceptre des monarques absolus. Il est
donc incontestable que, sous ce régime funeste,
le prince manque d'une force suffisante pour
contenir les passions humaines et en réprimer
les excès. Or, puisqu'il existe dans les monarchies
constitutionnelles tant d'élémens de discorde et
de dissolution, elles doivent éprouver souvent
des crises si violentes, qu'elles ne peuvent être
conservées que par l'usage d'un pouvoir extraordinaire, c'est-à-dire par les coups d'état; l'exercice de cette puissance absolue devient surtout
nécessaire lorsque la sédition et la révolte ayant
pénétré dans la chambre des députés, le roi se voit
privé des moyens ordinaires de gouverner. Mais
les coups d'état sont des remèdes violens et dangereux, et comme ils offrent à-la-fois des chances
de salut et de mort, si l'on est obligé d'y recourir
souvent, on peut prédire avec certitude qu'il
sonnera bientôt une heure fatale où la monarchie périra. Pour qu'elle périsse, il suffit qu'une
seule fois le moment du coup d'état soit mal
choisi, les mesures mal concertées, ou bien que
la fidélité de l'armée étant ébranlée par la contagion des doctrines antisociales et par les intrigues des factieux, la force militaire qui est nécessaire pour réprimer les soulèvemens populaires manque au gouvernement : il importe peu
pour la société qu'il gagne sur les factions douze

victoires, s'il perd la treizième. Les institutions constitutionnelles entretenant le peuple dans une continuelle fermentation, et donnant aux séditieux de nouveaux moyens de conspirer, dès que le monarque rentre dans la voie ordinaire de la charte et des lois, les ennemis de l'ordre public recommencent leurs menées criminelles, et le péril de la couronne renaît. Ainsi les victoires remportées sur les factions par les coups d'état ne les anéantissent pas, et les pertes qu'elles essuient se réparent promptement par les moyens qu'elles puisent dans les institutions et les libertés publiques.

Mais si le gouvernement vient à perdre une seule bataille, cette perte est irréparable : la faction triomphante détruit la monarchie, et la société, tombant dans l'anarchie, devient la proie des guerres civiles, sans qu'on puisse assigner le terme de ses malheurs ; et, comme les chances nombreuses de mort auxquelles les coups d'état exposent le gouvernement, ne permettent pas de croire qu'il sera toujours victorieux, il faut conclure que les monarchies constitutionnelles s'écrouleront après une courte durée. Où elles périront par la violence des factieux, qui précipiteront la nation dans un fleuve de sang, dans un océan de malheur ; ou elles disparaîtront par l'habileté des princes, qui, voyant l'impossibilité de gouverner avec les institutions qu'elles renferment, profiteront du dévouement de leurs armées, pour les abattre et régner en monarques absolus. Ainsi le sort de ces tristes monarchies est de mourir, ou d'une mort longue et violente sous la main cruelle des factieux, ou d'une mort prompte et plus douce sous la main du souverain.

En deux mots : les institutions des monarchies constitutionnelles produisent au sein de la société une continuelle et ardente fermentation qui nécessite l'usage fréquent des coups d'état ; et les coups d'état seront nécessairement suivis de la chute des monarchies constitutionnelles.

CHAPITRE XII.

Un bon système électoral n'est pas en France un moyen de conservation pour les monarchies constitutionnelles.

Le principal danger qui menace les monarchies constitutionnelles prend sa source dans la prépondérance du pouvoir démocratique de la chambre des députés. Si cette chambre demeurait constamment favorable aux prérogatives de la couronne, il semble que le monarque aurait un puissant moyen de paralyser les principes de dissolution et d'anarchie que renferme la constitution de l'état. Appuyé sur les pairs et les députés du royaume, ne pourrait-il pas tenir la tête haute devant ses ennemis, et dissiper facilement leurs complots? N'est-ce pas un constant accord entre la couronne et les deux chambres, qui, depuis un siècle et demi, maintient la constitution et la paix en Angleterre? et quand on veut remonter à la source de cette union salutaire, ne la trouve-t-on pas dans la nature d'un système électoral tellement combiné, que la seconde chambre est toujours composée d'élémens aristocratiques? Pourquoi donc serait-il impos-

12.

sible de resserrer à jamais, en France, par un système électoral fortement monarchique, les liens qui doivent unir le roi et les deux chambres ?

Je ferai d'abord observer : 1.º qu'un siècle et demi d'existence n'est pas une longue durée pour un gouvernement, puisque sa constitution doit être assez forte pour procurer, pendant des siècles, la paix et le bonheur de la nation...... 2.º que, selon toute apparence, l'Angleterre ne dépassera pas beaucoup ce terme avant de subir d'effroyables malheurs par les excès du pouvoir démocratique...... 3.º que, pour les diverses raisons développées dans le Chapitre III de cet Ouvrage, il nous est impossible d'établir, en France, un système électoral semblable à celui qui a sauvé les rois d'Angleterre des dangers de la démocratie.

Laissons donc l'Angleterre de côté : n'ayant pas et ne pouvant avoir ses institutions, nous ne posséderons jamais qu'une mauvaise copie de son gouvernement; et, s'il nous est permis de citer quelquefois son exemple, c'est seulement quand il s'agit de signaler les vices des monarchies constitutionnelles.

Une loi sur les élections ne garantirait une longue durée à notre monarchie selon la charte, que par la réunion de ces deux caractères : premièrement, il faudrait qu'elle fût combinée de telle sorte, qu'elle amenât constamment, pendant des siècles, dans le sein de la chambre des hommes dévoués au maintien des prérogatives de la couronne ; car s'il arrivait une seule fois dans cent ans que la chambre des députés devînt démocratique, ou présentât seulement une majorité décidée à soutenir le pouvoir populaire aux dépens de la royauté, par des lois et une administration fortement empreintes de démocratie, dès-lors le trône, successivement affaibli par des réformes dangereuses, chancellerait sur sa base, et le tonnerre de la guerre civile, grondant avec une horrible menace sur la tête de la nation, annoncerait la ruine prochaine de l'ordre social. Secondement, il faudrait encore que cette loi électorale, capable de produire de longues générations de députés royalistes, pût subsister durant des siècles ; car si sa durée n'est que passagère, la monarchie constitutionnelle ne trouve plus en elle un principe de vie. Or il serait très-difficile, en France, de faire une loi sur les élections capable de produire constamment une majorité royaliste dans la chambre des députés ; et si la couronne obtenait un système électoral de cette nature par le concours des deux chambres, ce système, sujet aux perpétuels changemens que la législation éprouve sous le régime des chartes, n'aurait qu'une existence éphémère.

D'abord, pour donner à la loi électorale l'admirable vertu de produire une majorité constamment royaliste dans la chambre des députés, il serait nécessaire que le droit d'élire ses membres fût restreint à des classes de citoyens assez éclairés pour n'être pas la dupe des intrigues libérales.

En effet, si les électeurs sont des paysans, des artisans, des hommes sans instruction, qu'il soit facile de rendre hostiles à la couronne, en égarant leur opinion politique par les séductions de la presse, dès-lors une députation dangereuse pour la monarchie sortira bientôt des colléges électoraux. On sait avec quelle infatigable activité les factieux travaillent l'opinion publique ; on sait avec quelle habileté ces hommes de malheur manient les armes du sophisme, de la calomnie, du sarcasme, de la sanglante ironie, pour enlever la confiance aux gens du roi et de son gouvernement. C'est leur métier de séduire la multitude ; et ils sont munis de tous les instrumens nécessaires pour l'exercer avec succès. Ils possèdent une profonde connaissance des divers mobiles qui remuent les masses ; ils ont des talens et une longue pratique de la guerre qui se fait avec la plume et l'intrigue, et, au moment des élections, les bruits les plus absurdes trouvent créance auprès des électeurs ignorans (1).

---

(1) En 1830, à Bourges, au moment des élections, on inspirait aux électeurs des campagnes de l'aversion pour les can

Mais il ne suffit pas que les électeurs soient, par leurs lumières, à l'abri de la séduction que des discussions sophistiques ou des nouvelles absurdes propagent ; ils doivent encore être attachés au trône par les liens les plus forts, c'est-à-dire par des préjugés de naissance, des principes et des sentimens de royalisme, héréditaires dans la classe dont ils font partie, et surtout par un intérêt personnel de la plus haute importance : car, sans ces puissans motifs de défendre constamment les prérogatives de la royauté contre les attaques du libéralisme, ils se laisseraient entraîner par le torrent de l'opinion, lorsqu'elle deviendrait dangereuse pour la monarchie.

Or quelles sont les classes de citoyens où vous trouverez réunies ces deux conditions essentielles ? La noblesse et le clergé seraient sans doute celles qui, sous ce double rapport, présenteraient le plus de garanties à la couronne ; mais oserez-vous leur donner, par une loi, la prépondérance dans les élections ? Un pareil système heurterait violemment l'orgueil national, et, dès que le projet qui tendrait à l'établir serait

---

didats royalistes, en leur disant gravement que s'ils triomphaient, les nobles, devenus les maîtres, feraient couper les cornes de leurs bœufs. Plusieurs de ces bonnes gens le crurent, et, pour épargner ce déshonneur à leurs bêtes à cornes, votèrent pour les candidats libéraux.

soumis à la discussion des chambres, une indignation presque générale éclaterait en reproches et en
plaintes amères ; on accuserait le gouvernement
de méditer la ruine de la charte ; le cri : Point
de priviléges , retentirait avec force d'un bout
du royaume à l'autre, et le déchaînement contre
l'impopularité d'un projet de cette nature deviendrait tellement formidable , que, selon toute
apparence, la proposition du gouvernement es-
suyerait un refus de la part des chambres ; elles
n'oseraient revêtir de leur consentement une législation que l'opinion publique marquerait dès
son origine d'un sceau de réprobation ; et la conviction que sa durée est impossible , serait encore pour les pairs et les députés un nouveau
motif de rejeter le projet apporté par les ministres.

Par des motifs semblables , les chambres re-
pousseraient un système électoral dans lequel les
fonctionnaires publics obtiendraient une prépondérance décisive dans le choix des députés. Ce
système présenterait à la nation un caractère
plus odieux encore que le premier ; il ferait dépendre le sort des élections de la volonté d'hommes placés sous la main des ministres , et la
chambre représenterait le ministère, au lieu de
représenter la France. Un tel projet de loi paraîtrait monstrueux ; il n'y aurait parmi les
pairs et les députés qu'une seule voix pour le
flétrir avec autant de mépris que d'indignation ,

et l'on ne peut pas même supposer qu'un ministère serait assez imprévoyant pour le proposer à
leur discussion.

Aurez-vous recours aux riches propriétaires ?
à ceux, par exemple, qui paient mille francs de
contributions ? Dans cette classe il existe sans
doute beaucoup d'hommes éclairés, au sein des
villes ; mais dans les campagnes la plupart
n'ont aucune instruction, et si le *Constitutionnel* ou tout autre journal de cette couleur
y jouit de la vogue, c'est dans cette feuille qu'ils
apprendront l'histoire et la politique ; c'est là
qu'ils recueilleront les connaissances positives
d'après lesquelles ils formeront leur jugement
sur le degré de confiance qu'ils doivent au gouvernement : croit-on que des lumières puisées à
cette source auraient la vertu de diriger les élections dans un sens très-monarchique ?

Cette classe de riches propriétaires est-elle
d'ailleurs attachée au trône par des liens assez
forts, pour envoyer constamment à la chambre
des députés une majorité royaliste ? Sans doute
ils ont plus à perdre que les petits propriétaires,
au grand pillage de la société, par une révolution ; et, sous ce rapport, leurs intérêts bien en-
tendus devraient les incliner au choix d'hommes
dévoués à la couronne ; mais d'autres intérêts se
trouvent en opposition avec ceux de la tranquillité publique. Les acquéreurs de biens nationaux et les autres hommes de la révolution

haïssent la légitimité, comme leurs victimes haïssent l'usurpation. D'autres éprouvent de l'aversion pour toute espèce de royauté légitime ou
illégitime; et dans la classe des banquiers, des
négocians, des avocats, des avoués, des notaires,
des hommes de lettres et des médecins, combien
ne peut-on pas compter de riches propriétaires,
jaloux de la noblesse, défians envers le prince, qui
redoutent comme un terrible fléau les envahissemens du pouvoir monarchique, et, sous l'impression de cette crainte, votent pour les candidats libéraux? Les préjugés de naissance et de
rang, les espérances et les craintes de l'ambition
les déterminent à se prononcer pour l'extension du
pouvoir populaire aux dépens des prérogatives de
la royauté, et, dans les colléges électoraux, ils
donnent leurs voix aux candidats qui partagent
leurs principes et leurs sentimens politiques.

Ces députés libéraux ne seront pas tous ennemis déclarés du trône, méditant et voulant sa
ruine ; la plupart même désireront le maintien
de l'ordre existant, par la peur de tomber, avec
leur fortune, sous la main de turbulens régéné-
rateurs : mais pour défendre l'égalité et la liberté
politique contre les envahissemens de la couronne et de la noblesse, ils solliciteront des mesures démocratiques, qui tendront à l'affaiblissement des prérogatives royales. Sous le ministère
Martignac, la majorité de la chambre ne voulait
pas la destruction du trône, et cependant elle

rendit si démocratique, par ses amendemens, le projet de loi sur l'organisation départementale et communale, que le gouvernement se vit forcé de le retirer; sous le ministère Polignac, la majorité de la même chambre fit éclater, sans le vouloir, la révolution de juillet, par une imprudente et opiniâtre opposition : enfin, les pairs d'Angleterre qui ont constamment voté pour le bill de réforme, ne sont pas des conspirateurs qui soupirent après le renversement de la monarchie, et cependant ils ont placé dans ses fondemens la mine qui bientôt la brisera en mille éclats : les radicaux y mettront le feu, et les pairs tomberont en poussière avec la monarchie.

Ces exemples suffisent, ce me semble, pour prouver que des hommes vivement intéressés à la conservation du trône, mais dominés par des préjugés de naissance, par une forte jalousie contre la noblesse, et par des intérêts d'ambition, peuvent envoyer à la chambre des députés une majorité libérale.

Or cette majorité dangereuse obtient des concessions favorables à la démocratie, et, dans des momens d'effervescence, elle se met en état de guerre ouverte avec le monarque, quand il veut la contenir par un ministère royaliste : guerre terrible dans ses résultats, puisqu'elle peut se terminer et se terminera le plus souvent ou par la destruction du pouvoir populaire, ou par celle du pouvoir monarchique. Dans ces deux cas la charte périt, et la monarchie constitutionnelle croule avec fracas.

Nous ne croyons donc pas qu'en restreignant aux riches propriétaires, sans distinction de naissance et de rang, le droit d'élire les députés, le système électoral soit assez fortement constitué pour amener constamment, durant des siècles, une majorité royaliste au sein de la chambre des députés ; et, d'un autre côté, sous le régime d'une charte, il existe en France une telle jalousie contre les classes supérieures, une telle haine des priviléges contraires à l'égalité politique, qu'il paraît très-difficile, pour ne pas dire impossible, de donner à la noblesse et au clergé, dans les colléges électoraux, une si grande prépondérance que le choix des députés dépende de leurs votes. Si cette prépondérance est faible, sa vertu sera nulle ; si elle est forte, les riches propriétaires appartenant à la classe roturière s'en alarmeront, s'en indigneront, et passeront presque tous sous la bannière des candidats libéraux. Voilà ce qui nous porte à croire qu'une bonne loi électorale est presque impossible ; car, pour qu'elle soit réellement bonne, il ne faut pas qu'elle humilie ni heurte la masse de la nation par l'établissement de classes privilégiées ; et sans classes privilégiées, le gouvernement se trouve dans l'impossibilité de construire un système qui mette la couronne en sûreté contre les excès d'une chambre favorable à l'extension désordonnée du pouvoir populaire.

Enfin, je suppose que, dans la nécessité d'opter entre deux maux, le ministère se décide pour le moindre; je suppose qu'il présente aux chambres et fasse adopter par elles un système électoral dans lequel des classes de citoyens, attachés au trône par les liens les plus forts, décideraient constamment du choix des députés : croit-on que ce système sera durable? croit-on que la nouvelle loi recevra ce sceau de perpétuité qui doit caractériser toute bonne législation? Certes, la monarchie constitutionnelle n'y trouvera point une digue aux excès du pouvoir démocratique, si elle est promptement rapportée : or nous croyons pouvoir assurer que son existence ne sera qu'éphémère.

En effet, on ne cesserait de déclamer avec force contre tout ce qu'elle renfermerait de dispositions impopulaires. Le nombre des électeurs est trop peu nombreux, dirait-on, pour que les députés nommés par eux puissent être réputés représentans de la nation. Ils ne sont point ses mandataires, mais ceux des citoyens exclusivement admis dans les colléges : ce n'est donc point la nation qui vote le budget, mais quelques hommes privilégiés, despotiquement établis arbitres de sa fortune et de son sort; et il est manifeste que cette loi, diamétralement contraire

à l'esprit et à la nature du gouvernement représentatif, n'a été mise au jour que dans l'intérêt
du despotisme , et non dans l'intérêt de la
France. Pour étendre outre mesure les prérogatives de la couronne , on renie la constitution
de l'état.

Ces argumens et bien d'autres encore seraient reproduits, sous mille formes diverses, dans les journaux et les écrits du moment. La foule immense des
mécontens ne cesserait de vociférer contre la loi
monarchique des élections ; insensiblement il se
formerait, pour la détruire , une opinion formidable. Or, sous toute espèce de gouvernement,
cette opinion exerce la plus grande influence sur
les résolutions des chefs de l'état. Pascal l'appelle
la reine du monde ; elle est surtout la reine des
monarchies constitutionnelles : il y a trop de
péril à la braver long-temps, pour que le roi et
ses ministres n'en écoutent pas la voix menaçante. Dans un pays où l'on ne parle que de
liberté , que de représentation nationale, que de
responsabilité ministérielle , on ne lutterait pas
impunément contre elle ; et c'est parce que son
empire est grand et son caractère mobile , que
nous avons vu la loi des élections faite et défaite
si souvent, changée et modifiée , tantôt dans un
sens monarchique et tantôt dans un sens démocratique.

Ainsi , faites tant que vous voudrez une loi
électorale fortement monarchique , elle durera

tout au plus quelques années : viendra bientôt le temps où les ministres étourdis, effrayés par les clameurs qui s'élèveront contre elle, porteront aux chambres un projet rédigé dans un esprit différent. Pour calmer les têtes ardentes, pour diminuer la haine des factieux, on fera cette concession au parti libéral ; on la fera d'autant plus volontiers qu'il se trouvera, même dans les rangs des royalistes dévoués, des écrivains plus imprudens que sages, qui croiront servir la couronne en sollicitant un droit d'élection fixé sur une base plus large. Ils se pareront d'un beau zèle pour la constitution, afin qu'on ne leur adresse pas le reproche d'en vouloir la destruction par la perpétuité d'un système contraire à ses maximes fondamentales. Ainsi sera renversée l'importante loi qui devait prémunir la couronne contre les entreprises du pouvoir populaire ; ainsi s'éteindra dans peu d'années le principe de vie par lequel on prétendait paralyser les principes de mort qui minent les monarchies constitutionnelles.

Deux choses nous paraissent donc prouvées dans ce chapitre, savoir : 1.° qu'il est très-difficile de faire un bon système électoral ; 2.° que si ce système est mis en vigueur, sa durée ne sera qu'éphémère.

Pour bien sentir la vérité de nos observations sur cet objet important, on ne doit pas perdre de vue que, sous un gouvernement représentatif,

les passions humaines sont dans une continuelle
fermentation ; que rien n'est fixe ni dans l'esprit
de la nation, ni dans les lois, ni dans la tête de
ceux qui gouvernent : tout y est mobile comme
les eaux de la mer ; la société, c'est le cap des
tempêtes. Triste destinée ! à force d'être battu
par les flots et jeté par les vents dans des régions
nouvelles et inconnues, le vaisseau de l'état ne
peut manquer de périr. Au milieu de tant de
dangers et de tumulte, le pilote lui-même perd
le flegme nécessaire pour le sauver du naufrage.
Il ne faut qu'une imprudente manœuvre pour
tout anéantir ; et si elle est commandée, exécu-
tée, le vaisseau échoue sur le banc de sable, il
se brise contre le rocher, et, dans un instant,
l'équipage épouvanté tombe avec lui jusqu'au
fond des abîmes.

CHAPITRE XIII.

Les monarchies absolues, mais tempérées, sont plus solidement constituees que les monarchies constitutionnelles.

Avant d'entamer cette importante discussion , nous devons exhorter nos lecteurs à ne pas oublier la véritable notion de la monarchie abso- lue, que nous allons comparer avec la monarchie constitutionnelle. Il ne s'agit pas de ces états despotiques de l'Orient , où la volonté du sou- verain est tellement la loi suprême , dans tout ce qui n'est point contraire au Coran , qu'elle dis- pose à son gré , sans forme de procès, de la vie des plus hauts personnages de l'empire , et qu'aucun corps ni aucun individu ne jouit de la faculté légale de modérer, par des remontrances respectueuses , l'exercice de son pouvoir sans bornes : nous ne prétendons pas devenir l'apolo- giste du gouvernement du Grand Turc. Chez des peuples ignorans et barbares , ces gouvernemens despotiques peuvent durer long-temps ; dans notre Europe éclairée et civilisée , ils n'auraient qu'une existence passagère.

Les monarchies absolues , dont nous examinerons la constitution et rappellerons les avantages, sont des états où la puissance du monarque, absolue en ce sens qu'elle comprend les trois pouvoirs, législatif, exécutif et judiciaire, qui constituent la souveraineté, est néanmoins tempérée dans son exercice, soit par des maximes généralement reçues, par exemple, que *le roi doit gouverner selon les lois;* soit par les priviléges de la noblesse, du clergé, des provinces, des communes, des corporations; soit par le droit de remontrance, appartenant au corps chargé de l'enregistrement des édits, etc. Avant la révolution de 89, toutes ces choses existaient dans notre ancienne monarchie; elles y formaient un contre-poids au pouvoir royal, suffisant pour le contenir dans les bornes de la modération et de la justice; et s'il existe des monarques d'un caractère tyrannique, qui franchissent toutes ces barrières, ils apparaissent rarement dans l'histoire d'une nation. Armés de la force militaire, ils ne respecteraient pas davantage celles d'une monarchie constitutionnelle; nous verrons même, dans le chapitre suivant, que les libertés publiques y trouvent moins de garanties que dans les monarchies absolues dont nous parlons.

Lorsque, dans le cours de la discussion, nous comparerons la monarchie absolue avec la monarchie constitutionnelle, il s'agira donc uniquement de celle où le pouvoir du prince est tempéré, dans son exercice, par le contre-poids

que nous avons indiqué. Maintenant que l'état de
la question est clairement défini, prouvons la
thèse énoncée dans le texte de ce chapitre.

Les monarchies absolues sont plus solidement
constituées que les monarchies constitutionnelles:
premièrement, parce que la royauté y est beaucoup plus puissante ; secondement, parce qu'elles
ont un appui plus ferme dans les institutions sociales ; troisièmement, parce que les causes de
dissolution et d'anarchie qui minent les monarchies constitutionnelles, ou n'existent pas dans
leur sein, ou n'y exercent qu'une action plus
faible, et par conséquent moins dangereuse.

La royauté y est plus puissante. Tous les pouvoirs de la souveraineté se trouvent concentrés
dans la seule personne du prince ; elle n'a point à
soutenir une lutte éternelle contre la fougue de
cette démocratie redoutable qui, tenant ses assises
dans une chambre des députés, y contrôle les
actes des ministres, leur intime ses ordres, les
renverse à son gré, juge, condamne et dépose le
monarque lui-même. Le pouvoir souverain est
un, au lieu d'être divisé en plusieurs, dont les
volontés sont contradictoires : or la force réside
dans l'unité. Quel ensemble admirable se manifeste dans la marche du gouvernement, lorsqu'une
seule tête fait à l'instant mouvoir tous les ressorts
de l'état, dispose, sans entrave, de tous les moyens
d'action qu'il renferme, et n'est contenue dans
les bornes de la raison et du devoir que par des

13.

lois et des institutions qui fortifient le trône au lieu de le miner. Il est évident qu'une monarchie constituée de la sorte a beaucoup plus de vie qu'une monarchie constitutionnelle, où les trois pouvoirs, monarchique, aristocratique et démocratique, s'observent avec défiance, comme des généraux ennemis, se froissent et se heurtent avec violence, comme deux armées sur un champ de bataille, jusqu'à ce que le plus fort, écrasant le plus faible, se couvre de ses dépouilles, et, seul debout sur les ruines du gouvernement, élève un nouvel édifice social (1).

---

(1) « Il y a une si grande liaison entre toutes les parties de la
« souveraineté, dit Pufendorf, qu'aucune ne saurait être séparée
« des autres sans qu'il résulte de là un corps d'état irrégulier, dans
« lequel l'union des membres n'est formée que par une conven
« tion dont l'effet est peu assuré. Supposons, par exemple, que
« l'un ait originairement et indépendamment le pouvoir *législatif*,
« pendant que l'autre a sur le même pied le pouvoir *coactif*·
« en ce cas-là, il faut nécessairement ou que le premier pouvoir
« soit inutile et sans efficace, ou que l'autre ne soit que le
« ministre de celui-ci. En effet, à quoi sert-il d'établir des lois
« que l'on ne saurait faire exécuter? et n'est-ce pas être simple
« exécuteur, que d'avoir en main des forces dont on ne peut
« faire usage qu'autant qu'un autre le veut? Que si l'on donne
« à celui qui a le pouvoir coactif le droit de connaître et de
« juger de la manière dont il doit employer ses forces, dès-lors
« le pouvoir législatif de l'autre s'évanouit. Il faut donc néces
« sairement que ces deux pouvoirs dépendent d'une seule et
« même volonté. On ne saurait non plus en séparer *le pouvoir*
« *de faire la paix et la guerre,* ni celui d'établir des impôts :

La royauté est encore plus puissante, parce
que le prince distribue à son gré les emplois, les
titres, les honneurs, selon le mérite et les services. Or *un roi qui donne tout, peut tout*, disait
Henri IV ; et en effet un roi qui donne tout, peut
facilement, par une sage distribution des grâces,
s'entourer d'une garde fidèle et dévouée : il dépend
de lui de ne confier le pouvoir et les forces du
royaume qu'à ses amis éprouvés ; il ne récompense que les actions utiles à la couronne et à

« car en vertu de quoi contraindrait-on les citoyens à prendre
« les armes pour la défense de l'état, ou à contribuer du leur
« pour fournir aux dépenses nécessaires et en temps de paix
« et en temps de guerre, si l'on ne pouvait légitimement punir
« ceux qui refusent les secours et les subsides qu'on exige
« d'eux ? Il serait aussi absurde de donner le pouvoir *de faire*
« *des traités et des alliances*, qui regardent la paix ou la
« guerre, à un autre qu'à celui qui a la direction des affaires
« de la paix et de la guerre ; car, en ce cas-là, ou le pre-
« mier ne sera qu'un simple ministre de l'autre, ou celui-ci
« dépendra de la volonté du premier, dans l'usage des moyens
« nécessaires pour faire valoir ses droits. De plus, comme
« quand on charge quelqu'un de la conduite d'une affaire,
« sans l'autoriser en même temps à prendre toutes les mesures
« qu'il jugera nécessaires, et à disposer des personnes sans la
« service desquelles il ne saurait rien exécuter, ou à leur
« faire rendre compte de leur administration, on le met par-
« là véritablement au même rang que ceux-ci, il s'ensuit
« que le pouvoir d'établir des magistrats subalternes est in-
« séparable des autres parties de la souveraineté. » (L. VII,
c. 4, § 11)

l'état ; il ne livre à l'oubli que les incorrigibles, les négligens , les hommes inaccessibles à la reconnaissance pour les bienfaits reçus : et alors les notions du bien et du mal ne sont point confondues dans l'esprit du peuple , par une distribution immorale des grâces aux fidèles et aux traîtres, aux amis et aux ennemis de la patrie ; et ceux qui courent la carrière des armes et des emplois civils , cherchent la fortune dans l'accomplissement de leurs devoirs , au lieu de la poursuivre par les intrigues d'une opposition permanente aux ministres du prince. Dans un pareil ordre de choses, la royauté est puissante, non-seulement par l'étendue de ses prérogatives, mais encore par le respect et le dévouement qu'elle inspire.

Mais si un roi qui donne tout peut tout, un roi qui ne donne rien ne peut rien ; et s'il donne peu , il a peu de pouvoir ; et si les ministres donnent tout alternativement à ses amis et à ses ennemis , il est avili et ne peut rien : or , tels sont les rois constitutionnels. Ils se trouvent placés dans la triste nécessité d'abandonner à leurs ministres la distribution des grâces qui découlent du trône , afin qu'ils puissent triompher dans les colléges électoraux , et conquérir la majorité dans les chambres ; et comme des ministres de toutes les nuances d'opinion politique se succèdent rapidement , il vient un temps où le prince voit

sacrifier ses plus fidèles et ses plus dévoués serviteurs (1).

Que l'on juge d'après cela de la distance énorme
qui sépare la royauté absolue de la royauté constitutionnelle ; autant l'une est forte, autant l'autre
est faible ; autant la première est respectée, autant
l'autre est avilie. Autant la royauté absolue accroît
le nombre de ses serviteurs dévoués, autant la
royauté constitutionnelle s'aliène ses amis, s'entoure de ses ennemis, et crée des hommes indif-
férens à son salut ou à sa perte.

Enfin la royauté est plus puissante, parce qu'il
dépend d'elle de conserver dans ses conseils les
hommes de génie, les ministres habiles qu'elle
honore de sa confiance. Sous le régime d'une
charte, un Lhopital, un Sully, un Richelieu, un
Colbert, un Fleury, n'y auraient siégé qu'en
passant ; après quelques années de crédit, ils
seraient tombés comme les ministres les plus
médiocres, victimes des partis qui gouvernent
successivement l'état sous le nom du roi.

---

(1) *Eh bien ! mon ami, ils t'ont destitué*, disait Louis XVIII
à un préfet qui se croyait assez fort de la faveur du roi pour
obtenir la révocation de l'ordonnance qui le privait de son
emploi, ou du moins pour arriver à une autre préfecture ; et
comme l'administrateur disgracié fit observer au prince qu'il
pouvait lui rendre justice : *Hélas ! je ne peux rien pour
toi*, répondit-il, *les ministres sont les maîtres*. Une royauté
de cette nature fait pitié.

Or , avec cette puissance dont nous venons de rappeler l'étendue , il est facile au prince de maintenir la paix au-dedans du royaume; et il a plus de moyens encore de la conserver au-dehors, et de soutenir la dignité de sa couronne, que sous le régime d'une charte.

Une grande monarchie constitutionnelle (et ceci est surtout vrai de la France , dont la langue est européenne, et l'influence sur les autres peuples , immense) une grande monarchie constitutionnelle située sur le continent, est un volcan terrible qui menace les habitations voisines des laves brûlantes que vomit sans interruption son cratère enflammé. L'esprit de démocratie qui fermente dans son sein , se propage au-delà des frontières , et va porter le trouble dans les royaumes étrangers. Elle inspire l'alarme et la défiance. Dans les journaux et à la tribune de la chambre des députés , on insulte sans pudeur les princes et leurs gouvernemens ; c'est une cause de vifs mécontentemens et de haines nationales. Les secrets mêmes de l'état y sont imprudemment révélés , et cependant le secret est l'âme des grandes entreprises. Le gouvernement se trouve donc entravé dans sa marche au-dehors comme au-dedans. Les rois ambitieux attendent avec impatience le moment de sa chute , pour se jeter sur ses débris ; et les rois pacifiques ont peu de confiance dans ses traités et ses alliances, parce qu'il n'y a pas plus de fixité dans sa politique

variable comme ses ministres, que de stabilité
dans ses fondemens. Il n'en est pas ainsi des
monarchies absolues; où tout est plus solide dans
les institutions, plus sage dans la conduite, plus
secret dans les conseils, plus fixe dans les maximes
et les règles de la politique.

Secondement, les monarchies absolues sont
plus solidement constituées que les monarchies
constitutionnelles, parce qu'elles trouvent un
appui plus ferme dans les institutions du royaume.

Parmi ces institutions, la noblesse tient le
premier rang. « Elle entre, en quelque façon, dit
« Montesquieu, dans l'essence de la monarchie,
« dont la maxime fondamentale est : *Point de mo-*
« *narque, point de noblesse ; point de noblesse,*
« *point de monarque* (1). » La noblesse des familles prend sa source dans les services rendus à
la couronne et à l'état. Le prince récompense le
dévouement de ses sujets en leur accordant des
titres et des priviléges héréditaires ; et certes,
rien n'est plus moral, plus juste, plus nécessaire,
que la distribution de telles récompenses. L'ingratitude des gouvernemens est une source de
malheurs pour la société : qui ne sait pas ré-
compenser, ne sait pas gouverner. Aussi, jusques
dans les républiques démocratiques, existe-t-il

---

(1) Esprit des Lois, l. II, c. 4.

des familles spécialement honorées et jouissant d'une faveur réelle, dans la distribution des emplois. C'est une noblesse non titrée, mais dans le fond une véritable noblesse, puisque c'est une classe de citoyens entourés d'une grande considération et qui s'élèvent plus facilement aux charges publiques.

Dans une monarchie, la royauté est le pivot qui soutient l'état : or l'état est sujet, ainsi que le corps humain, à des maladies violentes, à des crises de tempérament qui le fortifient ou le tuent. Dans ces momens de péril, la monarchie chancelle, et aussitôt les ambitieux et les mécontens se rassemblent pour s'emparer du pouvoir et l'exploiter à leur profit; alors la personne du prince et sa couronne sont menacées, et l'état périclite avec lui. S'il existe une classe d'hommes, nombreuse, riche, puissante, dévouée de cœur et par intérêt à la conservation du trône, aussitôt des milliers de chevaliers fidèles accourent pour le défendre, soit contre les entreprises du dedans, soit contre les agressions du dehors. Mais si cette classe d'hommes n'existait pas, le monarque manquerait souvent d'un appui nécessaire, et l'état tomberait avec lui dans l'anarchie.

L'illustration de la noblesse se rattache à celle de la dynastie régnante; son crédit, ses priviléges, sa puissance dépendent de l'existence de la monarchie. Un sentiment d'honneur et d'attachement au prince est héréditaire dans les familles nobles ; il coule, pour ainsi dire, et il est transmis avec le sang. A l'époque de ses cruels revers, Louis XIV ne doutait pas du dévouement de sa noblesse : il voulait, disait-il, s'ensevelir avec elle sous les débris de la monarchie ; et lorsqu'un siècle plus tard son magnifique trône s'écroula, la noblesse émigrée fit d'héroïques efforts pour le relever sur ses anciennes bases. Sous les règnes de Louis XVIII et de Charles X, cette classe, autrefois privilégiée, n'eut pas beaucoup à se louer du nouveau régime établi par la charte : beaucoup de jeunes gens, appartenant aux familles les plus distinguées, renoncèrent par dégoût à la carrière des armes ; et cependant, au milieu de nos dissensions politiques, la noblesse resta fidèle à la couronne. Plusieurs pairs et plusieurs députés oublièrent, il est vrai, quel sang coulait dans leurs veines. Rangés sous une bannière ennemie, ils manquèrent à leur vocation naturelle, les uns emportés par une ambition déçue, les autres séduits par de faux systèmes politiques, et d'autres égarés par des travers d'esprit aussi ridicules qu'incurables ; mais le grand nombre se souvint de ses devoirs et de ses traditions héréditaires. La noblesse des provinces surtout, plus éloignée que celle de la capitale du foyer des intrigues, ne cessa d'employer son influence morale et politique au triomphe de la royauté, dans les colléges électoraux ; et si, en 1830, elle n'accourut point sous le drapeau blanc, pour soutenir le trône chancelant de

Charles X, c'est qu'aucun appel ne fut fait à sa valeur; c'est que le gouvernement n'envoyant nulle part d'instructions ni aux généraux, ni aux préfets, parut mort, dès sa première défaite, sur le sol de Paris en révolte. Déjà cependant elle avait répandu son sang pour la défense du roi, dans les rangs de cette garde fidèle, où beaucoup de nobles commandaient; et cet exemple aurait eu de nombreux imitateurs, si, pour éviter une nouvelle effusion de sang, la royauté trompée n'eût pris le triste parti de se bannir elle-même de la terre de France,

Mais pour que la noblesse conserve long-temps l'esprit primitif de son institution, il faut qu'elle jouisse de certains priviléges qui la relèvent aux yeux de la multitude, et l'attachent fortement à la couronne par le lien de l'intérêt, comme par celui de l'honneur. Sans doute, s'il s'agissait de lui donner de la consistance et de la force, on ne penserait point à ressusciter en sa faveur les vieilleries du système féodal : la charrue du temps a passé sur cet ancien monde. On ne l'affranchirait pas non plus du paiement de l'impôt, afin qu'il pesât tout entier sur les classes inférieures. Mais il ne faudrait pas que ses priviléges fussent réduits à la seule faculté de conserver ses titres de ducs, de comtes et de barons, ses vieux parchemins couverts de poussière, et sa place dans l'histoire, qu'on ne peut lui ravir : car si, malgré les services rendus par elle au trône et à la patrie, vous la laissez confondue sans honneurs avec le peuple, elle n'aura bientôt plus que les sentimens de la multitude. L'ingratitude du gouvernement refroidira son zèle ; tout ce qu'il y a de grand et de chevaleresque dans son caractère s'effacera sous le poids de l'humiliation et de l'oubli ; et le trône et l'état se verront privés de de cette garde nombreuse, vaillante et dévouée, qui d oit veiller au maintien des institutions sociales, sur tous les points de la monarchie.

Il est donc indispensable que la noblesse reçoive tous les honneurs, toutes les distinctions compatibles avec les véritables intérêts de la nation ; il est nécessaire qu'elle soit privilégiée dans la distribution des titres, des décorations, des emplois civils et militaires. Alors, se trouvant partout honorée, partout mêlée au peuple, dans l'armée, dans les tribunaux, dans les administrations, elle veille en tous lieux au salut de la couronne ; elle répand, par sa grande influence, un esprit de force et de vie jusque dans les derniers hameaux de la monarchie ; et toujours on la trouvera prête à répandre, comme dans les anciens temps, jusqu'à la dernière goutte de son sang, pour la défense de la patrie, contre les ennemis du dedans et du dehors.

Cet ordre de choses n'empêche pas qu'un vrai mérite, quels que soient d'ailleurs la naissance et le rang, ne s'élève jusqu'aux premiers honneurs du royaume. Un plébéïen, comme un noble, pouvait, dans notre ancienne monarchie, devenir maréchal de France : il en avait le bâton dans sa giberne ; il ne s'agissait que de l'en faire sortir. Dans tous les régimens on voyait des officiers de fortune, qui devaient leur grade au tranchant de leur sabre. Des lettres de noblesse étaient accordées comme récompense aux hommes de la classe roturière. Et il serait à désirer que les familles honorables, parvenues à la possession de grandes richesses, fussent annoblies, afin que leur influence territoriale devînt toute monarchique.

Dans les monarchies absolues, rien ne s'oppose à l'existence d'une noblesse privilégiée et puissante : il est dans la nature du gouvernement qu'elle occupe un rang élevé. Le peuple sait qu'il est conforme à l'ordre établi que la chose soit ainsi. Il sait que le roi le veut, et qu'il assez fort pour conférer et conserver à la noblesse ses honneurs et ses priviléges ; et le gouvernement peut facilement imposer silence aux tribuns séditieux qui s'efforceraient de soulever la multitude contre elle. L'esprit de liberté et d'égalité qui tressaille d'indignation, qui frémit de jalousie à la vue des distinctions et des titres, est d'ailleurs réprimé par les institutions et les lois monarchiques, qui servent de bases au trône.

Mais dans les monarchies constitutionnelles, établies sur un sol ravagé par le funeste génie des révolutions populaires, une ambition désordonnée allume dans le cœur de la nation une violente jalousie contre les classes supérieures. On n'y parle que de libertés publiques, et surtout d'égalité politique ; et si la royauté prétendait conférer à la noblesse les distinctions et les priviléges nécessaires, pour lui donner une constitution forte et monarchique, des cris de sédition et de révolte partiraient du haut de toutes les tribunes de la presse libérale. Les cris : Point de priviléges ! égalité devant la loi ! récompense au seul vrai mérite ! éclateraient comme le tonnerre au sein de la tempête. Qu'on se rappelle ici le triste sort de ce projet de loi sur le droit d'aînesse, qui fut sagement adopté par la chambre des députés, et ridiculement rejeté par la chambre des pairs. Certes, il n'y avait pas lieu de pousser des hurlemens de fureur et de rage. Il ne s'agissait point de donner tout aux aînés, aux dépens des cadets ; on voulait seulement accorder quelques légers avantages aux premiers. C'était un pas fait dans la voie monarchique. Il fut considéré comme un acheminement vers une législation plus complète, dont le but devait être de relever la noblesse de son état d'impuissance, en conservant les grandes fortunes dans les familles. Et aussitôt toutes les trompettes du libéralisme sonnèrent ; aussitôt on tira le canon d'alarme, comme si l'ennemi avait planté sa tente aux portes de Paris. Des cris de guerre partirent de tous les points du camp retranché des libéraux ; et, lorsque, par l'inconcevable pusillanimité de la chambre des pairs, ils eurent remporté la victoire, des feux de joie signalèrent la défaite de la couronne et du ministère. Que pouvait faire le roi pour l'aristocratie, lorsque celle-ci, semblant redouter sa propre grandeur, repoussait les bienfaits de la royauté, pour acquérir une sotte popularité? Après cet acte impolitique inspiré par la peur, le plus mauvais de tous les conseillers, il fallait écrire sur le frontispice du palais du Luxembourg : *Condamnation de la noblesse à l'avilissement, par la chambre aristocratique du royaume ;* ou bien : *Suicide de la haute noblesse de France.*

Dans les monarchies absolues, non-seulement la noblesse, mais le clergé, prête au trône un ferme appui. Ses doctrines, son devoir, l'amour de la subordination et de l'ordre, se réunissent pour lui inspirer un esprit de dévouement à la dynastie régnante. Or combien n'a-t-il pas à sa disposition de moyens efficaces de faire passer ce sentiment de vie sociale dans le cœur du peuple! La nature de ses fonctions le met chaque jour en relations assidues avec les diverses classes de la monarchie. Le caractère de ministre de Dieu donne du poids à ses paroles, de la force à ses insinuations; et par ses connaissances et ses vertus, il ajoute encore à la considération dont l'entoure une sublime et sainte mission. Le prêtre est l'orateur du peuple, le consolateur de l'affligé, le père et l'ami du pauvre ; c'est par lui surtout que se répandent dans la société les bienfaits de l'instruction et de la charité.

Aussi, dans presque toutes les monarchies, on a senti l'importance de conférer au clergé des droits politiques. En France, avant la révolution de 89 , il formait un ordre, un corps dans l'état ; il jouissait d'une grande fortune territoriale ; et son intérêt temporel, comme ses devoirs de conscience, l'attachaient fortement à la dynastie régnante. L'histoire atteste les nombreux services qu'il a rendus à la monarchie, par les hommes d'état choisis dans ses rangs, par ses lumières, ses vertus, son dévouement à la couronne , son influence sur la civilisation ; et la haine que lui jurent, depuis près d'un siècle, les infatigables démolisseurs de l'ordre social, est une preuve incontestable qu'il communique aux états un esprit de conservation et de vie.

Quiconque a lu *l'Esprit des Lois* de Montesquieu, sait que cet écrivain célèbre avait peu d'inclination pour le clergé. Il affirme que le pouvoir dont il jouit est un mal ; et cependant cet aveu est sorti de sa plume : « Autant que le pouvoir du clergé, « dit-il , est dangereux dans une république (1) ,

____

(1) Dans les états républicains , le clergé montre autant d'attachement à la constitution du pays que les autres classes de

« autant il est convenable dans une monarchie,
« surtout dans celles qui vont au despotisme. Où
« en seraient l'Espagne et le Portugal, depuis la
« perte de leurs lois, sans ce pouvoir qui arrête
« seul la puissance arbitraire ? barrière toujours
« bonne lorsqu'il n'y en a pas d'autre ; car,
« comme le despotisme cause à la nature hu-
« maine des maux effroyables, le mal même qui
« le limite est un bien. »

Dans ce passage, teint des couleurs du philosophisme moderne, Montesquieu ne peut s'empêcher de faire l'aveu que le pouvoir du clergé
est *convenable* dans toutes les monarchies : il leur
prête donc un appui salutaire ; et lorsque ces
monarchies ont une tendance au despotisme, ce
même pouvoir devient une barrière qui en mo-
dère les excès dans l'intérêt du peuple. Je ne vois
point après cela comment il serait un mal sous
le rapport politique, puisqu'il est utile à la couronne pour la soutenir, et au peuple pour mettre
une digue aux abus de la souveraineté. Dans ce
qu'il dit de favorable au clergé, Montesquieu
suit l'entraînement de la vérité, et dans la partie
satirique il suit la voie des préjugés ou de la
passion.

---

la société, et son influence y est utile et même nécessaire,
sous le rapport politique ; il y prêche l'obéissance aux lois,
la soumission à l'autorité.

Dans les monarchies absolues, où l'on révère ce qui est antique et sacré, où, dans les temps ordinaires, la royauté contient sans peine les passions qui visent au désordre, il est facile de donner et de conserver au clergé une influence qui repose sur des droits politiques. Pour qu'elle soit créée et maintenue, la volonté du prince suffit : c'est le cas de dire : *Vouloir, c'est régner.*

Mais dans les monarchies constitutionnelles infectées, comme celle de France, d'un esprit d'irréligion et de révolte, on ne pourrait conférer au clergé des droits politiques, sans qu'à l'instant même le gouvernement essuyât le feu nourri de toutes les batteries du parti libéral. Certes, sous ce rapport, le clergé de France n'a point été gâté par les rois Louis XVIII et Charles X : un très-petit nombre d'évêques seulement siégèrent à la chambre des pairs ; et cependant que n'a pas fait la faction révolutionnaire pour anéantir l'influence monarchique exercée par le clergé sur le peuple ? Ne l'a-t-elle pas représenté, dans ses journaux et ses pamphlets, comme une caste vouée de cœur aux intérêts du despotisme, comme une classe ambitieuse qui, sous le manteau de la religion, cache un violent désir de gouverner les états en dirigeant les consciences ? Que de calomnies atroces n'a-t-elle pas inventées, pour persuader au peuple qu'il était le plus dangereux ennemi de l'ordre établi ! Avec quelle adresse et quelle persévérance opiniâtre les écri-

14.

vains séditieux ne firent-ils pas apparaître à ses yeux ces vains fantômes de jésuites, de congrégation, de parti prêtre, dont chaque jour ils entretenaient, avec un air de conviction, leurs trop crédules et trop imbéciles lecteurs ! Avec quel zèle apparent pour le maintien des bonnes mœurs, ils s'appesantissaient sur le récit d'un scandale arrivé dans le coin d'une province, imputant à quarante mille prêtres le crime d'un seul ; dénaturant la vérité par mille circonstances mensongères ; passant sous silence les vertus et les services des autres ; s'efforçant de faire croire à la multitude que le clergé n'était qu'un vil ramas d'intrigans, d'avares, de voluptueux ! et, si quelquefois ils citaient un trait de charité dans la vie d'un ministre de la Religion, c'était pour affecter insidieusement un esprit d'impartialité ; c'était pour donner à leurs calomnies de tous les jours les séduisantes couleurs de la vérité : ils louaient avec hypocrisie, afin de plonger plus avant leurs traits envenimés dans le sein de la victime. Ils réimprimaient par millions les chefs-d'œuvre impurs de l'impiété, de l'immoralité ; ils ne rêvaient que complots, crimes, injustices, bouleversement de l'ordre social ; et ils osaient se constituer apôtres zélés de la morale et de la vertu. Cependant, à force de suivre sans relâche cet odieux système de dénigrement, ils vinrent à bout d'annuler, dans un grand nombre de départemens, l'influence politique exercée par le clergé

dans l'intérêt de la couronne. A Paris surtout,
où l'on juge les hommes et la France d'après les
assertions des journaux, le peuple conçut une
haine sauvage contre les ecclésiastiques, et des
royalistes dévoués, qui siégeaient à la chambre
des pairs, qui jouissaient des faveurs de la cour,
se laissèrent tellement séduire par les déclamations des libéraux, qu'ils crurent à l'ambition et
à la puissance des jésuites, de la congrégation et
du parti prêtre. Les rédacteurs du *National* ne
leur avaient pas encore révélé naïvement que,
dans la guerre faite aux jésuites, il s'agissait du
renversement de la monarchie, et que, dans leur
pensée, le mot *jésuites* signifiait *légitimistes :*
c'était une comédie semblable à cette autre comédie de quinze ans, jouée par les libéraux,
quand ils professaient un dévouement sans bornes
à la charte ; scène immorale et ignoble, dont les
écrivains du *Globe* ont entretenu leurs lecteurs
depuis la révolution de juillet.

Or cette guerre à mort faite au clergé inti-
mida tellement les ministres du roi, que ceux-là
même qui sentaient la nécessité d'accroître son
influence politique, craignirent souvent de prendre
sa défense ; d'autres la redoutaient comme un
mal, où du moins voulaient paraître en avoir
peur.

Il est évident par tous ces faits, dont il serait
facile de grossir la liste, que, sous le régime d'une
charte et dans un pays comme la France, où

l'esprit antireligieux est encore plein de vie et de haine, il est évident que les ennemis du trône ont toutes les ressources qu'ils peuvent désirer, pour annuler l'influence monarchique du clergé.

Nous nous sommes étendus sur l'influence que la noblesse exerce avec le clergé pour le soutien de la monarchie, lorsqu'elle est absolue au lieu d'être constitutionnelle, parce que ces deux ordres en sont les principales colonnes : pour ne point fatiguer nos lecteurs par de trop longs développemens, nous ne jetterons qu'un coup d'œil rapide sur les autres institutions sociales. Dans les monarchies absolues, elles participent de la force et de la fixité du pouvoir royal : toutes les autorités sont plus respectées et plus redoutées des factieux, parce que les agens du prince jouissent d'une existence stable, au lieu d'être le jouet et la victime des partis qui divisent les monarchies constitutionnelles ; parce qu'il n'est point permis, comme sous le régime des chartes, de les livrer au ridicule et à la haine, sous prétexte de les éclairer et de les diriger. Non-seulement les magistrats et les administrateurs sont plus respectés et plus forts ; ils ont eux-mêmes plus de respect pour la majesté royale et plus de dévouement à son service : ils savent qu'elle est puissante, et libre dans la distribution des récompenses ; et les fonctionnaires amovibles ne craignent pas, en la servant avec zèle, de se voir brisés par une révolution ministérielle , par un changement subit dans la marche du gouvernement.

Quant à l'armée, elle ne s'occupe pas de politique ; elle ne délibère point, mais elle obéit ; et son esprit est d'autant plus monarchique , que les nobles suivent en plus grand nombre la carrière des armes , et y propagent les sentimens de dévouement à la dynastie régnante, qui sont héréditaires dans leurs familles. Ainsi toutes les colonnes de la monarchie absolue reposent sur des bases solides ; toutes les parties de l'édifice social se prêtent un mutuel appui : il y a de la force et de la durée dans ces monarchies , parce que le pouvoir suprême est un , et parce que tous les pouvoirs subalternes qui dérivent de lui concourent à le soutenir contre le choc des passions humaines.

Il nous reste à prouver que les monarchies absolues sont plus solidement constituées que les monarchies constitutionnelles , parce que les causes de dissolution et d'anarchie qui minent celles-ci, n'existent pas dans les premières , ou n'y exercent qu'une action plus faible, et par conséquent moins dangereuse.

Dans les monarchies absolues , il n'y a ni chambre des députés, ni tribunes aux harangues, ni pouvoir démocratique permanent, constitué par une charte, et en guerre perpétuelle avec la royauté. La résistance des parlemens et les états-généraux, où dominaient le clergé et la noblesse, puisqu'ils avaient deux voix, tandis que le tiers-état n'en avait qu'une, n'auraient point amené la révolution de 89, si l'esprit de la nation n'eût été perverti par les doctrines du philosophisme, également hostiles à la Religion et à la royauté : or ces pernicieuses théories étaient une cause de dissolution et d'anarchie, étrangère à la constitution du royaume.

La liberté de la presse, qui est une conséquence rigoureuse de l'esprit et de la nature du gouvernement représentatif, et qui le renverse par une force irrésistible de destruction, n'existe point dans les monarchies absolues, en vertu de leur constitution. Il est facile de faire placer sous yeux du monarque et de ses ministres des mémoires lumineux, qui leur révèlent les plaies secrètes de l'état, les abus de l'administration, les murmures et les plaintes du peuple. En France, les parlemens jouissaient du droit de remontrance, et n'enregistraient qu'après des lettres de jussion les édits qu'ils croyaient être opposés au bien de l'état et aux franchises des provinces; mais il serait contraire à l'esprit et à la nature du gouvernement que chaque citoyen pût s'arroger la faculté de censurer tout haut les actes des ministres et des autres agens du pouvoir royal. On y sent la nécessité de faire respecter l'autorité publique, et l'on ne veut pas que, sous prétexte de l'éclairer, chacun jouisse du privilége de l'avilir, d'animer la multitude à la ré-

volte par des écrits séditieux, de semer la jalousie et la haine parmi les diverses classes de la
société, d'enlever au prince le cœur de ses sujets
par de perfides calomnies, et d'introduire au
sein de la monarchie une fermentation dangereuse, qui se termine par des émeutes, des révolutions et tous les excès de la tyrannie populaire. La liberté de la presse y est donc pros-
crite comme une cause d'anarchie, comme un
mal intolérable dans tout état sagement gouverné.

Quant à cette liberté des cultes, proclamée
par la charte de 1814, qui n'est autre chose
qu'une indifférence systématique en matière de
religion, portée à un tel degré d'oubli de tout
principe, que le gouvernement jette indistinctement un vil salaire aux ministres des religions
les plus opposées, jamais elle n'exista dans le
royaume de France avant la révolution de 89;
elle est inconnue en Espagne, en Portugal et en
plusieurs autres états monarchiques, où la Religion catholique est la religion dominante.

L'ambition, qui fermente au sein des monarchies constitutionnelles avec tant de force et de
danger pour l'état, est une passion inhérente à
la nature humaine; et c'est elle qui le plus
souvent allume les divisions et les guerres dont
notre globe est le perpétuel théâtre. Mais sous
le régime d'une monarchie absolue, elle est plus

facilement réprimée que sous celui d'une charte. Les journaux n'en attisent pas sans cesse le feu par des insinuations à la révolte, par des espérances de changemens ministériels ou de révolutions dans l'état. La noblesse étant une classe privilégiée dans la distribution des honneurs et des emplois, il y a pour les classes inférieures moins de chances de fortune, moins d'exemples d'hommes, sortis de la poussière, qui, sans un vrai mérite, arrivent, par la ruse et l'intrigue, aux premières charges du royaume. Or il est manifeste qu'un tel ordre de choses met des bornes à l'ambition humaine : les avocats, les gens de lettres, les médecins, les banquiers, les négocians et la jeunesse du royaume ne sont plus aussi tourmentés par le désir de se placer fièrement aux rangs les plus élevés de l'ordre social ; la difficulté de vaincre les obstacles qui s'opposent à une ascension trop rapide, étouffe dans les cœurs cette ambition désordonnée ; à moins d'être nés violemment ambitieux, on reste content de sa position dans le monde ; et si l'on cherche la fortune, c'est le plus souvent par un travail assidu, par une sage conduite, et avec le paisible espoir d'y parvenir en montant d'un pas lent les divers degrés qui conduisent aux honneurs. Enfin, on n'aperçoit pas dans toutes les classes de la société ce mouvement désordonné d'ambition qui se communique à toutes les fa-

milles, même à celles des artisans et des cultivateurs, et qui peuple le royaume de mécontens
et d'intrigans, toujours prêts à la révolte.

Le principal théâtre de l'ambition dans les
monarchies absolues, c'est la cour. Là, surtout,
se remue l'esprit de jalousie et d'intrigues ; mais
la nation ne perd point son calme et sa soumission à l'autorité ; et les ambitieux de cour ca-
ressent le pouvoir, pour en obtenir des faveurs,
au lieu d'en méditer la ruine : d'ailleurs, comme
nous l'avons déjà fait remarquer, la force du
gouvernement est connue, et le désespoir de le
renverser éteint dans les cœurs les projets de
complots et de révolutions.

Ainsi, quoique l'ambition soit une plaie commune à tous les états, quoique de temps en
temps elle souffle le feu de la guerre civile
jusque dans les monarchies absolues les plus
solidement constituées, elle n'y fait point les
mêmes ravages que dans les monarchies constitutionnelles : les ambitieux y sont moins nombreux, moins violens, moins dangereux ; et la
passion qui les agite, loin de naître du sein
même des institutions, est fortement comprimée
par elles dans les classes inférieures (1).

---

(1) On ne doit pas juger de la situation habituelle des monarchies absolues par l'agitation qu'elles éprouvent dans le

Nous avons dit que les monarchies constitutionnelles ne pouvaient se maintenir que par un système de corruption, calculé dans la vue d'obtenir des députés et des lois selon l'esprit et les opinions du ministère ; et nous avons fait voir que, sous ce gouvernement corrupteur, la société n'est plus qu'un marché public où l'on achète, avec des places et de l'or, la conscience des propriétaires, des pères de familles, des gens de lettres, des journalistes, des députés et des pairs du royaume. Nous avons montré comment cet horrible trafic concourt à la ruine de l'état, en dégradant le caractère national, en remplaçant le sentiment du devoir et de l'honneur par la soif de l'argent et du pouvoir : or les institutions qui placent le gouvernement dans la triste nécessité de recourir à cet odieux moyen de succès, n'existent pas dans les monarchies absolues ; elles ne sont point minées dans leurs bases par ce principe de dissolution et d'anarchie : loin de là, le sentiment d'honneur, selon la remarque de Montesquieu, en est avec la force des lois le principal ressort (1). En effet, on y paie avec des

moment présent : cette agitation prend sa source dans les doctrines anarchiques de la philosophie moderne et dans l'esprit de révolte, dont les états constitutionnels sont le dangereux foyer pour les pays qui les avoisinent.

(1) (L. III, ch. 3). Il y a dans l'Esprit des Lois un mé-

titres et de la considération les services qu'on achète avec de l'argent dans les monarchies constitutionnelles ; et si ce sentiment généreux, affaibli par nos sanglantes révolutions, par le despotisme de l'empire et par nos absurdes institutions de récente mémoire, vit encore dans l'armée et dans le caractère français, c'est qu'il y avait jeté de profondes racines, sous le régime admirable de notre ancienne France.

Enfin on ne peut pas dire des monarchies absolues, comme des monarchies constitutionnelles, qu'elles portent dans leur sein un germe de mort prochaine, parce qu'elles puisent leur principe de vie dans les hommes, au lieu de le puiser dans les institutions ; car la principale force des états dont nous exposons les avantages,

---

lange bizarre de vérités et d'erreurs. Dans le passage que nous venons de citer, l'auteur affirme que *dans les monarchies bien réglées tout le monde sera à peu près bon citoyen, mais qu'on trouvera rarement quelqu'un qui soit homme de bien : car*, ajoute-t-il, *pour être homme de bien il faut avoir l'intention de l'être.* Il semble qu'un *bon citoyen*, qui ne peut être tel sans un amour sincère de la patrie, doit puiser dans ce sentiment des inclinations vertueuses qui le rendent homme de bien, et lui inspirent en effet l'intention de l'être ; et les lois, qui, selon le même écrivain, conjointement avec l'honneur, *conduisent au but du gouvernement*, aplanissent certainement les obstacles à la pratique des vertus d'un homme de bien, en mettant un frein salutaire aux passions : d'ailleurs, l'histoire *des monarchies bien réglées* dément cette assertion paradoxale.

consiste dans les institutions sur lesquelles ils reposent; nous l'avons démontré par des preuves évidentes dans le cours de ce chapitre, et nous allons nous convaincre que non-seulement ces états sont plus solidement constitués que les monarchies constitutionnelles, mais que le pays y est mieux administré, que les libertés publiques y sont plus respectées, les lettres et les sciences cultivées avec plus de succès, et les peuples plus heureux.

CHAPITRE XIV.

Le pays est mieux administré dans une monarchie absolue,
  mais tempérée, que dans une monarchie constitutionnelle.

Au premier abord on serait tenté de croire
que, sous le régime d'une charte, le pays doit être
mieux administré que dans une monarchie absolue. La liberté de censurer par la voie de la
presse les fonctionnaires publics, les rend plus
justes, plus laborieux, plus actifs ; ils savent que
s'ils osaient user, pour opprimer les citoyens, du
pouvoir qui leur est confié, leurs injustices seraient promptement dénoncées au tribunal de
l'opinion par la voie des journaux, et à la chambre des députés par celle des pétitions. Ils savent
encore que, si par défaut de zèle pour le bien du
pays, ils remplissaient avec négligence les devoirs d'un administrateur, les plaintes de leurs
subalternes les accuseraient avec d'autant plus
d'éclat qu'ils occupent un poste plus élevé dans
l'ordre social ; et au moment de la nomination
des députés, n'exerçant qu'une faible influence
sur les votes des électeurs, ils perdraient sans

retour la confiance du gouvernement; car, sous le régime d'une charte, ce défaut d'influence est, aux yeux des ministres, un crime capital. La vive crainte, soit de ternir leur réputation, soit d'être privé de leurs emplois, est donc pour les fonctionnaires publics un frein puissant qui les retient dans les bornes de l'équité, et un vigilant aiguillon qui les presse de s'acquitter de leurs obligations avec une constante exactitude.

Mais à côté de cet avantage important, se trouve un inconvénient très-grave : si la censure exercée sur la conduite des administrateurs n'était que sévère, l'ordre social en recueillerait d'utiles résultats : or, sous le régime des chartes, elle est toujours passionnée et injuste. On blâme tout sans ménagement et sans réserve, le bien comme le mal, les résolutions salutaires comme les mesures désastreuses. La haine aveugle des partis ne respecte ni la vérité, ni la justice, ni le vrai mérite; la calomnie n'est point épargnée à l'administrateur le plus intègre et le plus zélé; ses opinions politiques paraissent un crime aux factions qui professent des doctrines opposées, et dès-lors tous les moyens sont bons pour l'avilir et le perdre dans l'esprit de ses subalternes. Or, quand sa personne est avilie, son autorité n'est plus respectée, et l'administration souffre nécessairement du mépris versé sur la personne et sur l'autorité de celui qui en tient les rênes.

D'ailleurs, sous le gouvernement représentatif,

il existe une déplorable mobilité dans le personnel de l'administration : dès qu'un parti
triomphe, il se fait, après le changement du
ministère, une Saint-Barthélemi de directeurs-
généraux, de préfets, de sous-préfets, de maires
et autres fonctionnaires publics. Que résulte-t-il
de ces perpétuels et inévitables changemens de
ministres et d'agens subalternes? D'abord, ce
n'est pas dans deux ou trois ans qu'un ministre
de l'intérieur, des affaires étrangères, de la guerre,
de la marine, peut acquérir une science profonde du gouvernement et de l'administration :
on n'acquiert cette double science que par de
longues années de réflexions et de travail. Puis,
dans un court intervalle de temps, nos ministres
n'obtiennent que des documens superficiels, tant
sur le personnel que sur le matériel de la partie
du royaume confiée à leur sollicitude : et comment alors seraient-ils capables de sonder les
plaies de l'administration, de réformer les abus,
d'adopter des plans d'amélioration savamment
concertés, et de les mettre à exécution avant
qu'une bourrasque politique les arrachât au poste
qu'ils occupent ? ils sont d'ailleurs contiuelle-
ment distraits par les élections, les travaux des
chambres, les inquiétudes de leur position pré-
caire.

Pour concevoir et accomplir de grandes et
belles entreprises, la vie entière d'un homme est
souvent nécessaire : pour les conduire à un heu-

reux terme, il faut une suite de travaux et d'efforts soutenus qui ne peuvent avoir lieu sous des administrateurs dont les soins sont passagers comme leur existence. Leurs successeurs arrivent avec d'autres idées, un autre système ; ils tiennent à honneur de se frayer une route nouvelle, et le temps se passe à bâtir et à démolir : l'ouvrage du jour n'est plus celui de la veille ; il règne dans la plupart des entreprises la même mobilité, la même inconstance que dans le choix des personnes appelées aux affaires publiques. Enfin les hommes d'état, les habiles administrateurs, sont peu nombreux, et s'ils arrivent au pouvoir, ils en sont promptement éloignés par les coups de vent des monarchies constitutionnelles , puis remplacés par des hommes nouveaux et incapables.

Les mêmes inconvéniens se reproduisent dans un ordre inférieur : à peine un préfet commence-t-il à connaître son département, qu'il est frappé d'une destitution , ou transféré tout à coup à une préfecture d'une classe supérieure, pour prix de ses services aux élections. Durant les règnes de Louis XVIII et de Charles X, les préfets ont sans cesse voltigé d'une ville à l'autre : il y a tel département qui dans cinq ans en a vu six ou sept. Alors les affaires commencées languissent ou reçoivent une direction nouvelle, laquelle est bientôt interrompue par l'apparition subite d'un autre administrateur.

Croit-on d'ailleurs que ces perpétuelles destitutions, ces changemens multipliés dans les diverses branches de l'administration, soient très-propres à relever aux yeux de la nation la dignité de l'homme public? Pouvant à chaque moment devenir la victime et le jouet des partis qui se succèdent au pouvoir, il inspire peu de respect et peu d'attachement : on le considère comme un étranger qui ne fait que passer dans le pays, et les traces qu'il y a laissées sont promptement effacées par les pas en sens contraire de ses nombreux successeurs.

Enfin, dans les monarchies constitutionnelles, la centralisation est une nécessité; car moins le gouvernement est monarchique, plus l'administration doit être dans les mains des ministres du roi; en se réservant la décision des affaires qui concernent les provinces et les communes, en nommant les fontionnaires chargés de veiller à leurs intérêts, ils exercent une plus grande influence sur les votes des colléges électoraux. Ces fonctionnaires, qui tiennent d'eux la place qu'ils occupent, partagent leurs opinions politiques et secondent leurs efforts pour l'élection des députés, et les ministres font souvent dépendre de la docilité des électeurs le succès des demandes formées par les villes et les conseils-généraux de département. Ils ne peuvent donc abolir la centralisation, sans se priver de moyens puissans de diriger les élections dans le sens du parti qu'ils

15.

représentent ; elle est pour eux un principe de vie qui prolonge la durée de leur pouvoir : s'ils y renoncent , ils affaiblissent la couronne en même temps qu'ils compromettent leur propre existence.

Mais dans une monarchie absolue , le roi est si puissant qu'il n'a pas besoin d'une odieuse centralisation pour gouverner sagement son peuple ; il peut, sans inconvénient, abandonner aux habitans d'une ville la faculté d'élire leurs administrateurs, et de leur confier le soin des intérêts locaux. Il peut également , sans dépouiller sa couronne d'un seul de ses fleurons, accorder aux provinces la libre possession des priviléges fondés sur d'anciennes coutumes ou sur des traités ; loin d'ébranler le trône, ces franchises provinciales et communales l'affermissent : en rendant le gouvernement doux et paternel, elles lui gagnent l'affection générale ; en respectant les droits de ses sujets, le roi leur apprend à respecter les siens ; le peuple est libre, et le roi ne cesse pas d'être fort.

Mon peuple est franc de nom, disait Louis-le-Hutin, *je veux qu'il le soit aussi de fait ;* et il l'était en effet sous cette monarchie tant décriée par nos modernes anarchistes. Au temps du régime féodal, les villes furent, il est vrai, souvent troublées par la violence des seigneurs dans la possession de leur droit municipal et de leurs antiques libertés ; mais hautement protégées par

les rois, elles reconquirent leurs franchises et
obtinrent même plus d'une fois de la couronne
une extension de juridiction civile et criminelle; des villes, des bourgs récemment cons-
truits, reçurent des chartes qui les autorisaient
à élire leurs magistrats, à fonder une administration semblable à celle des anciennes cités du
royaume (1).

Les priviléges des provinces furent aussi maintenus et confirmés par des édits royaux : cependant le cardinal de Richelieu, qui regardait l'a-
baissement des grands comme une mesure de
sûreté pour le trône, essaya de détruire l'assemblée des états de Languedoc, et suspendit
celle des états de Provence. Il redoutait l'influence
de la noblesse sur ces assemblées provinciales ;
mais il ne porta point sa main de fer sur les
libertés municipales des villes : Louis XIII les
confirma par un édit de 1629, dans les termes
suivans : « Ordonnons que les élections des
« maires......, échevins et autres charges des
« villes...., seront faites, ès manières accoutu-
« mées, des personnes plus propres et capables à
« exercer telles charges pour le bien de notre
« service, repos et sûreté desdites villes, ès-

____

(1) Voyez l'Histoire du Droit municipal en France, par M.
Raynouard.

« quelles ils seront tenus de résider, sans que,
« pour quelque cause et occasion que ce soit, les
» dites charges se puissent résigner.

« Nous défendons à tous gouverneurs, gentils-
« hommes ou autres , de quelque qualité qu'ils
« soyent, de.... troubler ou empescher les ha-
« bitans des paroisses à la nomination libre
« de leurs syndics , assesseurs et collecteurs ,
« ni les outrager en faisant leurs dites charges ,
« sur les peines portées par nos ordonnances. »

Sous le règne de Louis XIV et de Louis XV,
la vénalité des charges municipales devint une
ressource financière : les villes, pour se maintenir dans la possession de leurs anciens priviléges, les rachetèrent en versant dans le trésor
uue somme déterminée. Tel fut le moyen dont
les ministres firent usage pour acquitter les dettes
de l'état, occasionées par les guerres ; mais,
malgré cette violation du droit commun , les
villes qui ne rachetèrent pas leurs franchises jouissaient d'une liberté beaucoup plus grande que
sous le régime de la charte de 1814. Les magistrats de la cité en géraient librement les revenus,
et les affaires ne languissaient pas éternellement
dans les cartons poudreux de la centralisation,
au grand détriment de la localité. La révolution
et l'empire se chargèrent de consommer la ruine
des franchises provinciales et municipales ; et le
gouvernement représentatif doit la consacrer
constamment, s'il ne veut accroître sa faiblesse

naturelle et périr plus promptement par la diminution de son influence sur les colléges électoraux.

Enfin les autres graves inconvéniens, résultats inévitables des institutions constitutionnelles, que nous avons signalés dans le cours de ce chapitre, n'existent pas dans les monarchies absolues. Les ministres s'y maintiennent au pouvoir durant de longues années, quelquefois même pendant leur vie entière : il leur est donc facile d'acquérir une science profonde du gouvernement et de l'administration; ils ont tout le temps nécessaire pour mûrir et pour exécuter de vastes plans utiles au royaume, et ils ne sont point détournés des occupations de leur charges par les soins étrangers et les soucis amers qui se renouvellent et pèsent sans cesse sur les ministres des rois constitutionnels. Leurs agens, dans les provinces, jouissent tout à la fois de la même stabilité et de la même facilité de procurer le bien du pays; leur autorité, respectée comme leurs personnes, atteint plus sûrement le but d'une administration sage et éclairée ; il y a plus de suite dans les plans d'amélioration, plus de force dans l'exécution. La société n'étant point perpétuellement troublée par le choc, le triomphe, la chute des partis, tout marche dans la paix d'un mouvement régulier et constant ; on y voit régner la tranquillité de l'ordre.

CHAPITRE XV.

Les libertés publiques sont plus respectées dans les monarchies absolues que dans les monarchies constitutionnelles.

Ce n'est pas dans les temps où l'on parle le plus de liberté, que les peuples sont plus libres. Quand des ambitieux méditent l'asservissement d'une nation, ils déclament contre la tyrannie, et pour se concilier l'affection de la multitude, ils font résonner souvent à ses oreilles les mots magiques de gloire, de bonheur et de liberté; mais à peine sont-ils les maîtres du pouvoir, qu'ils chargent de fers les citoyens opposés à leur criminelle usurpation, et qu'ils en immolent d'autres par des sentences arbitraires. Ne pouvant fonder leur règne sur le droit, ils cherchent à l'établir par la force; et alors même qu'ils tyrannisent la patrie avec le plus d'insolence, le mot de liberté se mêle à leurs discours. Tels se sont constamment montrés, sous cette forme hideuse de l'hypocrisie, les tribuns séditieux qui, dans les révolutions des empires, jouèrent le triste rôle de flatteurs du peuple, afin de l'opprimer ; et certes, nous n'avons pas besoin de chercher des exemples de cette politique bar—bare dans les annales de l'antiquité : depuis qua—rante ans, la France n'est-elle pas la victime de ces cruels charlatans qui, sous le beau nom de liberté, lui vendent l'esclavage et la mort ? en quel temps les tyrans abusèrent—ils plus de ce mot qu'à cette époque de brigandages, où des tribunaux de sang remplissaient les cachots de milliers d'innocens, avant de les confier à la main du bourreau. Après ces scènes de carnage et de désolation universelle, apparut sur la scène un guerrier, le front ceint des lauriers de la victoire ; il saisit avec fermeté les rènes de l'état, qui flot—taient depuis huit ans dans les mains impures de nos Catons et de nos Brutus. Il apaisa les fac—tions, parce que la France était lasse de ses propres fureurs ; mais quand il méditait de régner en despote, sans respect pour les lois ni pour les libertés publiques, il promettait à la nation le règne des lois et de la liberté, et ce langage ne cessa de souiller ses lèvres qu'au moment où, af—fermi sur le trône, il ne vit plus de nécessité de tromper la France pour devenir son maître.

On vante beaucoup la liberté dont jouissent les Anglais sous le gouvernement représentatif, et il est cependant facile de prouver que cette liberté n'est ni solidement établie, ni merveil—leusement protégée.

La constitution sur laquelle elle repose est le

jouet des passions, de la politique, de la nécessité. « Elle n'avait pas, dit M. le comte de
« Revel (1), empêché Henri VIII de violer tous
« les droits divins et humains, de changer la
« religion de l'état, qui reposait sur la foi dont
« le Pape l'avait déclaré le défenseur ; Marie, de
« rétablir le catholicisme ; Elisabeth, de l'abolir
« de nouveau ; Marie Stuard et Charles I, d'être
« envoyés à l'échafaud ; Cromwel, d'abolir la re-
« présentation nationale, de l'insulter, en faisant
« afficher sur les murs de la chambre des com-
« munes : *Maison à vendre.* La constitution n'em-
« pêcha pas Charles II de maintenir la cour
« étoilée ; Jacques II, d'être exclu du trône hé-
« réditaire ; Guillaume III, de mettre sur sa tête
« la couronne qui n'appartenait qu'à Marie :
« choses toutes et dans tous les sens contraires à
« la constitution. »

L'acte de *l'habeas corpus*, que Blackston appelle
la seconde grande charte de la liberté anglaise, ne
date que du règne de Charles II : avant ce temps,
les rois d'Angleterre pouvaient disposer arbi-
trairement de la liberté de leurs sujets, les faisant mettre en prison et les y retenant, sans aucune forme préalable de procédure, par un seul
ordre du ministre.

____

(1) Testament politique, pag. 204.

Dès que Guillaume III monta sur le trône , la Convention lui conféra le pouvoir d'envoyer en prison tout Anglais que lui ou ses ministres pourraient soupçonner. Après avoir cité ce fait, William-Cobbett s'écrie (1) : « Pourquoi chercher « des exemples si loin ? N'avons-nous pas vu « nous-mêmes la seconde grande charte suspen- « due pendant sept ans de suite ? et en outre , « n'avons-nous pas vu le roi et ses ministres « autorisés à emprisonner qui il leur plairait, « dans le cachot ou dans le donjon qu'ils dési- « gneraient , à priver les prisonniers de toute « communication avec leurs amis, leurs femmes, « leurs maris , leurs pères , leurs mères et leurs « enfans ; à leur refuser l'usage des plumes , de « l'encre , du papier et des livres ; à leur re- « fuser le droit d'être confrontés avec leurs ac- « cusateurs , la spécification de leurs crimes « et le nom de leurs accusateurs ; à les faire « sortir de prison lorsqu'ils voudraient , sans « aucun jugement , et enfin à exiger d'eux une « caution pour leur bonne conduite ? et tout « cela , remarquez-le bien , sans leur donner les « noms des témoins qui déposaient contre eux , « et sans leur faire connaître la nature de leurs

____

(1) Lettres sur la Réforme protestante , pag. 249. Paris , chez Méquignon , ann. 1826.

« fautes. C'est là ce que nous avons vu dans
« nos temps chéris du protestantisme, tandis
« que les tribunes de nos chambres et les chaires
« de nos églises retentissaient des louanges de la
« glorieuse révolution qui nous a délivrés du pa-
« pisme et de l'esclavage. »

Mais ce n'est pas seulement dans les temps de
troubles et de désordres, que les libertés publiques
sont mises en Angleterre à la merci du pouvoir;
dans les temps de paix, il y a, dit M. Rubichon,
« (1) un ordre d'hommes qui n'éprouvent aucune
« opposition à l'exercice de leur autorité; ce
« sont ceux qu'on a chargés des emplois subor-
« donnés de la justice criminelle et de l'admi-
« nistration des paroisses; ils sont connus sous
« le nom de marguilliers, baillis, huissiers,
« surveillans des pauvres. Il faut dire que chaque
« paroisse de l'Angleterre, au lieu d'avoir ce
« curé qui n'avait qu'un pouvoir d'opinion, et
« ne l'obtenait que par le bien qu'il faisait, a
« un corps d'hommes dont Blackston parle ainsi :
« *Le devoir général des grands et des petits huis-*
« *siers est de maintenir l'ordre public dans leurs*
« *divers districts; à cet effet, ils sont armés de*
« *pouvoirs très-étendus, comme d'arrêter, d'em-*
« *prisonner, de forcer les portes des maisons, ainsi*

____

(1) De l'Angleterre, t I.ᵉʳ, p. 380.

« *de suite; et quand on considère l'espèce d'hommes*
« *qui sont pour la plupart mis dans ces charges,*
« *il est peut-être très-heureux qu'ils soient en gé-*
« *néral tenus dans l'ignorance de l'étendue de leurs*
« *pouvoirs.* » Ainsi la tyrannie est, en Angleterre,
dans les lois qui règlent l'étendue des pouvoirs des
agens du gouvernement, et la liberté individuelle
n'est garantie que par l'ignorance dans laquelle ils
vivent au sujet des attributions inhérentes à leurs
charges; d'où il résulte que ceux qui les connaissent sont armés d'une puissance formidable
pour vexer les habitans du pays jusque dans
l'intérieur de leurs maisons : c'est, il faut l'a-
vouer, une étrange manière de veiller au maintien de la liberté.

Sur cette terre classique des monarchies constitutionnelles, le nombre des criminels traduits
devant les tribunaux est beaucoup plus grand que
dans les autres états. Ces accusés ont commis le
vol, le meurtre, le brigandage; ils se sont
rendus coupables des plus énormes attentats
contre les droits des citoyens : eh bien ! une
foule de scélérats échappe à la vindicte publique,
tant la constitution du jury laisse de latitude au
crime pour demeurer impuni (1). Dans les élec-

---

(1) En 1780, la populace, ameutée par lord George Gordon,
mit le feu dans plusieurs quartiers de la ville de Londres ; une

tions, les citoyens paisibles dont les opinions sont connues , reçoivent non – seulement de la boue, des outrages, mais des coups portés avec violence, qui mettent leur vie en péril. Un abus bien plus criant encore, est celui de la presse : un officier se met à la tête d'une bande de matelots, pénètre dans une taverne, fait prisonniers les marins qui s'y divertissent, quelquefois même des passans, et les entraîne à bord d'un vaisseau, pour les conduire dans des régions étrangères, loin de leur patrie, de leur famille, des plus chers objets de leurs affections; et, parce qu'ils sont anglais, ces esclaves se croient libres, alors même qu'ils expient sous le fouet la moindre faute contre la discipline. Enfin, chez ce peuple marchand, l'or jouit d'une telle considération, que l'on obtient avec une extrême facilité des décrets de prise de corps pour dettes : pour les recevoir des mains de la justice, le serment des demandeurs suffit. Environ quatre-vingt mille arrestations de ce genre ont lieu chaque année : les riches offrent des cautions et sortent des mains du geôlier; quant aux pauvres,

---

seule inexactitude dans les pièces de la procédure fit croire aux jurés que le gouvernement voulait à tout prix sa mort : il fut déclaré *non coupable.*

M. Rubichon, dans son ouvrage sur l'Angleterre, porte aux deux cinquièmes le nombre des coupables traduits devant le jury, qui lui sont redevables de l'impunité.

ils restent sous la protection des verroux. Je ne
vois dans cette bizarre législation, et dans la barbare coutume de la presse, rien qui suppose un
grand respect pour la liberté individuelle : c'est
cependant une des libertés publiques dont on
parle avec le plus de chaleur sous le régime des
chartes, et qu'il importe davantage au bonheur
des individus et des familles de voir placer sous
l'égide des lois.

En France, sous les règnes de Louis XVIII et
de Charles X, les biens les plus précieux à un
honnête homme, son honneur, sa réputation,
ont été livrés au pillage des libellistes. Parce
qu'il est permis de censurer les actes de l'administration, on attribue a l'administrateur
le plus intègre les intentions les plus per-
verses ; on dénature ses actions, on révèle les
secrets de sa famille et d'anciennes faiblesses
depuis long-temps expiées ; on le présente au
peuple comme l'ennemi déclaré de ses droits et
de ses libertés. Il répond dans les journaux par
des faits incontestables : ses assertions sont ré-
voquées en doute, ou niées effrontément ; puis
on recommence à verser adroitement sur lui le
ridicule par une fine plaisanterie ; on le traîne
dans la boue par la calomnie, et sa réputation
demeure tachée, équivoque, aux yeux de la plupart des lecteurs. Mais si le citoyen attaqué
est un haut personnàge, il ne peut, sans s'avilir,
entrer continuellement en lice avec de misérables

libellistes qui lui ont juré une guerre à mort : il en existe du moins beaucoup qui répugnent à se mesurer avec d'aussi vils adversaires ; et certes, il faut avouer qu'un tel combat n'est pas fort honorable. Un officier ne se bat point en duel avec un caporal , et l'on veut qu'un évêque , un pair de France , descende en champ clos avec un jeune étourdi , chassé peut-être d'un collége pour cause d'immoralité , et qui s'est jeté, pour vivre, dans le bureau d'un journal ! Mais s'ils se taisent, leurs ennemis triomphent de leur silence, et ils en profitent pour les outrager avec plus d'impudence et de succès : et l'on appelle cette odieuse licence, de la liberté ! et l'on est libre dans un pays où l'on devient ainsi la proie et la victime de la jalousie, de la haine, de l'esprit de parti, où plus on est élevé dans l'ordre religieux et social , moins on a de moyens de se défendre avec honneur ! Je ne reconnais point à ces traits la liberté ; c'est, si l'on veut, la liberté du crime ; mais c'est l'esclavage des honnêtes gens : c'est la liberté des impudens, mais c'est la servitude des hommes d'honneur.

Sous le règne de Louis-Philippe, non-seulement cette faculté d'outrager impunément, dans leur bien le plus précieux, les hommes du pouvoir et les principaux citoyens, n'a respecté ni les bienséances sociales, ni les barrières les plus sacrées ; mais le gouvernement lui-même s'est joué, d'une manière révoltante, des libertés publiques. Les visites domiciliaires, l'arrestation des suspects, les procédures scandaleuses, la violation de la charte et des lois, flétrie par un arrêt de la cour suprême, sont des monumens historiques de la servitude du peuple. On assure qu'en moins de trois ans, plus de soixante mille personnes ont été arrêtées. Un très-petit nombre a été trouvé coupable par les tribunaux. Les innocens, privés de leur liberté sans motifs graves, ont langui dans la prison pendant trois mois, six mois, un an, avant que leur absolution ait été prononcée.

La faiblesse est une source de violence : elle rend les hommes du pouvoir soupçonneux, jaloux, ambitieux et cruels ; dans la crainte d'être opprimés ils oppriment : le combat et le danger sont continuels ; ils s'efforcent de sortir de la lutte sains et saufs, en affaiblissant, en terrassant leur rival.

Néron, Tibère et tant d'autres monstres couronnés de l'empire romain, ne se signalèrent par la violence et la cruauté, que parce qu'ils étaient faibles. La république n'avait jamais été formellement abolie : les empereurs ne portaient, pour ainsi dire, la couronne que par la tolérance, ou, si l'on veut, que par le consentement tacite du peuple dont ils craignaient la révocation. Des meurtres, des révoltes armées les élevèrent sur le trône, et les en précipitèrent ; ils tâchaient de se rendre redoutables en régnant par la terreur. Les cruautés des empereurs grecs furent encore le produit d'une faiblesse soupçonneuse. Louis XI accordait ses faveurs aux roturiers, et faisait peser sa tyrannie sur les nobles, dont il regardait d'un œil jaloux la fortune et la puissance. Robespierre eût cessé de faire couler le sang, au moment où son ambition satisfaite n'aurait plus redouté de dangereux rivaux. Il est rare de voir des hommes revêtus d'une grande puissance, chercher leur plaisir dans les souffrances de leurs semblables, quand ceux-ci ne leur donnent aucun sujet de haine, de vengeance ou de frayeur : de tels hommes sont des monstres qui apparaissent rarement sur la scène du monde.

Il ne faut donc pas s'étonner que, sous le régime d'une charte, les libertés publiques soient plus exposées aux mesures arbitraires que dans une monarchie absolue ; car les rois constitutionnels sont faibles. Ils se trouvent en présence du pouvoir populaire, qui s'exerce par les élections et dans la chambre des députés : or nous avons montré, dans le chapitre IV de cet Ouvrage, que cette puissance démocratique est si redoutable à la couronne, que la chambre des députés dispose réellement de l'initiative et de la sanction des lois, qu'elle opère le changement des ministres dans le sens de son opinion, et qu'elle gouverne le royaume en réglant la distribution des emplois et des grâces qui découlent du trône. En présence d'un tel rival, un roi né, comme Louis XIV, avec l'amour d'un pouvoir illimité, doit rêver au despotisme; et si, dans un moment de crise, dans une lutte avec la chambre des députés, il peut avec confiance s'appuyer sur une armée fidèle et dévouée, les libertés publiques seront plus exposées durant son règne que sous celui de dix rois absolus. Il brisera tout, il renversera tout avec la force militaire, et s'il laisse subsister les principaux corps de l'état, c'est parce qu'ils ramperont bassement à ses pieds, comme autrefois la chambre des pairs et des communes devant le cruel Henri VIII, comme le sénat et le corps législatif en présence de Napoléon.

D'ailleurs, et nous l'avons déjà fait observer, le trône se trouve souvent ébranlé par des tempêtes si violentes, que les coups d'état paraissent indispensables au monarque : or les coups d'état sont accompagnés de la suspension des libertés publiques; les commissions militaires remplacent les tribunaux ordinaires; des établissemens fondés sur les lois sont renversés; il n'est plus question de liberté individuelle, de liberté civile, de liberté politique. Revêtu d'un pouvoir absolu, le monarque s'élève au-dessus de toutes les lois, et dans ces momens de crise, par un zèle inconsidéré, les agens de ses volontés fran-

16.

chissent les bornes de toute justice, faisant peser sur les citoyens des vexations inouïes, sans aucune nécessité pour le salut du royaume. Dans huit jours il y a plus de citoyens jetés dans les cachots par des gendarmes et des officiers de police, que dans un siècle par des lettres de cachet, sous le régime d'une monarchie absolue; et si, dans ces combats à outrance du pouvoir monarchique et du pouvoir populaire, l'esprit de révolte triomphe de la royauté légitime ; si des assemblées délibérantes et séditieuses s'arrogent l'exercice de la souveraineté, on doit s'attendre à la violation des droits les plus sacrés. « Il est dans la « nature des choses, dit M. de Haller (1), et l'his- « toire le confirme partout, que nulle part la « liberté individuelle, les droits particuliers des « citoyens ne sont moins respectés, ou plus mal « assurés, que par les grandes assemblées popu- « laires : car il n'y a pas de pouvoir plus terrible « que celui contre lequel aucune résistance n'est « possible; que celui qui peut exécuter les plus « exécrables forfaits avec la force de *tous*, ou les « colorer de la volonté de *tous*.... Les droits na- « turels et acquis sont foulés aux pieds avec

____

(1) Restauration de la Science politique, t. Ier, pag 375 et 376.

« plus d'impudence encore que par des tyrans
« individuels , parce que les passions ne sont
« jamais plus violentes qu'entre égaux , parce
« que chacun se cache parmi la foule des com-
« plices , et se soustrait par conséquent à la
« crainte même de la honte et de la responsabi-
« lité morale. »

Il me semble qu'un homme sage et impartial
doit préférer le régime de ces monarchies absolues,
que nos libéraux appellent gouvernemens despotiques. Je trouve qu'on y respire plus à son
aise ; que les libertés individuelles et civiles y
sont plus efficacement protégées ; que chacun y
vaque à ses affaires et à ses plaisirs avec plus de
paix et de sécurité , et que la réputation des honnêtes gens y est moins exposée aux outrages de la
satire et de la calomnie.

Les rois absolus concentrent dans leur personne tous les pouvoirs de la souveraineté : ils
sont donc forts, et par conséquent moins portés
aux actes d'injustice et de violence. N'ayant point
à combattre au-dedans du royaume de rivaux
dangereux , ils ne cherchent qu'à rendre leur
gouvernement doux et paternel ; et pour se concilier l'estime et l'amour de la nation, ils traitent
avec bienveillance les corps de l'état , ils deviennent populaires ; et si leur autorité est trop
absolue, ils y mettent eux-mêmes des bornes
par des concessions de priviléges à la noblesse ,

aux communes, aux états provinciaux. Or, ces concessions n'étant attribuées ni à la faiblesse, ni à la crainte, font jeter à l'autorité monarchique des racines plus profondes dans le cœur et dans les mœurs de la nation. Il faut seulement qu'elles soient restreintes dans des limites convenables. Si ces dons de la munificence royale allaient jusqu'à créer un pouvoir populaire, jusqu'à priver la couronne d'une partie de la souveraineté, la monarchie absolue cesserait d'exister, et le principe d'unité se trouvant dissous, le roi, de fort qu'il était, deviendrait faible, et lui ou ses successeurs recueilleraient les fruits amers de cette imprévoyante popularité.

Enfin, dans les monarchies absolues, l'ordre est l'état habituel du pays, et les ennemis de la paix sont aussi faibles que le gouvernement est fort : il est donc facile au prince de régner par les lois; l'action journalière des tribunaux lui suffit pour protéger le trône et les droits des citoyens. Les mesures exceptionnelles, les coups d'état, y sont rarement commandés par la gravité des événemens : et si le souverain, sans y être obligé par une rigoureuse nécessité, prétendait se jouer des libertés publiques, l'opinion générale, la noblesse, les corps investis du droit de remontrance, le rappelleraient à une conduite plus modérée; mais son propre intérêt, sa gloire, son bonheur, le désir de se faire aimer de son peuple, lui inspirent de l'éloignement pour les mesures arbitraires : étant revêtu de tous les pouvoirs de la souveraineté, il sent qu'il est invincible, et il ne fait pas inutilement de la tyrannie un plaisir de la royauté.

CHAPITRE XVI.

Le régime des monarchies absolues, mais tempérées, est plus favorable aux lettres et aux sciences que le régime des monarchies constitutionnelles.

Les lettres et les sciences sont amies de l'ordre et de la paix. Quand la société est fortement agitée par les discordes civiles ; quand chaque famille, chaque individu tremble pour sa liberté, sa vie, ses propriétés ; quand on ne peut jeter un regard sur l'avenir, comme sur le présent, sans frémir d'effroi, les esprits ne sont pas disposés à s'entretenir avec les muses, à se livrer aux profondes recherches de la science. La confusion qui règne dans l'état, se répand dans l'intelligence et dans le cœur de l'homme ; et ses ouvrages portent l'empreinte des erreurs, des passions et des mœurs du temps orageux qui les voit naitre.

Or, sous le gouvernement représentatif, il existe dans l'état une fermentation qui ressemble à l'anarchie ; son sein est continuellement agité par les factions qui conspirent sa ruine, et l'on n'y jouit ni de cette sécurité, ni de cette paix qui invitent l'esprit de l'homme à chercher son plaisir dans le domaine de la littérature, des beaux arts et des sciences.

D'ailleurs, les âmes sont portées vers d'autres objets par l'ambition et la cupidité. On attache beaucoup plus de prix à l'or, aux places, à la célébrité politique, qu'à l'éclat de la gloire littéraire. Pour se convaincre de la justesse de ces observations, il suffit de considérer la France sous les deux règnes précédens.

Le métier de journaliste étant devenu tout à la fois une ressource pour vivre et un moyen de conspirer, la plupart des jeunes gens distingués par leurs talens et fixés à Paris, se sont jetés en foule dans les bureaux du Constitutionnel, du Courrier, du Figaro et de cinquante autres journaux de diverses couleurs. Au lieu de s'exercer à l'imitation des grands modèles de notre littérature; au lieu de se préparer par des études profondes à la composition d'ouvrages de longue haleine, ils rédigent à la hâte des articles éphémères, pleins d'erreurs et de mauvais goût, pour avoir un peu d'or et faire de la révolution : car, lorsqu'on écrit dans un journal, il ne s'agit pas de dire la vérité, ni de suivre les règles du goût ; avant tout, il faut plaire par un style léger, spirituel, épigrammatique. Un style pur, grave et noble, celui qui convient à l'histoire et aux grandes compositions littéraires, ne serait pas de mode et ne procurerait point d'abonnés. Quant à la vérité, on la sacrifie sans remords et par habitude à l'esprit du parti ; et pour la vertu, elle est tristement remplacée par l'amour de l'argent et des places. Aussi toutes les fois qu'il s'agit d'attaquer le gouvernement, ou de déprécier les hommes qui le servent, on entasse, avec une incroyable effronterie, mensonges sur mensonges, calomnies sur calomnies, impostures sur impostures. Il n'existe pas plus de bonne foi dans la critique des ouvrages nouveaux, que dans la censure des actes du ministère. Un auteur a de l'esprit, ou n'en a pas ; son ouvrage est un chef-d'œuvre, ou bien une misérable rapsodie, selon qu'il appartient à tel parti ou à tel autre. On l'élèvera jusqu'au ciel, s'il a le bonheur de penser comme le rédacteur de l'article, sur le gouvernement qui conviendrait le mieux à la France ; on le rabaissera jusqu'aux enfers, on le traînera sans pitié dans la boue au pied du Parnasse, s'il a le malheur de contredire son système politique.

Je demande ce que deviendra la littérature d'un peuple, lorsque l'amour de la vérité et l'amour de la vertu, ces deux flambeaux du génie, sont bannis des écrits les plus répandus dans le pays. Elle deviendra telle que nous l'avons vue en France pendant la révolution de 93, et sous le régime de la charte : une arène de combattans qui, pour mieux soulager des passions haineuses, épuisent le dictionnaire des injures et recourent au néologisme ; un amas immense d'articles de journaux, qui tombent dans l'oubli le jour même qu'ils sont mis en lumière ; un déluge de brochures où l'on régente avec une insupportable pédanterie les gouvernemens et les rois, où l'on décide d'un ton affirmatif et tranchant les plus hautes questions de l'ordre social et de la politique, après deux ou trois semaines de réflexions et d'études. On y remarquera douloureusement la stérile aridité du désert, parce que la cupidité, l'ambition et la haine dessèchent le cœur, la source des grandes pensées, dit Vauvenargues. La littérature deviendra ce que sont devenues les mœurs ; elle tombera dans la corruption et une sorte de barbarie. Ce n'est pas en remuant la boue des passions humaines, que l'intelligence s'élève vers les hautes régions du génie ; lorsqu'elle rampe sur la terre, elle se rapetisse et se dégrade. Et n'est-ce pas ainsi que l'a faite le romantisme qui, de l'aveu de son chef, n'est que le libéralisme en littérature, c'est-à-dire l'affranchissement de toute autorité et de toute règle, suivi de l'insolent mépris des plus beaux modèles des siècles passés. L'esprit d'indépendance dans l'ordre politique, né de l'esprit d'indépendance dans l'ordre religieux, devait pénétrer jusqu'au sein du domaine des lettres, et en ravager le sol. Et comment en effet, reconnaître une autorité en littérature, lorsque, par les progrès de l'esprit humain, on refuse de reconnaître dans l'ordre religieux la raison de Dieu pour règle de sa raison, la volonté de Dieu pour règle de sa volonté ; puis, dans l'ordre social, le pouvoir de la souveraineté pour règle de ses actions civiles ; puis encore, les constitutions les plus anciennes et les plus durables, les lois les plus sages et les mieux consacrées par l'expérience, pour règles et pour modèles, dans la science de la politique ? Comment reconnaître une autorité dans les questions littéraires, lorsque dans la société chacun dit avec un fol orgueil : Je suis libre et je veux être libre de tout frein, de toute dépendance ; les seuls noms de pouvoir et de soumission blessent ma fierté, et me font tressaillir d'indignation ? Il est clair qu'après avoir répudié toute espèce d'autorité et de règle dans l'ordre reli gieux et dans l'ordre politique, qui sont d'une nature si élevée et si supérieure à tout autre ordre de choses, on doit être conduit comme naturellement à secouer toute autorité, à rejeter toute règle en fait de littérature. Et en effet, pourquoi celui qui parle avec dédain du pouvoir de Dieu dans la Religion et sur la société, de la souveraineté des rois dans l'ordre politique, et de l'autorité des siècles en matière de croyances et de sentimens, s'abaisserait-il à consulter Corneille et Racine comme les oracles de la tragédie, Molière comme le premier poète comique, et Boileau comme le modèle de la critique et du goût ? Ce sont là de petits esprits dont la réputation a vieilli, depuis que l'amour de l'indépendance a lancé nos génies modernes dans des régions inconnues aux anciens ; ce sont *les*

vieilles perruques de la littérature, qu'on ne peut
plus regarder sans sourire de pitié ; messieurs du
romantisme seraient désolés de leur ressembler ;
et s'ils croyaient apercevoir dans l'avenir l'in-
flexible postérité placer leurs noms et leurs bustes,
je ne dis pas au-dessous, mais à côté de ceux des
écrivains du siècle de Louis XIV, ils la maudi-
raient avec indignation. Ils ont laissé ces nains de
la littérature si loin derrière eux ! ils se sont élevés
à une si grande hauteur, au-dessus de leurs
têtes !

Quand on rajeunit le monde politique par des
constitutions improvisées, n'est-ce pas un jeu que
de créer un nouveau monde littéraire, mille fois
plus grand et plus beau que l'ancien? Oh oui,
sans doute ! Mais quel dommage qu'un monde si
brillant soit tombé si promptement, avec l'état,
dans une complète anarchie ! « La littérature est
« l'expression de la société ; » jamais cette parole
de M. de Bonald reçut-elle une application plus
vraie et plus frappante ?

Les sciences ne sont pas mieux traitées que les
lettres, sous le régime des chartes. Le mouvement qu'elles impriment aux esprits, en retardera
les progrès au lieu d'en accélérer le cours. La
tendance universelle est vers la politique ; c'est là
l'idole du jour, sur laquelle demeurent incessamment fixés les regards des ambitieux ; c'est d'elle
que les adorateurs de la fortune attendent les
moyens de parvenir. Or, les savans ne sont point

exempts de cette ambition qui soupire avec une
insatiable ardeur après les titres, les honneurs,
les emplois lucratifs. La réputation de science et
de talent dont ils jouissent, leur présente des
chances de succès ; et plusieurs s'occupent avec
passion des affaires publiques, dans l'espoir d'arriver aux premières dignités du royaume. Combien
d'astronomes, de physiciens, de naturalistes, de
mathématiciens perdent chaque jour des heures
entières à lire les journaux de diverses opinions
et les écrits de circonstances ! Ces heures consacrées à la politique, sont tristement dérobées à la
science. Ne seraient-elles pas mieux employées à
de laborieuses investigations, qui reculeraient les
bornes des connaissances humaines, qui tour-
neraient à l'avantage du pays, par des découvertes
applicables aux arts et aux besoins de la société ?

Ces savans comprennent d'ailleurs bien mal
l'intérêt de leur renommée. La célébrité de M. Cu-
vier reposera-t-elle, dans l'avenir, sur les froids
discours qu'il a prononcés à la tribune et au con-
seil-d'état ? Nos astronomes et nos chimistes de-
vront-ils leur réputation au banc qu'ils occupent
à la chambre des députés ? En abandonnant le
travail pour lequel la nature les a faits, ils res-
semblent au poète qui veut rimer malgré Minerve.
Ils sont créés pour vivre dans le domaine des
sciences exactes et naturelles, pour l'embellir par
de grandes et utiles découvertes ; s'ils en sortent
pour faire d'oiseuses excursions dans la politique,

ils ne paraîtront plus des hommes de talent ; on ne verra plus en eux que des hommes médiocres. L'état ne sera pas mieux gouverné, ni le pays plus heureux ; et par une fausse application de leur esprit, ils auront tout à la fois négligé la gloire de la France et leur propre gloire.

Tout ce que nous disons de la pernicieuse influence du gouvernement représentatif sur les lettres et les sciences, se voit aujourd'hui comme dans les années écoulées. Le mal est même beaucoup plus grand ; et cela ne peut être autrement. La France éprouvant des secousses plus fortes, les factions se remuant dans son sein avec une irritation extrême, les passions haineuses et violentes prenant la place de la raison et du devoir dans le gouvernement, comme chez les individus, le désordre s'accroît aussi dans les ouvrages de l'esprit. La littérature des théâtres surtout est tombée dans l'impiété brutale, et dans la dégoûtante corruption des héros des barricades. Le cynisme le plus révoltant a banni de la scène toute décence, toute pudeur. Il fallait qu'une révolution qui a détrôné Charles X, abattu les croix et profané les temples, se couvrît elle-même de boue et de honte, aux yeux des étrangers de toutes les contrées de l'Europe qui visitent la capitale de la France.

Il est bien remarquable que le siècle des beaux arts soit désigné par le nom de Périclès, qui régnait dans Athènes en monarque absolu. Le règne d'Auguste, assis sur les ruines de la république, donnant la paix au monde, rappelle le temps le plus brillant de la littérature latine dans cette grande Rome, maîtresse de tous les peuples. Les siècles de Léon X et de Louis XIV jouissent d'une gloire semblable : c'est encore sous ces deux monarques que les lettres et les arts jettent un plus vif éclat dans l'histoire de l'esprit humain. Ainsi les quatre grands siècles de la littérature et des beaux arts portent le nom de quatre rois absolus, et c'est l'impartiale postérité, jugeant les hommes et les faits avec tout le calme de la raison, avec toutes les lumières de l'expérience, qui leur a donné ces noms à jamais célèbres dans les annales du monde.

Il n'est pas étonnant de voir ces heureux développemens de l'esprit humain dans des monarchies absolues : sous ces gouvernemens forts, les savans et les gens de lettres ne sont détournés de la culture de leurs talens, ni par la crainte d'une catastrophe, ni par l'ambition de parvenir aux places, ni par la prétention de briller à la tribune, ni par la manie de régenter les gouvernemens dans des articles de journaux ; chacun reste dans sa sphère naturelle et s'y perfectionne, au lieu de se jeter en aveugle dans une carrière pour laquelle il n'est point fait. L'esprit d'ordre qui maintient la paix dans la société, se fait remarquer dans les compositions littéraires ; et quand la Religion est en honneur, quand les mœurs sont honnêtes, tout ce qu'il y a de grand dans le ciel, et de pur dans les habitudes sociales, se réunit pour donner au génie un élan plus fort et plus élevé. Sous le règne de Louis XIV, la France jouissait au-dedans de la paix et de la sécurité, tandis qu'au-dehors nos armées victorieuses portaient la terreur dans les pays ennemis : or cette gloire des armes, en imprimant à la patrie un caractère de force et de grandeur, concourait encore à en-flammer le génie de nos poètes ; et la protection du plus grand monarque de l'univers répandait un esprit de vie dans le magnifique domaine de la littérature et des arts.

Je me suis demandé plusieurs fois ce qu'au-raient été les célèbres écrivains de ce siècle, sous un gouvernement représentatif semblable à celui de la France ? Nés avec du génie, ils en auraient sans doute montré dans leurs ouvrages ; mais la funeste direction donnée aux esprits par le ré-gime des chartes constitutionnelles eût, sans aucun doute, exercé sur leurs travaux une fâ-cheuse influence. Qui sait, d'ailleurs, si Corneille, Racine, Boileau, Molière, n'auraient pas eu la manie de se jeter dans le désert aride de la poli-tique ? qui sait même si, au lieu d'enfanter tant de magnifiques ouvrages sur lesquels est imprimé le sceau de l'immortalité, ils n'eussent pas con-sumé vainement une partie de leur temps à com-poser de futiles articles de gazettes et d'écrits périodiques ? Durant les seize années de notre gouvernement représentatif, la tribune aux harangues n'a pas même produit un seul grand orateur, qu'on soit tenté de comparer aux Bossuet, aux Bourdaloue, aux Massillon. Tous les genres de malheur signaleront dans notre belle France le passage de ce triste gouvernement; et notre littérature elle-même partagera l'avilissement où des institutions contre nature précipitent la Religion, la royauté, le caractère national et la patrie. Que ferons-nous pour sortir de cet état de dégradation ? nous verserons des pleurs sur nos ruines, nous graverons des épitaphes sur des tombeaux : mais ces soins douloureux ne guériront pas nos plaies; il faudra replacer le trône sur la pierre ferme d'institutions fortement monarchiques; il faudra donner une vie nouvelle à la société, en ranimant dans son sein ces croyances religieuses et politiques que la philosophie moderne a combattues, et sans lesquelles aucun ordre social ne peut durer; et avec elles nous verrons refleurir en France la paix, la littérature, les arts, les vertus chevaleresques et tout ce qui a fait la gloire immortelle de notre grande et belle monarchie de quatorze siècles.

CHAPITRE XVII

Les peuples sont plus heureux dans les monarchies absolues, mais tempérées, que dans les monarchies constitutionnelles.

Se persuader que le bonheur des peuples dépend de la liberté politique, c'est-à-dire de la
part qu'ils prennent au gouvernement de l'état,
c'est s'abuser étrangement. Je ne vois pas qu'ils
puisent des jouissances très-vives dans le droit
dont se trouvent investis cent ou deux cent mille
citoyens sur trente millions d'habitans, de jeter
leur vote dans une urne électorale pour le choix
d'un député : et ceux mêmes qui jouissent de ce
privilége n'en retirent pas, pour la plupart, un
très-grand profit; car un pays d'élections est un
théâtre d'intrigues, de corruption, de vénalité,
d'espérances déçues, d'ambitions désespérées, et
dans un tel pays il y a certainement plus de
mécontens, de dupes et de victimes que de gens
satisfaits.

Quant à la liberté civile et individuelle, nous
venons de nous convaincre qu'elles sont moins
respectées dans les monarchies constitutionnelles

17.

que dans les monarchies absolues : il faut donc
que les admirateurs du gouvernement représentatif cherchent hors du domaine de la liberté des
points de comparaison plus avantageux à leur
objet de prédilection.

Toute société peut se diviser en deux classes
d'hommes, dont les uns commandent et les
autres obéissent. Examinons d'abord si les premiers sont plus heureux dans les monarchies
absolues que dans les monarchies constitutionnelles.

Nos adversaires conviendront sans peine que
les rois qui donnent des chartes à leurs peuples
ne travaillent pas très-efficacement à leur bonheur
personnnel ; ils conviendront également que le
gouvernement représentatif n'a pas été inventé
pour le repos et la félicité des ministres. Sans
cesse en butte à la haine des partis, traînés dans
la boue par les journalistes, entourés de mille
piéges habilement tendus sous leurs pas, harcelés
à la tribune par une opposition adroite ou violente, indignement calomniés dans leurs intentions
les plus pures comme dans leurs actes les plus
justes et les plus utiles, ils mènent une vie toujours agitée, et l'on peut même dire misérable.
Abreuvés de dégoûts, souvent minés par un travail excessif, mal protégés par le monarque qui
lui-même aurait besoin d'un protecteur, plusieurs perdent dans cette galère royale la santé
ou la vie : et celui d'entr'eux qui porte le nom

le mieux assorti à la position de tous, c'est assurément le ministre des travaux publics ; mais ils
se résignent volontiers, tant le commandement
a de charme pour le cœur de l'homme ; aussi
quand ils tombent, ils n'ont pas la consolation
d'être plaints.

Les autres dépositaires de l'autorité royale,
dont les emplois sont amovibles, ne se trouvent
pas non plus dans une position très-rassurante
et très-heureuse ; s'ils ne sont pas d'humeur à
servir toutes les opinions, ils tremblent pour
leur avenir à chaque changement de ministère.
Rien n'est fixe, rien n'est durable dans leur destinée, surtout quand ils occupent un poste élevé :
aujourd'hui ils jouissent d'une existence aisée,
brillante, et demain un coup de vent de la tempête ministérielle les jette rudement sur le pavé
avec leurs femmes et leurs enfans ; et ils essuient
d'autant plus amèrement les revers de la fortune, qu'ils viennent d'en savourer les délices.
Les ministres se consolent de leur disgrâce par
la jouissance d'un titre de pair, et d'une pension
assise sur les fonds de la chambre ou sur les revenus de la liste civile. Mais parmi les agens
subalternes, sacrifiés à l'opinion du moment,
combien de malheureux pères de famille traînent
une vie de douleur et de chagrin jusqu'à l'année
d'un nouveau triomphe du parti qui succombe !
Pendant cet intervalle de repos forcé, le temps
des services requis pour assurer une pension à

leur vieillesse ne court plus ; ils perdent tout à la fois le présent et l'avenir ; et remarquez qu'à l'époque de leur bonne fortune ils sont privés de la considération attachée à la stabilité des emplois , et que l'incertitude des événemens futurs mêle une désolante inquiétude à leurs plus douces jouissances.

Dans les monarchies absolues , les services sont mieux récompensés ; l'existence des agens du pouvoir participe de la nature et de la solidité du gouvernement ; ils mènent une vie tout à la fois laborieuse et paisible , et l'assurance de se procurer , par un travail non interrompu , des ressources précieuses pour l'âge des infirmités , les console des fatigues attachées à leurs emplois : ils jouissent du présent et de l'avenir.

Sans doute il y a dans ces monarchies des victimes innocentes de l'intrigue et de la calomnie ; le prince peut être trompé sur le mérite par les basses manœuvres de la jalousie et de la haine , et l'histoire des cours ne présente que trop d'exemples de telles erreurs et de telles injustices : mais ces faits tiennent à la faiblesse humaine, et non au vice des institutions sociales ; et ils y sont infiniment plus rares que dans les monarchies constitutionnelles, où les agens du pouvoir sont immolés non-seulement à l'intrigue, mais au système du jour, où tous les deux ou trois ans, et même plus souvent, on voit tomber dans une semaine, pêle mêle les uns sur les autres, les directeurs-généraux, les préfets, les sous-préfets, les maires, les conseillers-d'état, les directeurs des administrations diverses, les percepteurs de villages, voire même des commis aux douanes et aux barrières, tous entraînés à la fois dans le fleuve de l'oubli par sept ou huit ministres, qui choient les premiers et précipitent avec eux des centaines de fonctionnaires publics.

Les admirateurs des chartes modernes sont d'accord avec nous que le gouvernement représentatif est peu commode pour la classe qui commande ; mais ils prétendent que le peuple, qui se soumet et obéit, est mille fois plus heureux sous ce régime que sous celui des monarchies absolues.

Un grand élan y est imprimé aux esprits, soit par la liberté de la presse, soit par l'égalité politique, soit par les diverses institutions de l'état. De cet élan général il résulte une instruction plus étendue dans les classes laborieuses, et cette instruction concourt au bonheur du peuple, en adoucissant ses mœurs.

L'esprit du gouvernement représentatif est un esprit de tolérance et d'humanité, qui se fait remarquer jusque dans l'allégement du sort des prisonniers, et dans une louable tendance à tempérer les rigueurs de la législation criminelle.

Enfin, nulle part le peuple ne jouit d'une plus grande aisance que sous un gouvernement représentatif : voyez quel essor est donné au commerce et à l'industrie ! à quel degré de splendeur s'élèvent les manufactures ! combien de capitaux sont mis en circulation ! que d'entreprises de tous genres fournissent du travail aux malheureux ! Les ouvriers reçoivent un salaire élevé ; les marchandises se vendent à bas prix, et le peuple, mieux nourri, mieux vêtu, jouit de toute la somme de bonheur compatible avec sa condition : voilà ce qu'ils appellent la civilisation portée à son degré de perfection par le gouvernement représentatif.

On dirait que le siècle des monarchies constitutionnelles est l'âge d'or de notre vieux monde. Il faut cependant prendre garde de s'engouer d'une chimère ; et nos lecteurs jugeront bientôt, avec connaissance de cause, si cette peinture du bonheur des nations, sous un gouvernement représentatif, est une réalité ou bien un tableau d'imagination sorti du cerveau creux d'un philantrope.

D'abord je ne conviendrai pas que l'instruction répandue dans la classe pauvre et laborieuse, à l'ombre du gouvernement représentatif, contribue beaucoup à policer les mœurs d'une nation. Une instruction bien dirigée, l'instruction religieuse surtout, produit cet heureux effet ; elle renferme l'exposition des devoirs de tous les âges et de toutes les conditions ; elle présente les motifs les plus puissans de les accomplir : mais l'instruction de l'impiété, compagne inséparable de la liberté de la presse dans ce siècle de fer, abrutit le peuple et le rend féroce, bien loin d'adoucir ses mœurs. Dans quinze ans, deux ou trois millions de livres impies et licencieux ont été réimprimés et vendus à vil prix sur tous les points du royaume ; les colléges, les bibliothèques, les ateliers, les cabanes mêmes des paysans, furent tristement inondés de cette boue infecte, et des millions de feuilles quotidiennes apportèrent encore leurs eaux impures à ce torrent d'une effroyable corruption. Croit-on, en vérité, que le peuple soit plus doux, plus humain, quand il apprend chaque jour à blasphémer Dieu, à maudire ses ministres comme des imposteurs, à s'affranchir de toute autorité, de toute règle, de tout culte ? Les mœurs du paysan, du manœuvre, de l'artisan, sont-elles plus honnêtes, lorsqu'on leur a persuadé qu'ils n'ont point d'âme, que tout se dissout et périt avec le corps, et qu'il n'y a de différence entre eux et la brute que dans l'habit, l'angle facial et la station bipède ? seront-ils plus fidèles observateurs des lois et des devoirs domestiques, quand ils ne redouteront d'autres maux que la maladie et la misère ? quand ils ne reconnaîtront d'autres freins aux passions que les menottes du gendarme et le bras du bourreau ? seront-ils plus consolés dans le malheur, plus heureux dans la prospérité, lorsque, jetant un regard vers l'avenir, ils n'apercevront devant eux d'autre éternelle demeure qu'un sépulcre un peu mieux orné que la fosse où l'on jette les restes impurs du chien qui veille à leur garde , ou du bœuf qui trace des sillons dans leurs champs ? Philosophes modernes, prôneurs de révolutions , c'est ainsi que vous civilisez les nations ! telle est l'instruction que vous donnez à la classe pauvre , par l'usage impie que vous faites de la liberté de la presse ! et vous osez vanter les lumières que vous versez dans le sein de la patrie ! Avec une telle instruction , le peuple est en effet mieux façonné pour le crime , pour les émeutes , pour le renversement de la société que vous voulez opérer à tout prix : mais depuis quand la civilisation consiste-t-elle dans le vol , le meurtre , les divisions intestines et les autres fléaux de l'anarchie ? Cessez donc........ Cessez donc de vous décorer des beaux noms d'amis des hommes et d'apôtres de la vertu ! la postérité ne vous décernera point ces titres pompeux : elle vous jugera d'après vos œuvres ; elle gravera sur votre tombe le sceau d'ignominie dont elle flétrit le nom et la cendre des apôtres du désordre et des bourreaux de l'humanité !

La même civilisation, fondée sur la même instruction, a porté la corruption dans les colléges de l'Université : à Paris, la plupart de ses établissemens n'étaient que des écoles publiques de libertinage et d'impiété, et c'est de ces temples consacrés à Vénus et au néant qu'est sortie cette jeunesse ardente qui ne rêve qu'indépendance et révolution des empires, que l'on voit sans cesse à la tête d'une vile populace, dans les séditions et les émeutes, et qui, pour mettre un jour la France au pillage, pour s'enrichir de ses dépouilles sur le tombeau de ses enfans et sur les ruines de ses temples, s'anime au cruel plaisir de voir couler le sang dans des assemblées infernales, où l'on inaugure et salue les bustes de Robespierre et de Marat. Voilà jusqu'à quel point sont adoucies et policées les mœurs par cette liberté de la presse, conséquence rigoureuse des gouvernemens représentatifs : les méchans se réjouissent des progrès d'une telle civilisation, et les niais se pâment d'admiration à la pensée du perfectionnement de l'ordre social.

Que l'on juge, d'après ce tableau de mœurs, hélas ! trop vrai, de l'esprit de tolérance et d'humanité qu'inspire un gouvernement représentatif. Que l'on cite maintenant, en preuve de cet admirable esprit, l'allégement du sort des prisonniers, la tendance générale vers une législation criminelle plus douce et plus humaine ! vraiment, voilà de grands actes de bienfaisance ! Je ne m'étonne pas que, dans un temps de révolution, la plus tendre compassion ait pour objet de prédilection les voleurs, les assassins, les corrupteurs de l'innocence, les factieux de tous les pays ; mais au moins nos libéraux devraient-ils réserver une partie de cette héroïque pitié pour les citoyens vertueux ; et je ne m'explique pas comment ils versent des larmes d'attendrissement sur les chaînes de quelques scélérats, tandis qu'ils contemplent, les uns d'un œil indifférent, et les autres avec une joie féroce, les malheurs domestiques et publics qui menacent la société d'une complète dissolution.

Vous voulez rendre la législation criminelle plus douce et plus humaine : c'est très-bien ; il serait à désirer que vous trouvassiez le moyen de la supprimer entièrement, sans porter atteinte à l'ordre public. Mais avant de tempérer les rigueurs de la justice, ne négligez rien pour rendre à la Religion tout son empire sur le cœur de la nation : car si le frein qu'elle met aux passions est brisé, vous vous trouverez placés dans la triste alternative ou de réprimer leurs excès par des lois cruelles, ou de laisser les crimes se multiplier dans la société. Des hommes pervers, à qui l'on a dit que tout finit avec le corps, s'effraient peu de la mort qu'ils savent être inévitable ; et, dans ce siècle d'irréligion, on en voit plusieurs la braver avec dédain jusqu'au pied de l'échafaud : il n'y a que l'appareil des supplices qui pourrait contenir de tels monstres par la terreur ; ils redoutent plus les tourmens que la mort.

Une pareille législation vous répugne, je le conçois ; elle me répugne peut-être plus qu'à vous-même : et cependant, sans la Religion, qui polit les

mœurs et qui retient les méchans par des terreurs
salutaires, elle devient une nécessité; à moins que,
par pitié pour des scélérats, on ne veuille devenir
cruels envers les innocens.

Parlons maintenant de cette civilisation toute
matérielle, produite par les gouvernemens représentatifs, qui consiste dans l'accroissement des
jouissances des sens, et dans un état d'aisance et
de prospérité, que l'essor du commerce et de
l'industrie procure aux classes pauvres et laborieuses.

Il en est de cette civilisation comme de ces
mets délicats qui flattent, il est vrai, le goût, mais
qui minent chaque jour le tempérament et abrégent la vie par de nombreuses infirmités. Les arts
destinés à multiplier et raffiner avec excès les
jouissances matérielles de la vie humaine, intro-
duisent bientôt dans les états un luxe dangereux,
qui corrompt les mœurs, amollit le caractère national, sème la division entre les époux, les pères
et les enfans, et produit des désordres et des
malheurs sans nombre : il n'y a sur cet objet
qu'une voix parmi les sages de l'antiquité, comme
parmi nos plus habiles publicistes. Les lois somp-
tuaires de Rome et de plusieurs autres états attestent assez que les hommes les plus sages ont toujours redouté pour les peuples les effets du luxe:
il faut donc modérer son admiration quand on
en voit un mouvement trop violent dans les spéculations du commerce et de l'industrie. Il faut

se défier d'une prospérité nationale qui repose principalement sur l'exploitation des mines, le perfectionnement des machines à vapeur, le nombre et la splendeur des manufactures, la multiplicité des canaux, les routes de fer, la circulation d'immenses capitaux : tout cela peut exister, sans que le peuple soit plus heureux ; car, pour qu'il goûte un véritable bonheur, il ne suffit pas qu'il ait un peu plus d'argent à dépenser chaque jour dans les jeux publics et les tavernes. Un peuple religieux, mais peu riche, chez qui l'autorité paternelle est assez respectée pour maintenir l'ordre et la paix dans les familles, éprouve plus de vraies jouissances, plus de bonheur réel qu'un peuple corrompu par le luxe, qui ne connaît d'autres plaisirs que ceux de la table et de la débauche. Il est plus pauvre, mais il goûte cette paix que donne la vertu, et que le vice bannit du cœur ; il a moins de ces jouissances qui nous viennent par les sens, mais il en a d'autres plus pures et plus suaves, que la Religion verse à grands flots dans les âmes innocentes : il puise d'ailleurs dans ses habitudes droites et honnêtes une force de corps, une santé robuste, qui l'affranchissent des cruelles infirmités par lesquelles le vice lui-même châtie ses stupides adorateurs ; et les familles ne sont point désolées par les plaintes amères, les divisions, les haines, les vols domestiques et le mépris de l'autorité paternelle, suites lamentables d'un luxe corrupteur. Ainsi tout est plus calme, tout est plus heureux chez ce peuple simple et religieux, parce que tout y est mieux réglé par la foi, la conscience et la vertu : je suis donc loin de croire que le peuple jouisse d'un plus grand bonheur dans les monarchies constitutionnelles, parce que le commerce et l'industrie y prospèrent à un plus haut degré que dans les monarchies absolues ; je vois, au contraire, dans cette prospérité toute matérielle la cause inévitable d'un luxe funeste aux mœurs, qui produit des maux incalculables dans la famille et dans l'état.

Outre ceux que nous venons de signaler, il en est un dont les suites sont énormes pour la société : c'est un amour excessif de la fortune, qui pervertit le caractère national, en y diminuant le sentiment d'honneur. Un pays où le commerce et l'industrie sont portés trop loin, est un pays consacré au culte de l'or : dans l'opinion publique, ce métal est le bien suprême, et la considération peu de chose ; la vertu, la noblesse pauvre y est dédaignée : or une nation arrivée à cet état de dégradation n'attend plus, comme Rome vénale, qu'un acheteur. Les sentimens généreux, l'amour de la patrie, le désintéressement, l'esprit de dévouement et de sacrifice y sont remplacés par un égoïsme brutal : on n'y demande plus si telle action est vertueuse, belle, héroïque, mais combien tel ou tel emploi rapporte d'espèces sonnantes ; la nation se prosterne devant des idoles d'or et d'argent ; elle se croit grande , parce qu'elle est riche ; elle se croit puissante , parce que l'étranger vient admirer ses routes , ses canaux , ses machines , ses étoffes précieuses et les palais de son industrie : mais sous cet extérieur brillant , elle porte le germe d'une affreuse désolation. Dans cette nation régie par un gouvernement représentatif , il se trouve, comme nous l'avons vu de nos propres yeux , une foule de négocians et de banquiers ambitieux qui, pour arriver au pouvoir , s'établissent en conspiration permanente contre le trône : ils paient la révolte, afin de réunir plus tard en leur personne les honneurs à la fortune ; car la fortune seule les rend malheureux : ils sont jaloux de l'illustration et du crédit de la noblesse , et la soif du pouvoir les dévore avec d'autant plus d'amertume , que leur profession semble devoir les éloigner davantage des affaires publiques ; aussi se sont-ils mis à la tête de la révolution de juillet : ils ont jeté dans la rue des pièces de monnaie à une populace ignoble , en lui commandant la révolte ; elle les a ramassées, elle s'est battue avec acharnement , et , devenue victorieuse par un concours d'événemens inexplicables à la sagesse humaine , elle s'est enivrée d'orgueil , après s'être gorgée de vin et rassasiée de sang : pour récompense de son triste courage, le nom de héros lui a été pros-

titué ; et il a fallu profaner un temple dédié à la
patronne de Paris, pour célébrer dignement l'apo-
théose de ces sans-culottes de 1830.

Mais examinons encore de plus près cette civilisation matérielle, produite par les progrès rapides
du commerce et de l'industrie. J'ai parcouru dans
tous les sens un des départemens les plus re-
nommés par l'éclat et la prospérité des manufactures, et, après avoir considéré ces monumens de
notre civilisation, après m'être long-temps entretenu de leur influence sur le pays, avec les habitans les plus respectables, je n'ai pu que gémir
sur l'état moral et sanitaire de cette riche contrée ;
j'ai frémi en apprenant de tous côtés, par des
rapports uniformes, que presque toutes ces fabriques étaient des lieux de prostitution. La jeunesse
des deux sexes y travaille dans les mêmes ateliers,
en sort aux mêmes heures, et contracte des habitudes dépravées ; elle se livre sans retenue à tous
les excès de l'intempérance et de la volupté ; et,
par une suite nécessaire de ces lamentables désordres, une population jadis forte, et d'une
belle carnation, s'appauvrit d'une manière alarmante. Outre la corruption des mœurs qui mine
le principe vital, il existe encore d'autres causes
de cette dégradation : le tempérament des ouvriers
est affaibli par les habitudes de la vie sédentaire,
l'air épais et malsain des ateliers ; et j'ai vu de
pauvres enfans de sept ou huit ans aller le soir
vers ces palais de l'industrie, pour y travailler la

18.

nuit et y recevoir quelques sous, vil prix de leur santé flétrie et ruinée dès le premier âge. Le teint de ces victimes de l'or était pâle, leurs joues creuses, leur visage maigre et défait ; et ces malheureux enfans marchaient d'un pas lent vers le lieu de leur supplice.

Enfin, dans plusieurs des contrées où s'élèvent ces vastes fabriques peuplées de trois à quatre mille ouvriers, l'appauvrissement de la nature était tel, qu'un général, présidant au recrutement, et voyant avec effroi le nombre des conscrits que leurs infirmités plaçaient dans le cas de la réforme, déclara hautement que si le gouvernement n'apportait un prompt remède au mal, bientôt ce département ne fournirait plus de soldats à l'état. Quant aux agriculteurs, ils se plaignaient amèrement du tort que l'industrie leur causait : autrefois, me disait le maire d'une petite ville, avec trois cents francs je payais mes ouvriers ; maintenant mille francs me suffisent à peine pour les satisfaire ; si nous n'élevons très-haut le prix de leurs journées, ils nous menacent de nous quitter pour travailler dans les fabriques. Combien l'agriculture, la véritable richesse des états, ne doit-elle pas souffrir d'un pareil ordre de choses ! et remarquez que le cultivateur souffre sans aucun avantage réel pour la population ouvrière, sujette à toutes les infirmités d'une vie sédentaire, malsaine et corrompue. Ajoutez à cela, que lorsque le crédit s'é-

branle, et quand une de ces maisons de commerce vient à crouler, trois, quatre mille ouvriers languissent tout à coup sur le pavé, sans
travail, sans pain, et demeurent à la charge
du pays; car ces malheureux ne savent point
économiser pour l'avenir : chaque semaine
voit disparaître le fruit de leur travail; et
dans les temps de troubles et de révolutions,
qui sont précisément ceux où les banqueroutes deviennent plus nombreuses, combien
n'est pas funeste à la tranquillité publique cette
population d'ouvriers affamés, qui passent tout à
coup des plaisirs de la table à une affreuse indi-
gence ! Ils n'ont pas même, pour vivre, la ressource de vendre leurs journées aux cultivateurs;
n'étant plus accoutumés aux rudes travaux de
la vie champêtre, leurs bras énervés n'auraient
point la force de tracer des sillons dans le sol, ni
de manier, sous les feux du soleil, la bêche ou la
faux : il est donc facile aux factieux de les réunir
sous leurs drapeaux. Pour renverser le trône de
Charles X, les chefs des fabriques de Paris fer-
mèrent leurs ateliers; et aussitôt cinquante ou
soixante mille ouvriers se mirent au service de la
révolte.

Vous voulez donc, me dira-t-on, abattre les
manufactures et ruiner le commerce, afin que
la nation revienne à des habitudes plus fortes,
en revenant à des mœurs plus pures? non, sans
doute; mais en toutes choses il y a des barrières

qu'il faut respecter, et quand on les franchit on tombe dans le désordre. Tout gouvernement doit protéger le commerce et l'industrie, et, de l'aveu de M. Guizot, Louis XIV, qui, certes, régnait en monarque absolu, *favorisa l'industrie et le commerce* (1); mais la sagesse et la politique conseillent d'encourager encore plus l'agriculture : celle-ci conserve les mœurs, tandis que l'industrie les corrompt; l'une fortifie les corps, tandis que l'autre les énerve; l'agriculture nourrit la population qu'elle produit, tandis que l'industrie l'accroît sans lui procurer une subsistance assurée.

Dans la distribution des primes d'encouragement, un gouvernement éclairé donnera la préférence aux arts nécessaires et utiles sur ceux de simple agrément et de luxe, et, par de sages règlemens, il diminuera les abus énormes qui déshonorent la plupart des manufactures; car il ne peut s'en rapporter au zèle des chefs de ces établissemens : la plupart apprécient les ouvriers à peu près comme Buonaparte considérait les conscrits. Ceux-ci n'étaient à ses yeux que *de la chair à canon*, et les ouvriers sont pour les fabricans *de la chair à métier;* il leur importe peu d'enlever des bras à l'agriculture, des soldats à la patrie,

____

(1) *Du gouvernement de la France depuis la restauration, et du ministère actuel,* année 1820, p. 12 du Supplément.

des hommes vertueux à la société, des chrétiens à la Religion ; ils voient avec un cœur de glace leurs semblables tomber dans une dégradation physique et morale, qui contriste les âmes honnêtes. N'adorant que la fortune, peuvent-ils être sensibles à la misère d'autrui ? plongés dans l'amour de la matière, ils ne contemplent avec joie que le jeu de leurs machines, et l'or qui tombe chaque jour, à grands flots, dans leurs coffres de fer.

Hâtons-nous cependant de rendre justice aux fabricans estimables qui sont de vrais pères pour leurs ouvriers : nous en avons connu plusieurs qui avaient établi dans leurs manufactures la séparation des deux sexes, leur sortie à des heures différentes, des écoles chrétiennes, des caisses d'épargne, enfin tout ce qui pouvait conserver les mœurs et procurer le bonheur des ouvriers. Les corrupteurs étaient, comme les voleurs, impitoyablement chassés de leurs maisons, et ces hommes respectables jouissaient autant du bien qu'ils faisaient à cette classe laborieuse, que de l'accroissement journalier de leur brillante fortune : mais, je le dis avec douleur, ce sont là des exceptions aussi rares qu'honorables.

A Paris, il existait des fabriques dont les chefs commandaient aux ouvriers de travailler le dimanche, sous peine d'être congédiés ; un autre jour de repos leur était assigné, afin qu'ils oubliassent la fête du Seigneur ; ici l'impiété se joignait au libertinage pour dégrader l'humanité, et la civilisation de la classe ouvrière n'était plus que l'abrutissement complet de l'esprit, par l'empire des sens. Et comment pourraient-ils avoir des mœurs honnêtes, ces hommes du peuple, dont le caractère n'est adouci ni par l'éducation, ni par la Religion ! ils ne connaissent d'autre Dieu que l'argent ; ils n'aiment d'autres plaisirs que ceux de la table et de la débauche. Véritables sauvages du monde civilisé, ils égalent en férocité les sauvages des forêts, sans posséder leurs vertus domestiques : paroles grossières, chansons licencieuses, propos impies, habitudes dégoûtantes, tout ce qui dépouille l'homme de sa dignité, tout ce qui le ravale à la condition de la brute flétrit leur nature avilie ; aussi le sceau du vice est-il gravé sur leur front ; on remarque dans les traits de leur visage quelque chose de bas, de sinistre et d'effronté ; tout annonce en eux la présence et les ravages d'une corruption profonde ; les femmes elles-mêmes ne sont point exemptes de ces formes hideuses qu'on observe dans les hommes : quelle civilisation ! elle est tout à la fois le résultat de l'industrie et de l'impiété.

Ce sont là, dira-t-on, des abus qui ne prouvent rien contre le gouvernement représentatif ; ils existent dans les monarchies absolues comme dans les monarchies constitutionnelles. Oui, sans doute, ce sont des abus, et ils sont énormes ;

mais une partie de la corruption morale qui souille les fabriques, prend sa source dans cette impiété que la presse propage sous les gouver-nemens représentatifs, et dans l'amour excessif de l'or, maladie invétérée des monarchies cons-titutionnelles : il est d'ailleurs plus difficile d'y mettre des bornes que dans les monarchies ab-solues. Dans ces dernières, le gouvernement est tout-à-fait indépendant de la classe industrielle ; il peut, par de sages règlemens, contenir le commerce dans les limites prescrites par l'intérêt de l'agriculture et des mœurs, sans courir aucun danger d'être entravé dans sa marche ; et les mesures qu'il prendra pour remédier à la dégra-dation des ouvriers, recevront une facile exécu-tion : mais sous un gouvernement représentatif, le ministère a besoin, au moment des élections, du concours des négocians, des banquiers, des fabricans. Cette classe est nombreuse, riche, puissante : s'il prétendait prescrire des bornes à ses entreprises, s'il usait de sévérité pour la ré-pression des abus dans les manufactures, s'il n'accordait pas un encouragement excessif à toutes les opérations de l'industrie, aussitôt des mur-mures éclateraient sur tous les points du royaume ; on le représenterait aux yeux du pu-blic comme l'ennemi de la prospérité nationale ; et c'est pour se mettre à l'abri de cette odieuse accusation, que les divers ministères qui se sont succédés si rapidement ont tout fait pour le commerce', tout sacrifié à l'industrie. La grande occupation des ministres du roi , sous le régime des chartes , c'est les élections : pour avoir des votes favorables , on immole les intérêts de la Religion , des mœurs , de l'agriculture ; avant tout , il faut ranger les électeurs de son côté ; le reste, quelqu'important qu'il soit, arrivera quand il pourra et comme il pourra : telle est la cause de la funeste insouciance avec laquelle le gouvernement a considéré cette impiété révoltante , cette dégradation honteuse, dont les ravages sont immenses dans les pays de fabriques. Quels fruits a-t-il recueillis de cette complaisance servile ? une monstrueuse ingratitude.

En Angleterre, tout, au premier aspect, annonce une fortune brillante ; un fleuve d'or coule sous son ciel brumeux ; non-seulement elle supporte une dette énorme, elle trouve encore des trésors pour payer les guerres qu'elle allume sur le continent : ses vaisseaux couvrent toutes les mers ; son pavillon flotte dans tous les ports ; ses colonies , ses manufactures sont aussi florissantes que nombreuses ; les quatre parties du monde versent dans son sein des richesses immenses, et les voyageurs de cette nation se montrent à toute l'Europe , environnés de l'éclat de l'opulence et du luxe. Telle paraît aux yeux de l'univers cette reine des mers : eh bien ! sous son manteau royal elle cache une misère profonde ; la population ouvrière ne reçoit pas un salaire proportionné à la cherté des denrées , et l'impôt de deux cent quarante millions pour les pauvres est insuffisant pour secourir l'innombrable multitude de malheureux qui meurent de faim.

Voici le tableau que fait Cobbett de la misère publique en Angleterre : après avoir rappelé l'aisance et le bonheur dont les Anglais jouissaient avant la réforme , il s'exprime sur leur état actuel, dans les termes suivans : « Allez « maintenant dire ceci à ces *pauvres diables* , « qui dans ce moment ne se nourrissent que de « plantes marines en Irlande ; qui, dans l'York- « shire, disputent aux pourceaux la nourriture « dégoûtante que contiennent leurs auges ; qui « dévorent, dans le Lancashire et le Cheshire, la « chair des chevaux morts ; qu'on voit, dans le « Hampshire et le Sussex, attelés comme les che- « vaux , et traînant du gravier ; auxquels les « magistrats allouent trois deniers par jour dans « le Norfolk ; qui enfin, par toute l'Angleterre, « sont plus mal nourris que les criminels dans « les prisons......

« Qu'eût répondu Fortescue (grand chancelier « sous Henri VI), si on lui avait dit qu'il vien- « drait une époque où le soldat, en Angleterre , « recevrait deux fois et même trois fois plus que « le journalier ; que les pommes de terre se- « raient la seule nourriture du laboureur ; que « l'on ferait des distributions de soupes pour

« nourrir les Anglais ; que des juges, assis sur le
« banc qu'il avait occupé lui -- même pendant
« vingt ans, déclareraient (comme on l'a fait
« l'année dernière dans la plainte contre les ma-
« gistrats de Norkthellerton) que le pain et
« l'eau sont généralement la nourriture des ou-
« vriers anglais.....

« Dans un rapport d'un prêtre anglican, pu-
« blié par la chambre des communes en 1824,
« on voit que les ouvriers du Suffolk sont tous
« des voleurs, trop profondément corrompus,
« même pour être mis à la raison. Dans un autre
« rapport d'un shérif de Wiltshire (en 1820),
« on voit que la nourriture habituelle des la-
« boureurs, dans la campagne, est la pomme
« de terre. Les juges de la cour du banc du roi
« (1825) ont déclaré que la nourriture géné-
« rale des ouvriers était le pain et l'eau. Un
« rapport des comités du Nord (1826), publié
« sur les lieux, dit qu'un grand nombre d'indi-
« vidus meurent presque de faim ; que quel-
« ques - uns mangent de la chair de cheval et de
« mauvaise graisse....... La nation autrefois la
« plus grande et la plus morale du monde est
« aujourd'hui une nation de voleurs incorrigi-
« bles, et très-certainement la plus appauvrie,
« la plus déchue, la plus dégradée qui ait ja-
« mais existé. » (Lettres sur la Réforme protestante, p. 296 et suivantes.)

Extasiez-vous maintenant sur le bonheur du

peuple dans les pays constitutionnels, où le commerce se montre dans toute sa splendeur !

Dans les monarchies absolues, il y a moins de grandes fortunes parmi les fabricans et les négocians, mais il y a plus d'aisance dans la nation; il y a surtout plus de ce bonheur réel que procurent des habitudes pures et vertueuses, et dont on ne savoure les délices que dans un pays tranquille, sous un gouvernement fort et paternel. L'avons-nous goûté, ce bonheur, sous le régime de notre charte constitutionnelle? malgré notre prospérité commerciale et industrielle, n'avons-nous pas été sans cesse en proie aux plus vives inquiétudes? La jeunesse, emportée par un esprit de vertige et d'impiété, se livrait à la violence des passions les plus fougueuses; la France était couverte de mécontens et d'ambitieux, qui soupiraient après le désordre et méditaient le bouleversement de l'état; la société, divisée par les opinions politiques, ressemblait à une arène de gladiateurs; on ne conversait plus, on disputait avec aigreur; on ne s'entretenait plus des lettres et des arts, la politique absorbait toutes les intelligences et se mêlait à tous les discours; elle portait la dissension jusqu'au sein des familles, entre les époux et les frères, les pères et les enfans: enfin nous marchions sur un volcan, et chaque jour nous nous demandions, avec une anxiété mortelle, en quelle année, en quel mois la lave descendrait de la montagne pour incendier nos foyers domestiques.

Le bonheur d'une telle civilisation est difficile à comprendre; et quand on a vu dans les monarchies absolues la paix, la sécurité, la douceur du commerce répandre au milieu de la société les plus vives jouissances, on ne peut accorder que les peuples soient heureux sous le gouvernement représentatif. Ayons un peu moins d'or, mais un peu plus de religion, de mœurs, d'union, de tranquillité, et nous serons plus heureux.

Le respect qu'on porte à l'autorité paternelle dans les monarchies absolues, contribue encore à maintenir les vertus et la paix au sein des familles. Dans les états constitutionnels, où la fièvre de l'indépendance travaille les esprits, la jeunesse prend l'habitude de décider d'un ton tranchant les plus hautes questions de l'ordre social; flattée par les partis, elle se croit appelée à gouverner le monde; elle ne respecte plus ni la vieillesse, ni la paternité; toute subordination lui devient odieuse, elle est ivre de liberté; ce mot, qui résonne sans cesse à ses oreilles, flatte son orgueil, et l'exalte jusqu'au fanatisme.

Il est d'ailleurs fort remarquable que les lois accordent beaucoup plus à l'autorité paternelle dans les monarchies absolues, que dans les monarchies constitutionnelles : on veut que cette autorité soit forte pour maintenir l'ordre dans la famille, comme le pouvoir royal est fort pour conserver la paix dans l'état ; les idées étant monarchiques et dans ceux qui gouvernent et dans la nation elle-même, elles exercent leur action sur les lois et sur les mœurs.

Dans ce siècle, où l'argent est placé si haut dans l'opinion , n'oublions pas de faire observer que les gouvernemens représentatifs ne sont pas des gouvernemens à bon marché. Les révolutions coûtent fort cher aux peuples : or les pays constitutionnels sont des pays de révolutions ; leurs finances ne peuvent donc rester long-temps dans un état prospère. D'ailleurs, sous le régime des chartes, l'ambition de l'or étant plus commune encore que l'ambition du pouvoir, on paie en espèces sonnantes les services qu'on récompense par la considération et l'honneur dans les monarchies absolues ; et il y a tant de députés, tant d'hommes de lettres, tant de journalistes, tant d'électeurs prêts à se vendre, et qu'il faut acheter ; il existe une police si nombreuse à solder, qu'il est nécessaire de grever les contribuables d'impôts inconnus ailleurs, pour faire rouler la machine constitutionnelle ; il est même des guerres auxquelles le gouvernement est entraîné par l'opinion du moment, et dont le peuple paie les frais avec son sang et son argent : témoin les deux guerres déclarées aux Hollandais par Louis-Philippe pour soutenir les Belges. Le ministère a fait le siége d'Anvers afin d'annoncer aux députés, dans le discours d'ouverture de la session, que cette ville était au pouvoir de not·e allié de révolution.

Enfin, il n'y a pas de bonheur pour un peuple quand le gouvernement est miné par les causes les plus actives de dissolution et de mort : que lui sert-il de vivre dans un état prospère, durant quelques années, si, ce rapide intervalle de temps écoulé, le trône tombe et l'état est bouleversé de fond en comble ? de tous les maux qui peuvent affliger une nation, l'anarchie est le plus grand. Lorsque, dans un royaume divisé, nul pouvoir n'est assez fort pour régner autrement que par la violence, toutes les lois de la justice sont méconnues, toutes les libertés publiques violées, tous les droits des citoyens foulés aux pieds : chacun tremble pour sa fortune, sa vie, les plus tendres objets de ses affections ; on s'endort avec anxiété, ne sachant pas si pendant la nuit les agens de la tyrannie ne viendront point chercher des victimes à la faveur des ténèbres ; et si l'on échappe pour cette fois à leurs mains armées de chaînes, on n'évite pas la douleur d'entendre le lamentable récit de crimes et de malheurs arrivés dans les villes voisines : partout le citoyen s'arme contre le citoyen, le frère contre le frère, le fils contre le père ; un parti renverse l'autre ; celui-ci se relève et frappe à son tour le vaincu ; alors les prisons se remplissent d'innocens ; les échafauds couvrent le sol de la patrie. Dans ses accès de frénésie et de rage, la nation elle-même se déchire cruellement de ses propres mains : c'est le crime qui règne sous le manteau du bien public ; il s'asseoit sur le trône en passant ; là, il s'entoure de délateurs, il calomnie pour violer les propriétés, il signe des listes de proscrits, il se baigne dans le sang ; chaque jour, enfin, il envoie à la patrie, avec un sourire féroce, des calamités si terribles, que les fléaux de la guerre étrangère ne sont rien en comparaison : aussi Bossuet a-t-il dit, avec une raison profonde, que le plus mauvais gouvernement est celui qui présente le plus de chances d'anarchie.

Or l'anarchie, nous l'avons assez démontré dans le cours de cet Ouvrage, menace sans cesse les monarchies constitutionnelles ; elle est pour ces états, atteints d'une maladie organique incurable, un mal certain, inévitable. Les monarchies absolues, au contraire, possèdent des moyens puissans de s'en garantir ; elles sont tout à la fois et plus fortement constituées, et plus capables de rendre les peuples heureux, par les immenses avantages qui découlent du sein même de leurs institutions.

CHAPITRE XVIII.

Il n'y aura de salut pour la France qu'à l'époque où embrassant de nouveau les saines doctrines en Religion et en politique, sur lesquelles est fondé tout ordre social, elle se reposera de ses fureurs populaires à l'ombre d'une monarchie absolue, mais temperée ; et alors seulement l'Europe monarchique triomphera de l'esprit révolutionnaire qui menace tous les trônes.

Nous avons terminé l'examen du gouvernement représentatif fondé par la charte de 1814, et le jugement que nous en avons porté repose tout entier sur des faits notoires qui se sont accomplis sous nos yeux, sur des observations puisées dans la connaissance du cœur humain et dans l'histoire des empires. Nous reprochera-t-on d'avoir insisté sur ses inconvéniens, et d'avoir dissimulé les biens qu'il procure à la société ? Ce reproche serait injuste ; car nous avons commencé notre examen par l'exposition impartiale des avantages que ses partisans lui attribuent. Mais, dans le cours de cet Ouvrage, nous avons fait voir qu'à côté de ces avantages se trouvent des inconvéniens tellement graves, que la somme des maux l'emporte infiniment, dans la balance, sur la somme des biens ; nous avons surtout démontré, par des faits et des raisonnemens plus nombreux , le point principal de la discussion, savoir que le gouvernement représentatif est miné par des principes de dissolution et de mort qu'aucune institition salutaire, qu'aucune loi sagement conçue n'est capable de paralyser : or, en établissant cette importante vérité , nous avons prouvé que tous les avantages politiques attribués à ce gouvernement sont nuls pour procurer le bonheur d'une nation ; car, s'il ne peut durer, il laisse tomber la société dans le chaos de l'anarchie, situation violente et désespérée qui renferme, ainsi que nous venons de le faire observer, les plus grands malheurs dont une nation puisse être affligée.

Maintenant, pour remplir dans toute son étendue la tâche que nous nous sommes imposée, il nous reste à fixer sur l'avenir les regards de nos lecteurs. Nous devons examiner quel sera le gouvernement qui mettra fin à la longue chaîne des révolutions qui bouleversent la France ; à quelle heureuse époque elle passera du règne du désordre, du crime et du malheur, au sein de la justice, de la force et de la paix.

Tout ce que nous avons dit des vices inhérens au gouvernement représentatif fondé par la charte de 1814, s'applique naturellement à la monarchie constitutionnelle de 1830. Ainsi, on

19

peut annoncer sa chute prochaine, comme il était facile de prévoir celle de 1814 ; elle présente même bien moins de garanties de force et de durée : car, outre les principes de dissolution qui ruinent tout gouvernement représentatif dans lequel ne domine point une aristocratie riche, puissante et maîtresse des élections des députés, la monarchie de 1830 recèle encore des causes actives d'anarchie, qui tiennent au vice de son origine, à la fausseté des principes proclamés par ses fondateurs, aux fautes récemment commises par les ministres de Louis-Philippe, et à la situation présente de l'Europe.

Selon la judicieuse observation de Machiavel, le prince qui s'empare d'un trône auquel il n'est point appelé par la constitution de l'état, s'y maintient difficilement, parce qu'il a tout à la fois pour ennemis et les partisans de l'ancienne dynastie, et les hommes qui ont placé la couronne sur sa tête, mais dont il ne peut satisfaire les prétentions ambitieuses. Or telle est la périlleuse situation du chef de la branche cadette de la maison de Bourbon : il faut qu'il résiste constamment aux attaques des légitimistes et des révolutionnaires trompés dans leurs espérances. Les premiers sont très-nombreux : les seconds le sont moins ; mais ils se considèrent comme des dupes et des victimes du nouveau roi ; le dépit, la haine, la jalousie, la vengeance bouillonnent dans leurs âmes ; ils sont organisés, et l'énergie qui les anime les rend capables d'un coup de main audacieux, qui dans un instant peut tout renverser. Ces deux partis ont pour armes les terribles instrumens de destruction dont la constitution de l'état est l'arsenal; et certes, ils en font un usage assez redoutable pour tenir en haleine tous les agens de la police, tous les procureurs-généraux, sans cesse occupés, les uns à faire des visites domiciliaires et des arrestations, et les autres à déférer aux cours d'assises les productions de la presse. La monarchie de 1830 ressemble à une place assiégée, dont les remparts sont chaque jour battus sans relâche par les foudres de la guerre. Une seule faute d'imprévoyance, de faiblesse ou d'audace téméraire, suffit pour rendre l'ennemi victorieux, et l'on peut assurer que s'il n'obtient pas un prompt triomphe, il livrera, sans se lasser jamais, un long combat, avec des chances de succès qui, à force de se reproduire, deviendront fatales au gouvernement actuel : il ne faut à celui-ci, pour succomber, que la perte d'une seule bataille, tandis qu'il est facile à ses adversaires de réparer leurs défaites et de reformer leurs rangs, avec les armes et les secours que leur procurent les institutions de l'état, dans lesquelles ils devraient trouver leur ruine.

Nous citerons, à l'appui de ces observations, une autorité que les doctrinaires ne peuvent récuser : voici ce qu'en 1820 M. Guizot disait de la légitimité et d'un changement de dynastie :

19.

« L'hérédité des trônes n'a d'autre objet que de
« mettre le droit sur le trône, afin qu'il soit
« partout : à ce titre seul, l'hérédité est légi-
« time ; mais à ce titre aussi, elle devient une
« véritable légitimité, et de ce caractère décou-
« lent en même temps tous les avantages.

« Il faut bien que ces avantages soient grands ;
« car tous les pouvoirs et tous les partis les ont
« recherchés avec ardeur. J'ignore ce que recèle
« l'avenir, mais jusqu'à présent, dans les sociétés
« qui ont duré long-temps et où la légitimité a
« poussé ses racines, elle n'a pu être abolie ; elle
« a changé de place, de condition, de nom ; elle
« a survécu à tous ses changemens. Les temps
« qui avaient vu sa ruine ont vu sa résurrection ;
« les hommes qui l'ont renversée l'ont rétablie ;
« les pouvoirs qu'elle condamnait s'en sont empa-
« rés ; elle donne à la vie sociale, dans le passé et
« dans l'avenir, cette étendue, cette perpétuité
« qui est un des plus profonds besoins de notre
« nature. Comme superstition, la légitimité a dû
« périr ; comme institution, elle est très-forte et
« très-précieuse (1). »

Le même écrivain ajoute, quelques pages plus
bas, ces paroles remarquables : « Rien n'est plus

____

(1) *Du gouvernement de la France depuis la Restauration,
et du ministère actuel*, p. 204.

« douloureux qu'un changement de dynastie : la
« guerre civile avec ses horreurs l'accompagne
« presque toujours ; et s'opérât-il sans résis-
« tance, il entraîne infailliblement, et pour de
« longues années, l'agitation, la discorde des
« citoyens, des complots, des révoltes, l'oppres-
« sion des faibles, la tyrannie des forts, tous ces
« maux que l'ordre constitutionnel a mission de
« repousser. La révolution de 1688 s'est faite,
« en Angleterre, sans combat ; mais pendant
« soixante ans elle a corrompu ses auteurs et
« persécuté ses adversaires : les annales britan-
« niques de cette époque sont pleines d'injustices
« révoltantes et de déplorables infortunes. Toute
« idée de devoir à part, cela vaut la peine d'être
« évité. » (p. 213).

Ces réflexions de M. Guizot renferment un
tableau frappant des malheurs qui pèsent sur la
France, et des dangers qui menacent la monarchie
fondée par les révolutionnaires de 1830. Nous
ajouterons que si Guillaume III vainquit Jacques II
sans combat, et s'il vint à bout de s'affermir avec
sa famille sur le trône, c'est parce que l'attachement de ce dernier prince pour la Religion catholique lui ayant aliéné l'esprit de la nation, l'usurpateur de sa couronne trouva le plus ferme appui
dans le clergé anglican, dans la noblesse enrichie
des biens des monastères et du clergé catholique,
dans les sentimens presque unanimes de la population anglaise, entraînée depuis long-temps

dans le schisme par le cruel Henri VIII. Et cependant, plus d'un demi-siècle après l'invasion de Guillaume III, le brillant et malheureux prétendant, Charles Edouard, pénétra jusqu'au centre de l'Angleterre, à trente lieues de Londres, faisant trembler son rival, et jetant la confusion et l'épouvante dans sa capitale : tant il est vrai que la légitimité jette de profondes racines dans le cœur des peuples, et qu'un usurpateur court les plus grands périls d'être renversé du trône sur lequel il s'est assis sans autre droit que celui du plus fort. Les circonstances auxquelles il doit son élévation, changent avec le temps ; les sentimens du peuple varient, et de nouvelles révolutions relèvent les princes qu'une fortune contraire avait abattus et privés de l'héritage de leurs pères.

Autre principe de dissolution pour la monarchie de 1830. Les droits au trône de France, que Louis-Philippe est dans le cas de faire valoir, reposent sur la souveraineté du peuple ; c'est en invoquant cette prétendue souveraineté, que les députés et les pairs réunis à Paris lui décernèrent la couronne, après avoir prononcé la déchéance de la branche aînée ; ses ministres l'ont reconnue et proclamée, à la tribune, comme le principe fondamental du nouvel ordre social. Louis-Philippe lui-même s'est décoré du nom de roi-citoyen, titre bizarre qui signifie que le peuple est le vrai souverain de l'état, et que le roi n'est, par rapport à lui, qu'un citoyen orné d'une cou-

ronne amovible : et il a de plus déclaré n'avoir
voulu devenir roi que par son choix ; ce qui
suppose que le peuple est le maître d'élire et de
déposer les souverains à son gré , selon ses caprices et les passions du moment , et qu'il use de
son droit en renversant la constitution qui consacre l'inviolabilité du monarque , la légitimité ,
l'hérédité du trône : or une monarchie appuyée
sur une pareille théorie est assise sur une base
démocratique , et par conséquent ruineuse. La
doctrine , que le peuple fait et défait les rois
quand il lui plaît, change et bouleverse, selon son
bon plaisir , les lois fondamentales de la société ,
est une doctrine d'anarchie ; elle avilit la majesté
royale , pousse les mécontens et les ambitieux à
la révolte , justifie les attentats à l'ordre public ,
et devient, pour un état monarchique , une cause
active de dissolution et de ruine : et quand cette
doctrine est adoptée, proclamée par le prince lui-
même , qui peut calculer ses terribles conséquences dans tous les temps , mais surtout à l'é-
poque d'une crise politique ?

Autre principe de dissolution pour la nouvelle
monarchie. Lorsqu'en 1830 les députés revisè-
rent en quelques heures la charte de 1814 , le
fameux article 14 fut supprimé, afin que jamais
le roi ne pût, dans le dessein ou sous le prétexte
de sauver l'état , s'élever au-dessus de la constitution et des lois , par l'exercice d'un pouvoir
dictatorial. Une maxime de cette nature , établie

en principe par ceux-là même à qui Louis-Philippe est redevable de la couronne, doit porter un jour des fruits amers de désordre et de mort : car les états sont sujets à des crises si violentes, que les factieux ne sauraient être efficacement réprimés et domptés que par le développement d'un pouvoir extraordinaire, que par l'usage d'une autorité absolue, laquelle règle tout momentanément dans l'empire, par elle-même, sans le concours des corps intermédiaires. Les lois sont alors suspendues, afin que la marche trop lente des tribunaux ordinaires ne laisse pas aux artisans de troubles le temps de triompher, afin qu'une assemblée de députés séditieux, une magistrature coupable ne prête point un appui dangereux aux ennemis de l'ordre public. Or, dans ces graves circonstances, rien n'est plus conforme à l'esprit de la constitution et des lois, que la suspension passagère de la constitution et des lois : en effet, quel est l'esprit qui a présidé à leur confection ? n'est-ce pas un esprit d'ordre et de conservation ? quel est le but des institutions et des dispositions législatives ? n'est-ce pas de faire respecter la vie, la liberté, les propriétés, les droits des citoyens, en maintenant la justice et la paix dans le royaume ? Lorsque des factieux puissans mettent en péril tous ces précieux biens de l'homme et de la société ; lorsqu'ils comptent de nombreux complices jusque dans les corps de l'état ; lorsqu'enfin les moyens ordinaires ne

suffisent plus pour enchaîner le monstre qui menace de tout ravager, de tout détruire, c'est donc
agir selon l'esprit de la constitution et des lois,
que de s'élever au-dessus des maximes et des
règles qu'elles établissent pour les temps ordinaires : en suspendant momentanément leur
action, on les conserve ; car on prévient l'anarchie dans laquelle elles périraient. Or à qui
appartient naturellement ce pouvoir de conservation nécessaire· à toute société , sinon, dans
une monarchie, au roi qui en est le chef? On craint
qu'il n'abuse des attributions d'un dictateur, pour
faire peser sur la nation le sceptre du despotisme :
mais toute espèce d'institution salutaire présente
des inconvéniens à côté des avantages qu'elle
procure, et il n'existe aucun pouvoir dont l'exercice n'opprime quelquefois les faibles : or ne
vaut-il pas mieux que le roi soit revêtu d'une
autorité dont l'abus est possible, que de laisser
tomber la société dans le chaos des passions
humaines , en dépouillant son chef de la force
nécessaire pour la conserver? Personne n'est plus
intéressé que le prince au maintien de l'ordre et
de la paix; personne ne présente plus que lui des
garanties de justice, de bonté, de sagesse, de modération; il jouit de tout le bien qu'il fait à son
peuple, et, sauf des cas rares, il ne pourrait tenter
le renversement total des lois fondamentales du
royaume, sans encourir le danger de briser sa
couronne : lui refuser le droit de s'élever au-dessus

de la constitution , quand cet acte d'autorité suprême lui paraît indispensable pour préserver la société du plus grand de tous les fléaux, l'anarchie , c'est donc déposer dans son sein un germe de dissolution et de mort. Or, voilà cependant ce qui a été fait et présenté comme une régénération salutaire, par les fondateurs de la nouvelle monarchie constitutionnelle.

Le gouvernement n'a pas tardé beaucoup à recueillir les fruits de cet acte d'imprévoyance. Lorsqu'on a le malheur de consacrer dans une constitution un faux principe qui conduit au désordre , bientôt l'autorité recule devant ses conséquences, et se met en opposition directe avec la loi fondamentale : or telle a été la conduite du ministère doctrinaire. Après les journées de juin 1832 , victorieux des Vendéens et des républicains , il mit en état de siége Paris et les départemens de l'ouest : *Il faut en finir*, disait-il dans l'ivresse de ses succès et la folie de son orgueil : or, pour en finir avec les deux partis qui l'attaquent encore aujourd'hui, sans lui laisser un moment de repos, il déclara suspendue la juridiction des tribunaux ordinaires , et les prévenus furent traduits devant des conseils de guerre , en dépit de la nouvelle charte qui proscrit formellement les tribunaux d'exception. Les fameuses ordonnances qui servirent de prétexte à la révolte de Paris, pouvaient être justifiées par l'article 14 de la charte de Louis XVIII , tandis que celles du ministère doctrinaire violaient ouvertement *la charte-vérité :* aussi cette violation parut tellement scandaleuse à la cour suprême du royaume , qu'elle la flétrit par un arrêt solennel. Il est fàcheux pour un gouvernement de manifester une pareille opposition à la loi fondamentale par laquelle il existe : cette odieuse contradiction laisse dans l'esprit du peuple qu'on appelle souverain , une trace profonde, un souvenir terrible , qui diminue la soumission à l'autorité , excite à la fois l'indignation et la haine , et rend plus actives les causes de dissolution qui fermentent au sein de la société.

Enfin, depuis le bannissement des princes de la branche aînée de la maison de Bourbon , la France n'est certainement devenue ni plus grande, ni plus riche, ni plus heureuse. Qu'a-t-elle gagné à la chute de Charles X? la stagnation du commerce , qui n'a point encore repris son activité , des banqueroutes nombreuses , un énorme budjet , un déficit effrayant , une irritation extrême dans les esprits , l'audace du parti républicain, qui conspire publiquement le front découvert , des tentatives de guerre civile , des visites domiciliaires , des listes de suspects , des emprisonnemens arbitraires , des procès continuels à la presse qui demeure incorrigible , la crainte de l'avenir , un malaise universel. Y a-t-il dans cette situation violente des germes de durée

et de stabilité, des principes de vie ou des principes de mort ?

Quels sont les rapports de la France avec l'Europe ? Peut-elle compter sur l'amitié des grandes
puissances ? elle est pour la Russie, la Prusse,
l'Autriche, la Confédération germanique, la
Hollande, l'Italie, l'Espagne, le Portugal, un
objet de défiance ou d'alarmes, un volcan redoutable qui vomit dans tous les états monarchiques
les laves brûlantes de la démocratie. Elle n'a pour
alliés que la Belgique, divisée par des partis, et
l'Angleterre qui chancelle, tremble pour son
existence, perd chaque jour son influence politique, et se montre trop occupée de ses dangers
et de ses intérêts, pour lui garantir un secours
puissant en cas de guerre : il ne faut d'ailleurs
qu'un changement de ministère pour la priver
du faible appui de cette infidèle alliée, que la
nature a faite sa rivale. Y a-t-il dans cette situation politique des gages de prospérité ou de
malheur, des principes de vie ou des principes de
mort ?

Nous avons considéré la monarchie de 1830
sous ses rapports alarmans ; considérons-la maintenant sous le point de vue le plus favorable :
quels sont ses moyens de conservation ?

L'armée, dit-on, les gardes nationales, la masse
de la nation se prononcent pour le maintien de la
nouvelle monarchie : ne trouve-t-elle pas dans cette

unanimité de sentimens un gage de durée, de sécurité pour l'avenir ?

L'armée finit par adopter l'opinion et les sentimens de la nation ; c'est un résultat nécessaire du contact journalier des militaires avec les diverses classes de la société : or, sous les gouvernemens représentatifs dans lesquels domine le principe démocratique, rien n'est mobile comme l'opinion ; aujourd'hui elle se montre favorable à la royauté, demain elle lui sera contraire. L'armée demeura quinze ans fidèle à Louis XVIII et à Charles X : aux journées de juillet, la troupe de ligne oublia son serment et le premier de ses devoirs ; et l'on connaît les effets désastreux de sa défection. Dans une circonstance critique, il suffit qu'un seul régiment fraternise avec le parti des rebelles, pour faire passer la victoire sous ses drapeaux.

Les gardes nationales présentent encore moins de gages de fidélité : l'obéissance y est moins passive, le lien de la discipline moins fort ; elle se compose d'hommes qui délibèrent sans cesse sur les affaires publiques, et qui se regardent comme les censeurs et les juges du gouvernement. A Paris, les ministres se sont vus contraints de dissoudre l'artillerie de la garde nationale; au dernier anniversaire des journées de juillet, ils n'ont cru pouvoir prévenir une manifestation hostile dans ses rangs, que par la déclaration officielle et humiliante, distribuée à cent mille exemplaires, que les travaux des forts étaient suspendus; et dans les provinces, l'opposition des gardes nationales au régime actuel se prononce avec tant de force et d'éclat, qu'on n'aperçoit souvent d'autre moyen de la briser qu'une ordonnance de dissolution.

La nation craint la république et ne veut plus, dit-on avec assurance, de révolution : sous les deux règnes précédens, on affirmait aussi que le peuple était las d'anarchie, qu'il avait donné sa démission et qu'on ne pouvait croire à la possibilité d'une révolution ; et cependant les faits ont démenti ces vaines assertions. Le principe d'une révolution existe-t-il dans les institutions, dans les lois, dans les doctrines du pays : c'est une nécessité que la révolution s'accomplisse dans l'état, et qu'elle ravage le sol de la patrie. Lorsque Charles X, après son avénement au trône, fit son entrée solennelle à Paris, il fut salué par les plus vives acclamations du peuple, et ce même peuple l'a détrôné. Quand Louis-Philippe plaça sur sa tête la couronne de ce prince, l'enthousiasme de la population parisienne parut être à son comble : qu'est devenu cet enthousiasme ? On criait alors avec une sorte de fureur : *Vive le roi !* et récemment on a fait entendre sur tous les points du sol français ces injurieuses clameurs : *A bas les forts ! à bas les bastilles ! à bas le roi des forts et des bastilles !*

Mais enfin on ne veut plus de révolutions ; on

redoute par-dessus tout le règne et la violence du parti républicain. Il est vrai que cette peur de la république est pour Louis-Philippe un appui dans le cœur de la nation ; mais nous l'avons déjà fait observer, ce courage de la peur ne peut lutter long-temps avec succès contre le courage qui naît de la haine, de la vengeance, du désespoir des révolutionnaires mécontens, ambitieux, trompés dans leurs espérances. Aux journées de juin, seulement deux mille gardes nationaux de Paris répondirent à l'appel : trente ou quarante mille qui craignent la république, eurent peur des coups de fusils, et restèrent immobiles dans leurs foyers, durant la bataille du cloître Saint-Merry. On peut juger par ce fait, du dévouement des poltrons qui se pressent en foule autour du trône du juillet, et du secours qu'ils lui prêteront quand il faudra, pour le soutenir, exposer sa vie sur un champ de bataille.

Enfin, quand nous examinons l'état actuel de la France, quand nous signalons les périls qui menacent son gouvernement, nous ne prétendons pas assigner la date précise de sa chute ; nous affirmons seulement que les hommes clairvoyans qui connaissent le cœur humain et l'histoire, qui méditent sur les causes des révolutions politiques des empires, ne peuvent croire à la longue durée d'une monarchie minée par la liberté de la presse, par la corruption introduite dans le système du gouvernement, par la soif de l'or et du pouvoir, par la violation du principe de la légitimité et de l'hérédité, par la contradiction qui se manifeste entre la constitution et les actes des ministres, par l'énergie des factions, par le déficit du trésor, par l'énormité des impôts sous lesquels le peuple plie et gémit, par une situation hostile aux grandes puissances de l'Europe.

Maintenant on me demandera quel sera le sort de la France, après la chute de la monarchie de 1830 ? Je réponds à cette grave question, qu'elle restera sujette aux divisions intestines, qu'elle tombera, de révolutions en révolutions, dans l'abîme du malheur, jusqu'à ce qu'elle se repose de ses fureurs populaires à l'ombre d'une monarchie absolue, mais tempérée : car, ou les républicains demeureront, à Paris, maîtres du champ de bataille, ou les légitimistes triompheront.

Si, par un coup de main audacieux, par le secours de la troupe de ligne, gagnée à leur parti, les républicains renversent le gouvernement, leur victoire ne sera que momentanée. L'établissement d'une république en France est une véritable chimère ; aucun gouvernement ne nous convient moins que celui-là ; jamais il ne s'affermirait sur notre sol. Mirabeau a dit avec raison que la France est géographiquement monarchique ; l'étendue de son territoire, sur lequel vit pressée une grande population, ses lumières, la richesse du pays, le luxe, la corruption des moeurs, le caractère de ses habitans vifs, légers, bouillans, amis de la nouveauté, la force de l'opinion de la plupart des hommes éclairés, fondés sur les plus tristes souvenirs, la violence des factions qui se déchireraient et s'affaibliraient mutuellement, les cruels malheurs dont la nation deviendrait la victime, mille causes se réuniraient pour hâter la ruine d'une république.

Si les républicains triomphaient à Paris, ils règneraient par la terreur; car leur parti compte dans ses rangs tout ce que la France contient d'hommes violens, atroces, sanguinaires. Les modérés seraient ou dominés par ceux-ci, ou entraînés contre leur gré à des actes d'injustice et de cruauté. Or, ce règne de sang ne pourrait durer; la république de Paris n'établirait point son pouvoir dans toute la France; on ne supporterait pas son joug de fer, comme au temps de la première révolution. Des villes se déclareraient indépendantes; les royalistes de l'ouest et du midi se lèveraient en masse; ils ne voudraient plus périr sous la hache du bourreau; ils vendraient chèrement leur vie sur des champs de bataille; l'armée se diviserait selon l'opinion politique des officiers des divers régimens; pour accroître leurs forces, les républicains appelleraient sous leurs drapeaux les factieux de tous les pays; ils déclareraient la guerre à l'Europe monarchique. Alors les trois grandes puissances du

Nord, soutenues par la Confédération Germanique et la Sardaigne, s'avanceraient vers nos frontières avec d'innombrables guerriers, pour abattre le monstre altéré de sang. Forcé de dégarnir les provinces de troupes, pour les porter en masse sur les points menacés, le gouvernement républicain essuierait de nombreuses défaites dans l'ouest et dans le midi; il tirerait de cette portion de la France peu d'or et peu d'hommes, pour soutenir la guerre. Affaiblie par les dissensions intérieures, ne pouvant compter ni sur l'enthousiasme national, ni sur les rivalités des alliés, unis par l'intérêt décisif de leur conservation, la république succomberait infailliblement dans la lutte. Vaincue au bout de quelques mois, elle ne serait sortie de son tombeau avec les traits hideux du crime et de la mort, que pour y rentrer couverte d'une malédiction générale, après un triomphe marqué par des violences et des forfaits inouïs (1).

---

(1) Quand la première révolution de France éclata, l'Autriche et la Prusse ne virent dans ce grand événement qu'une occasion de s'agrandir aux dépens d'une nation puissante, par la conquête ou la cession d'une ou deux provinces. L'Angleterre jetait des regards avides sur nos îles et nos colonies, et les cabinets de l'Europe ne paraissaient pas se douter que la guerre faite au trône de saint Louis dût un jour menacer tous

Mais si la victoire passe dans les rangs des légitimistes, quelles seront pour la France les conséquences de ce grand événement ?

Elles seront heureuses ou malheureuses, selon la nature du gouvernement qui balancera ses destinées. Si le prince légitime remonte sur un trône constitutionnel, de nouveaux bouleversemens ravageront le sol de la France, et la famille royale se verra forcée de reprendre le chemin de l'exil. Le gouvernement représentatif, tel qu'il peut être établi dans le royaume de saint Louis, est essentiellement vicieux. Il recèle dans ses flancs une démocratie fougueuse, qui tuera toujours le principe monarchique. Pour lui donner une certaine solidité, il faudrait créer une aristocratie semblable à celle d'Angleterre, et les élémens nécessaires n'existent pas. Il serait indispensable de maîtriser la presse et d'établir un

-----

les trônes. L'esprit d'intérêt particulier mit la division dans les cours, et la coalition n'obtint qu'un succès éphémère, mais vers la fin du règne de Bonaparte, l'intérêt de leur conservation réunit les grandes puissances contre ce redoutable conquérant, et elles demeurèrent unies jusqu'à ce qu'elles l'eussent renversé. Or, si les républicains triomphaient à Paris, la nécessité de vaincre la république pour n'être, point écrasé par elle, produirait encore une alliance semblable, dont aucun intérêt particulier ne dissoudrait les liens : il s'agirait pour les rois, non de s'agrandir, mais d'exister.

20.

système électoral assez bien concerté , pour produire constamment une chambre de députés
aristocratiques ; et nous avons prouvé qu'en
France , ces deux choses sont impossibles (1).
Quels que soient donc les efforts et les combinaisons des publicistes pour corriger les inconvéniens
de ce gouvernement, ils ne réussiront jamais à
l'asseoir sur des bases durables ; il en serait de
leur nouvelle loi fondamentale comme de toutes
celles dont nous faisons depuis quarante ans les
essais les plus funestes : elle périrait faute d'institutions assez fermes pour contenir le torrent de la
démocratie.

Sous le sceptre de la force et de la justice , la
nation française se montre soumise à l'autorité
royale ; mais toutes les fois que , par le vice de sa
constitution , les rènes de l'état flotteront dans les
mains de ses princes au gré des passions de la
démocratie , elle se mutinera contre le pouvoir ,
le renversera dans la poussière , et deviendra
l'artisan de sa propre infortune : le moment
d'une nouvelle restauration sera donc décisif.
Mieux vaudrait pour nos princes mourir dans
un exil honorable , après le refus de la couronne ,

____

(1) Chap. V et chap. XII.

que de s'asseoir encore une fois sur un trône
constitutionnel : ils n'y remonteraient que pour
en être précipités par les tribuns populaires ; et
lorsque, poursuivis par la horde des factieux, ils
mettraient le pied sur un sol étranger, ils devraient
dire à la terre de France un éternel adieu ; car la
nation les jugerait incapables d'assurer son repos
et son bonheur. A ses yeux, comme à ceux de
l'Europe, leur auguste famille, digne de tant de
vénération et d'amour, ne serait plus qu'une
dynastie usée, une race finie.

Après tant de révolutions diverses, après une
guerre de partis acharnés à leur perte ; quand
les vaincus frémissent de rage et épient l'occasion
de laver la honte de leur défaite, quand les
esprits sont divisés par la multiplicité des systèmes politiques, et les cœurs ulcérés par la haine,
la jalousie, l'ambition, la vengeance, il n'y a
qu'un roi fort qui puisse anéantir les restes
impurs des factions, et rétablir l'ordre dans la
société sur des bases solides. Pour atteindre ce
but, deux choses sont nécessaires : corriger les
erreurs et maîtriser les passions ; car les erreurs
et les passions sont les deux sources funestes de
toutes les révolutions des empires. Si le roi réunit
dans sa personne les pouvoirs de la souveraineté,
il agira sur les intelligences, et en corrigera les
erreurs par la protection accordée aux établissemens religieux, par la direction imprimée à la

presse dont il deviendra le maître, par le secours des hommes de talent attachés aux saines doctrines, par la réforme indispensable de l'éducation de la jeunesse, et par tous les moyens qui sont à la disposition d'une grande puissance. Et quant aux passions incorrigibles qui veulent à tout prix le désordre et la confusion dans la société, il les contiendra par l'exercice d'une salutaire sévérité. Tenant d'une main le glaive de la justice, et de l'autre les récompenses du mérite, il maniera librement, pour la restauration et le le maintien de l'ordre public, les deux grands leviers du cœur humain, la crainte et l'espérance.

Dans les momens de crise intérieure, comme dans les périls qui venaient du dehors, les Romains sentaient la nécessité de suspendre l'action des corps de l'état, et de se jeter dans les bras d'un dictateur. Et l'on croirait que la France ravagée par mille erreurs funestes, déchirée par mille passions armées et déchaînées, pourrait retrouver son salut et la paix sous le sceptre d'un roi constitutionnel ! Elle jouirait du repos et de la sécurité, à peu près comme une ville bâtie sur un volcan. Après avoir été trop long-temps le jouet et la victime des factions, elle ne pourra se passer de l'autorité d'un dictateur, du secours d'un prince qui réglera tout d'abord par sa seule volonté, créant une armée fidèle, des tribunaux ncorruptibles, une administration dévouée, fondant des institutions appropriées au caractère français et aux intérêts du présent et de l'avenir. S'il convoque des états-généraux, ce sera pour recevoir l'hommage de la nation, pour constater la dette publique et la nécessité de l'impôt. Mais à mesure que les erreurs se dissiperont, que les passions haineuses se calmeront, que l'ordre renaîtra et s'affermira, que le peuple sentira les précieux avantages du nouveau gouvernement, le roi mettra lui-même des bornes à son autorité ; il sentira que le pouvoir d'un dictateur ne doit être qu'une mesure momentanée ; qu'un peuple éclairé, civilisé, ne peut-être long-temps gouverné, comme les nations ignorantes de l'Orient. Il usera donc de sa puissance absolue, pour supprimer une odieuse centralisation, pour accorder des libertés et des franchises aux provinces et aux communes, pour établir un contre-poids salutaire aux prérogatives de la couronne. Sévère à son origine, son gouvernement deviendra par la suite doux et paternel. Le gouvernement appartiendra au roi, et l'administration au pays. Ce mot de M. de Bonald, répété par les principaux organes du parti royaliste, renferme tout le secret d'une solide et salutaire constitution, telle qu'elle convient, telle qu'elle est nécessaire à la France.

Mais ce tableau de l'avenir n'est qu'un rêve, diront les partisans des idées nouvelles. Le temps de la monarchie absolue est passé ; les peuples n'en veulent plus, et les rois s'en vont. Si les légitimistes vainqueurs prétendaient rétablir l'ancienne constitution du royaume , ils échoueraient infailliblement. Ce gouvernement ne pouvant jeter ses racines dans le cœur de la nation , n'aurait qu'une existence passagère ; la nation le renverserait comme l'instrument d'une odieuse servitude.

Je demanderai depuis quand les peuples sont les maîtres de leurs destinées ? Les événemens les entraînent loin du but qu'ils se proposent d'atteindre ; ils se précipitent, ils sont emportés où ils ne voulaient point aller. La continuité du malheur, la lassitude produite par la souffrance changent promptement leurs idées et leurs sentimens. Si, aux beaux jours de la république romaine , on eût proposé l'élection d'un empereur au peuple rassemblé dans le *forum*, tous les cœurs eussent frémi d'indignation. Et cependant, après les proscriptions de Marius et de Sylla , après les désastres de la guerre civile, cette république, jalouse à l'excès de sa liberté , fière de sa domination universelle, pleine de mépris pour les rois qu'elle attachait comme des esclaves aux chars de ses triomphateurs, s'endormit de fatigue et périt aux pieds d'un empereur. Dans les premières années de la république française , Bonaparte n'eût pas osé prétendre au pouvoir suprême ; au lieu d'un trône, il aurait trouvé sur son chemin l'échafaud ; et cependant plus tard, il gouverna la France avec un pouvoir sans bornes. La nation ayant perdu des flots de sang, essuyé tous les genres d'infortunes, sentit qu'elle avait besoin d'un maître, et elle obéit comme un enfant aux despotiques volontés d'un Corse, dont un Romain n'eût pas voulu faire son esclave.

Le temps et les événemens ramèneront la France aux mêmes sentimens de soumission à l'autorité monarchique. Après s'être encore une fois débattue dans d'affreuses convulsions, après avoir poussé de lamentables gémissemens sous les débris de son gouvernement représentatif, elle ne voudra plus ni de la république, ni du despotisme militaire, ni d'un roi-citoyen, ni d'un trône constitutionnel. Haletante, épuisée par le malheur, elle tournera ses regards vers le prince légitime ; elle ne lui demandera point une constitution libérale, mais la grâce d'être gouvernée par lui ; elle se confiera pleinement en ses lumières, en sa justice, en sa bonté. Elle lui dira : « Régnez sur nous ; détruisez l'empire de la démocratie, anéantissez à jamais la tyrannie des factieux. » Le prince, consultant les besoins publics, exaucera ses vœux, et la paix refleurira dans le royaume par l'action salutaire des institutions et des lois de notre ancienne monarchie, purgée de ses abus, modifiée selon le temps et les circonstances.

Tel est le grand événement qui terminera le long drame de nos sanglantes révolutions. Il faut bien qu'il en soit ainsi ; car, d'un côté, la fondation d'un gouvernement aristocratique est impossible en France ; et de l'autre, la démocratie ne peut y prospérer, ni sous le nom d'une république, ni sous celui d'une monarchie constitutionnelle. Le rétablissement d'une monarchie absolue et tempérée sera donc une nécessité de l'ordre social. C'est la force des choses, c'est l'impossibilité de vivre éternellement dans l'anarchie, qui le produira. Maintenant on peut jeter sur le papier des plans de constitutions libérales, chercher un équilibre chimérique entre les trois pouvoirs, accomplir dans son esprit une restauration fondée sur les institutions d'un gouvernement représentatif, corrigé, perfectionné. Plus tard, les événemens changeront les idées de la nation. Dégoûtée de tous les essais stériles, de tous les funestes systèmes, fruits des erreurs et de la folie du siècle, elle n'éprouvera qu'un seul besoin, celui du repos ; et elle ne croira le trouver que dans la volonté toute-puissante de son roi légitime. Ainsi le rétablissement de l'ancienne monarchie qui paraît impossible aujourd'hui, sera très-facile ; pour la relever du milieu de ses ruines, il suffira que le prince obéisse aux vœux de la nation. Si donc les rois s'en vont, c'est pour revenir plus forts et plus puissans.

Mais pour affermir leur trône et procurer le bonheur de leurs peuples, il sera nécessaire qu'ils raniment les croyances religieuses et politiques sur lesquelles reposent les rapports d'autorité et de dépendance, les droits et les devoirs des souverains et de leurs sujets, liens nécessaires de l'édifice social. Tant qu'il sera permis dans un état de livrer à la dérision et au mépris la Religion qui fait de la soumission une vertu, et de la révolte un crime, qui commande la justice au prince, et au peuple la fidélité ; tant qu'il sera permis de dire tout haut que Dieu ne se mêle point des affaires humaines, et qu'il n'est qu'un étranger sans pouvoir, sans action dans les sociétés civiles ; tant qu'il sera permis d'enseigner, dans une monarchie, que le peuple est le souverain, que le roi n'est que son mandataire et son premier commis, un grand fonctionnaire destituable qu'il élève et renverse à son gré ; qu'il n'est point le juge des circonstances dans lesquelles, pour sauver le royaume des dangers de l'anarchie, il peut se placer au-dessus des lois ; tant que le gouvernement laissera librement enseigner ces doctrines et d'autres semblables, une déplorable licence minera la société par ses fondemens. Les factieux jouiront d'un moyen sûr et infaillible d'enlever à la majesté royale le respect des peuples, et aux rois le cœur de leurs sujets ; de pousser les masses à l'insurrection en les dégoûtant du gouvernement établi , et de rallumer au sein de la monarchie cette passion fougueuse de l'indépendance qui frémit sous le joug de toute espèce d'autorité. Alors les liens de l'ordre social seront encore sur le point de se rompre ; il n'y aura plus , pour conserver la vie dans l'état , que des ressorts usés et des fondemens ruinés ; et dans une crise politique , au premier choc violent de la tempête , la monarchie s'écroulera tout à coup, et ensevelira sous ses vastes débris le trône, les institutions , les lois , les libertés publiques , le roi , la nation elle-même. Toutes les révolutions qui depuis quarante ans renversent les empires , ont pris leur première source dans ces funestes systèmes. C'est en bannissant des cœurs le christianisme , auteur et conservateur des états modernes, qu'on a démoli l'ordre social. Les princes ne le feront revivre dans toute sa beauté , qu'en faisant régner la Religion avec eux sur les nations. S'ils négligeaient de remplir ce devoir que leur impose leur titre de roi comme leur qualité de chrétien, le monstre de l'anarchie, qui veille à leur perte , profiterait de leur inconcevable apathie pour propager de nouveau ses doctrines de révolte ; et l'on verrait encore les rois tomber de leurs trônes, et les nations se rouler dans le sang en poussant des cris effroyables de douleur et de rage. C'est ce que nous avons vu de nos propres yeux, et c'est ce que verraient nos neveux dans les âges futurs.

Espérons qu'après une nouvelle restauration, ce malheur ne pèsera plus sur nous. La Providence a donné de grandes leçons aux rois comme aux peuples ; une terrible expérience les éclaire sur les plaies des sociétés actuelles et sur les seuls remèdes qui puissent les guérir. La France, nous en avons la confiance, la France replacée sur ses anciennes bases, ramenée à ses anciennes croyances, gouvernée avec force et justice par son roi légitime, recueillera les fruits de ses longues infortunes. Lorsque cette régénération s'opérera dans son sein, il sera consolant de pouvoir lui promettre avec certitude la paix, la vraie liberté, le bonheur ; et c'est alors seulement que l'Europe monarchique jouira de l'espoir fondé de vaincre la révolution qui menace tous les trônes encore debout, du milieu de la poussière des trônes qu'elle a brisés : car ses destinées sont étroitement liées à celles de la France ; son salut ou sa perte dépend de notre salut ou de notre perte. Nous terminerons cet Ouvrage par des considérations sur ce sujet important.

Depuis de longues années la France pervertit l'Europe par ses doctrines antireligieuses et antisociales. Les livres de nos philosophes modernes où les principes de révolte contre Dieu et contre les rois se montrent sous une forme séduisante, appuyés de nombreux sophismes, embellis par les prestiges du style, ont pénétré chez toutes les

nations , dans les cours , dans les bibliothèques
publiques et particulières. Nos armées victorieuses, en séjournant dans les divers états du
continent , y ont laissé des traces plus ou moins
profondes de nos dangereuses doctrines. Enfin ,
dans ces derniers temps , Paris est devenu la capitale des révolutions ; c'est là que se rassemblent
les princes du désordre ; c'est là qu'ils ourdissent
de vastes complots contre les rois ; c'est de là que
partent les missionnaires de la propagande révolutionnaire , et les instructions envoyées à tous
les factieux. L'Europe n'est pas le seul théâtre de
leurs criminelles entreprises ; ils traversent les
mers pour porter le trouble dans le Nouveau-
Monde. Les ouvrages les plus infâmes par l'impiété ou le cynisme qui soient sortis de nos
presses , ont été reproduits en langue espagnole
pour entretenir l'esprit de révolte dans le
Mexique.

Nous possédons un pouvoir immense pour faire
le mal comme pour opérer le bien : la langue
française est une langue universelle ; elle est celle
de la diplomatie et des gens bien élevés ; on la
parle dans les cours, dans les salons , dans les
comptoirs de tous les pays de l'Europe. Notre
littérature, notre réputation d'esprit et de talent,
d'urbanité, de franchise et de bravoure, le souvenir de nos conquêtes, l'étendue de notre commerce, le rôle important que nous jouons dans

les grands événemens, donnent à la France sur le continent une énorme influence morale et politique. Non-seulement on parle partout notre langue et l'on suit nos modes ; on se fait gloire encore de nous imiter jusque dans nos désordres. Tous les regards sont fixés sur Paris ; les faits qui s'accomplissent sur ce grand théâtre des passions humaines, retentissent dans le monde civilisé. Lorsque le trône de Charles X tomba, le contre-coup de sa chute renversa celui du roi de Hollande dans la Belgique, mit en péril l'empire du Czar en Pologne, ébranla plusieurs états d'Italie et d'Allemagne. Depuis ce temps nos chants de ré-volution trouvent, sur divers points, des échos qui les répètent ; et le drapeau tricolore annonce ordinairement l'apparition et les attentats d'une faction armée pour détrôner un roi. Tous les princes sont donc menacés dans leurs droits par le funeste génie de la révolution de France. Tant que ce monstre vivra dans ce royaume fort et puissant, il n'y aura ni paix ni sécurité pour le reste de l'Europe. Mais s'il y est écrasé, l'esprit de révolte, déconcerté par ce cruel revers, ne fera plus que languir ailleurs ; et s'il livre encore de rudes combats aux souverains, la France devenue monarchique sera son plus redoutable adver-saire.

Dira-t-on qu'en tenant ce langage, je sollicite l'intervention de l'étranger dans nos affaires politiques, et que pour procurer le triomphe de la légitimité j'appelle sur la France le fléau d'une guerre européenne, dont le résultat pourrait être le morcellement de son territoire ? Non, je n'appelle point la guerre sur la France. Français d'origine et de cœur, je verrais avec douleur ma terre natale trembler encore une fois sous le poids humiliant des phalanges de l'étranger. Ainsi que tous les serviteurs dévoués des princes exilés, je désire ardemment que la légitimité triomphe en France, par la France seule. Ce sentiment est unanime dans les rangs des royalistes ; et si, dans le cas d'une guerre européenne, ils pouvaient soupçonner que les alliés s'avancent vers nos frontières, dans le dessein de nous enlever une partie de notre territoire, une foule d'officiers, constamment fidèles à la bannière des lis, accourraient sous les drapeaux de la révolution, pour repousser l'étranger. Oubliant la diversité des opinions, sacrifiant leurs intérêts personnels, ils ne verraient plus que le danger de la patrie ; et pour la préserver d'une humiliation funeste à sa prospérité comme à sa gloire, ils verseraient volontiers pour elle des flots de sang.

Cependant il est possible que dans les divers cabinets de l'Europe il se trouve des publicistes à vues étroites, qui rêvent au démembrement de la France ; il est possible que ce démembrement se présente à leur esprit comme un moyen efficace de vaincre la révolution dans son principal foyer. Je ne suis ni le conseiller des rois, ni le correspondant des ministres qui les entourent ; mais si j'avais à soutenir une discussion dans l'examen d'un projet de cette nature, je dirais aux ennemis de notre gloire nationale : Vous prétendez affaiblir la France, en réunissant aux états qui l'avoisinent plusieurs de ses provinces. Eh bien ! je suppose que malgré l'habileté de ses généraux et le courage de ses habitans, elle succombe, dans une lutte inégale, aux attaques de l'Europe entière conjurée contre elle ; je suppose qu'usant du droit du vainqueur, vous opériez le démembrement dont vous avez conçu trop légèrement le dessein ; n'auriez-vous pas à vous reprocher la rupture funeste de l'équilibre politique dont la paix de l'Europe exige le maintien ? Vous ne considérez que le présent ; l'homme d'état embrasse aussi l'avenir dans ses calculs. Or, qu'y verrez-vous ? des guerres désastreuses, suites inévitables de cet acte d'imprévoyance. Le roi qui porterait la couronne de cette monarchie profondément humiliée, nourrirait sans cesse des projets hostiles aux voisins enrichis de ses dépouilles, et il trouverait des ressources pour les reconquérir, non-seulement dans son peuple impatient de venger sa défaite et son ignominie, mais dans les provinces sacrifiées. Les habitans de ces provinces, regrettant de n'être plus Français, l'aideraient à renverser leur nouveau souverain ; et quelque habiles que pussent être les combinaisons de la politique, pour maintenir le système adopté, des guerres interminables auraient pour but de rendre à la France ses limites naturelles et sa grandeur passée. Le roi de France serait avec ses voisins tel qu'il fut autrefois avec le roi d'Angleterre, devenu maître d'une grande partie de notre territoire, par ses alliances et ses conquêtes. Or, l'histoire vous apprend que les guerres ne cessèrent sur le continent, entre ces deux souverains, que par l'expulsion de celui de la Grande-Bretagne de toutes les provinces françaises.

Vous voulez déclarer la guerre à la France, et, si vous êtes vainqueur, morceler son territoire ; mais l'objet de cette guerre serait de vaincre la révolution par le triomphe de la légitimité. Or , triompherait-elle, si vous faisiez remonter le roi légitime sur un trône avili ? au lieu de l'honorer , vous la dégraderiez aux yeux des Français ; ils lui reprocheraient éternellement d'être la cause de l'humiliation de la patrie. Croyez - vous, d'ailleurs, qu'un fils de saint Louis consentirait à placer la couronne sur sa tête à ce prix ? n'aimerait-il pas mieux vivre et mourir pauvre dans l'exil, après un magnanime refus, que d'aller s'asseoir, couvert d'or et de pourpre, sur les débris fumans de l'ancienne France ?

Vous prétendez vaincre la révolution en rendant à la France son roi légitime, et en la plaçant au rang d'une puissance de troisième classe; et vous ne craignez pas le déshonneur que l'accomplissement d'un tel projet ferait rejaillir sur les têtes couronnées ! Ne serait - il pas absurde et déshonorant de dire au monde entier, qu'on lève d'immenses armées pour assurer le triomphe de la légitimité, et de s'en retourner du combat, chargé de plus de butin pris sur elle, que si l'on avait fait la guerre à un ennemi ?

Enfin l'affaiblissement de la France par le morcellement de son territoire, n'est pas le vrai moyen de vaincre la révolution. Si, après avoir perdu le quart de sa population, la France se trouvait placée sous le régime d'un gouvernement représentatif, elle continuerait d'être le foyer de l'esprit de révolte en Europe. La révolution renaîtrait des institutions constitutionnelles, pour renverser encore une fois le trône de saint Louis, et menacer les trônes des autres monarchies; et Paris serait toujours l'atelier des complots et le rendez-vous des conspirateurs.

Le seul moyen efficace d'abattre la révolution en Europe, le seul événement qui lui donnera le coup de la mort, c'est la fondation d'une monarchie absolue et tempérée en France, suivie du triomphe des doctrines religieuses et politiques, dans lesquelles la société puise la lumière et la

21.

vie. Or, cette restauration de notre ancienne monarchie aura pour auteur, non l'étranger, mais le roi de France , vainqueur des factieux , agissant librement, consultant les besoins et les intérêts de la nation, et secondant les vœux de tout ce qu'elle renferme d'hommes sages et éclairés. Le temps et le malheur prépareront ce mémorable événement ; il sera le prodige du siècle, opéré par la Providence pour le rétablissement de l'ordre dans le monde civilisé ; et quand il s'accomplira , la grandeur de la nation française , loin d'être pour les autres états un objet d'inquiétudes et d'alarmes , deviendra leur principal appui. Plus elle demeurera forte et majestueuse par l'étendue de son territoire , par sa population , ses richesses, ses ressources militaires , plus l'influence morale et politique dont elle jouit en Europe y répandra des fruits de salut et de paix. Son roi puissant tendra la main à ses alliés pour les affermir sur leurs trônes ; et toujours prêt à les secourir , il marchera, s'il le faut, à la tête de ses guerriers , pour vaincre les factieux. Tous les moyens dont nous avons usé pour répandre en Europe un esprit de révolte et de destruction , serviront au rétablissement de l'ordre social, parce que la direction imprimée aux esprits par les événemens , par le prince, les institutions et les lois , sera toute religieuse et monarchique.

Ainsi , après avoir propagé dans le monde

entier de fausses lumières qui ont égaré, perdu les nations, la France y fera briller de nouveau la lumière de la vérité ; après avoir semé la révolte dans les états, elle donnera l'exemple de la soumission à l'autorité ; après avoir été l'appui des artisans de troubles, elle en deviendra la terreur ; après avoir banni ses princes, elle assurera par son influence et ses armes le triomphe de la royauté ; après avoir persécuté les ministres de la Religion et fermé ses temples, elle suppliera la Religion de guérir ses plaies, et la saluera comme une institution céleste, comme un instrument de miséricorde et d'amour. Un esprit de force et de vie sociale se répandra du sein de notre monarchie dans tous les états européens. Telle sera, nous en avons la confiance, la belle, la magnifique mission que la France recevra du Ciel. Voilà comment la Providence se vengera des insultes des méchans, et confondra leurs pensées d'orgueil et de révolte. Pour les vaincre et les humilier, elle se servira de la nation sur laquelle ils fondent leur principal espoir. Alors, déconcertés, tremblans, éperdus, désespérés, ils s'enfuiront dans leurs antres ténébreux pour y pleurer sur leur opprobre, pour y détester leurs folies ; et cette fois le monstre de la révolution ne sera pas seulement, comme en 1814, un instant étourdi par le coup imprévu d'une restauration apparente ; il périra en poussant un cri de rage, sous la massue du pouvoir monarchique. Les peuples délivrés de leur plus redoutable ennemi, se réjouiront de sa chute ; ils entonneront des hymnes de triomphe et de joie ; et après avoir essuyé tant de violens orages, enduré tant de longues fatigues et d'inénarrables douleurs, ils se reposeront enfin aux pieds de la Religion du Christ vainqueur, et béniront le sceptre paternel de leurs rois.

Telle est la grande et heureuse révolution qui terminera celles dont nous sommes depuis si long-temps les victimes. L'état de désordre où se trouve l'Europe est trop violent pous durer : il se livre un combat terrible entre le christianisme et l'impiété, entre le génie du bien et le génie du mal, entre l'esprit monarchique et l'esprit républicain. Les incertitudes de la politique ne font que prolonger les angoisses de la société, que fournir de nouvelles armes aux factieux. Il faut que l'Europe tombe bientôt dans le chaos, ou qu'elle terrasse les ennemis de son repos et de son bonheur. Or, quoiqu'elle soit affaiblie par l'action dissolvante des doctrines anarchiques, et par les continuelles attaques de la propagande révolutionnaire, nous croyons qu'elle possède encore assez de force pour vaincre ; et nous ne doutons pas que la Providence qui, jusqu'à présent, a si visiblement déjoué les projets des méchans, au milieu même de leurs triomphes, ne leur prépare une chute terrible , tout à la fois proportionnée et à l'insolence de leur orgueil et à l'éclat de leurs victoires. Ces hommes qui n'ont su qu'exterminer et détruire, ne sont pas faits pour tenir dans leurs mains les rênes des états. Ils remplissent momentanément envers les nations le rôle du bourreau ; et ils disparaissent de la scène , quand les arrêts de la justice éternelle sont accomplis.

FIN.

TABLE

DES MATIÈRES.

FIN DE LA TABLE.